林蔵が記録したサハリンの北方民族たち

〈出所〉
左3点『北夷分界余話』
（間宮林蔵口述、村上貞助編集筆録、国立公文書館蔵）

サハリン南部に暮らすサハリンアイヌがスキーで狩りに出る様子。彼らは北海道のアイヌとは異なる言葉や文化を持つ。

サハリン中部に暮らすウイルタ。彼らはトナカイと暮らす遊牧民だ。

主にサハリン北部に暮らすニヴフ。絵の女性は魚の皮を縫い合わせた服を着ている。子どもを揺りかごに立たせて育てているのがおもしろい。

海峡発見後、大陸に渡った林蔵が見た「異国の交易拠点デレン」

〈出所〉
右頁3点及び左頁上『東韃(とうだつ)地方紀行』
(間宮林蔵口述、村上貞助編集・筆録、国立公文書館蔵)

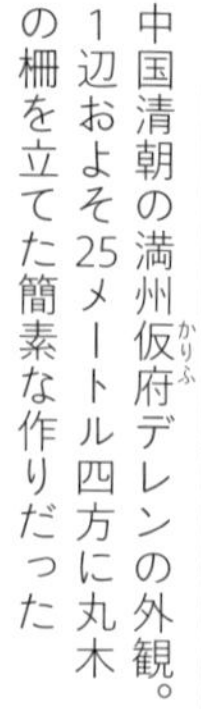

中国清朝の満州仮府(かりふ)デレンの外観。1辺およそ25メートル四方に丸木の柵を立てた簡素な作りだった

満州仮府デレンでの朝貢の様子。周辺民族の首長がクロテンの皮を清朝に納め、代わりに官位や布地の巻物などを授かった。

デレン滞在中、林蔵(右)は清朝の官吏たちから何度か接待を受けた。彼らは漢字を解する林蔵に親近感を覚えたようだ。

間宮林蔵の肖像画。活動しやすい裁着袴を身につけ、測量用の鉄鎖を手にした若き日の林蔵。顔が赤く膨らんでいるように見えるのは凍傷のためだろうか。日本画家・松岡映丘作、1910（明治43）年。［写真提供］間宮林蔵記念館

林蔵がサハリン北部とユーラシア大陸の間に海峡（間宮海峡）を発見したのは第2回目の探検時だった。その際林蔵が使用していたサンタン（山丹）船は間宮林蔵顕彰会（北海道稚内市）会長・田上俊三氏により復元された。帆には３００枚のなめした鮭の皮が使われた。

［写真提供］間宮正孝氏

サハリン中部東岸にあるテルペーニエ湾。厳冬期には凍結した波が海岸に幻想的な模様を描く。林蔵は第1回目のサハリン探検時、この先の北シレトコ岬で高波に遭い、撤退を余儀なくされた。

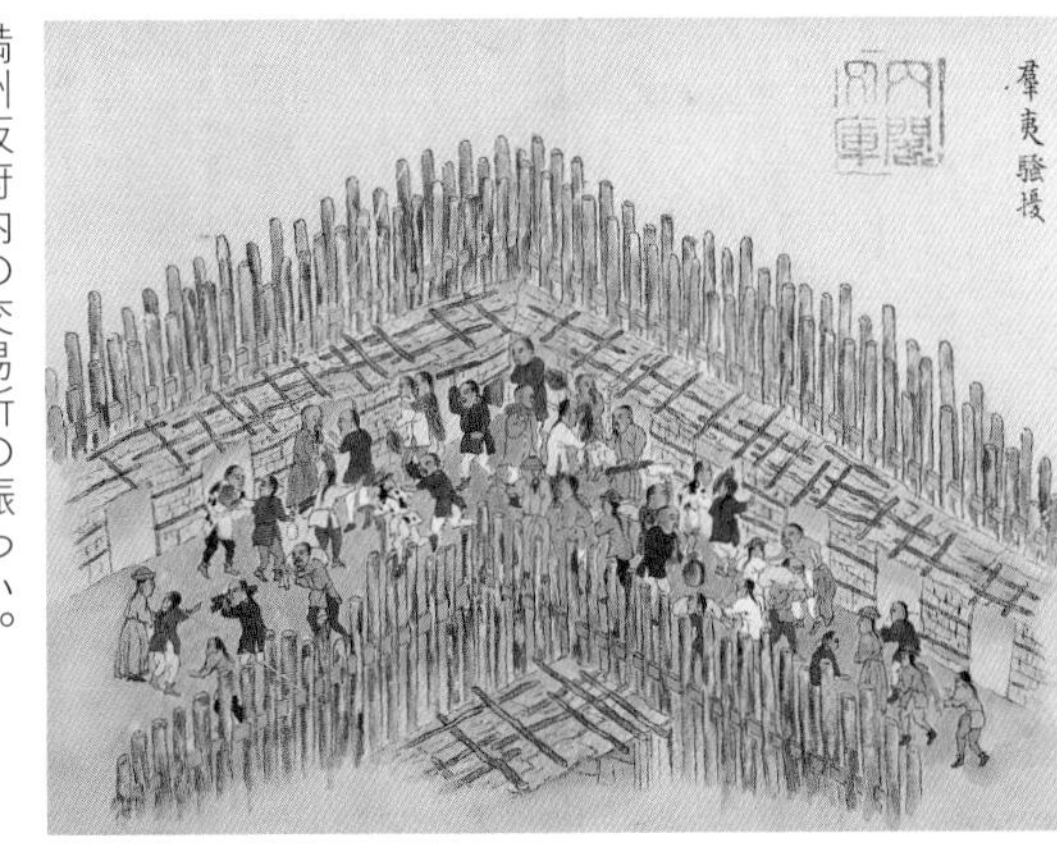

満州仮府内の交易所の賑わい。周辺地域の民族が持ち込むクロテンなどの毛皮は中国からの酒や煙草、鉄器などと交換された。

アムール川南岸のデレンから北を望む風景画（『東韃地方紀行』国立公文書館蔵）と、同じ位置とみられる現在のノヴォイリノフカから見た風景を比較してみた。右手に島が見えるなど、昔と変わらない様子がうかがえる。

林蔵の遺品とされる蝦夷錦の袱紗（ふくさ）の表（左）と裏（右）。アムール川流域からもたらされた交易品で、元は無地の藍色だったと思われる裏面にオレンジ色の糸でアイヌ刺繍が施されている。アイヌには家ごとに先祖代々伝えられた刺繍の紋様があったという。

［写真提供］北海道開拓記念館

サハリン北部西岸のポギビより間宮海峡の最狭部を望む。対岸（大陸側）のラザレフ岬との距離はわずか7・3キロメートル。19世紀初めまで欧州の探検家たちがこの最狭部の通過に挑んだが、それができたのは林蔵だけだった。

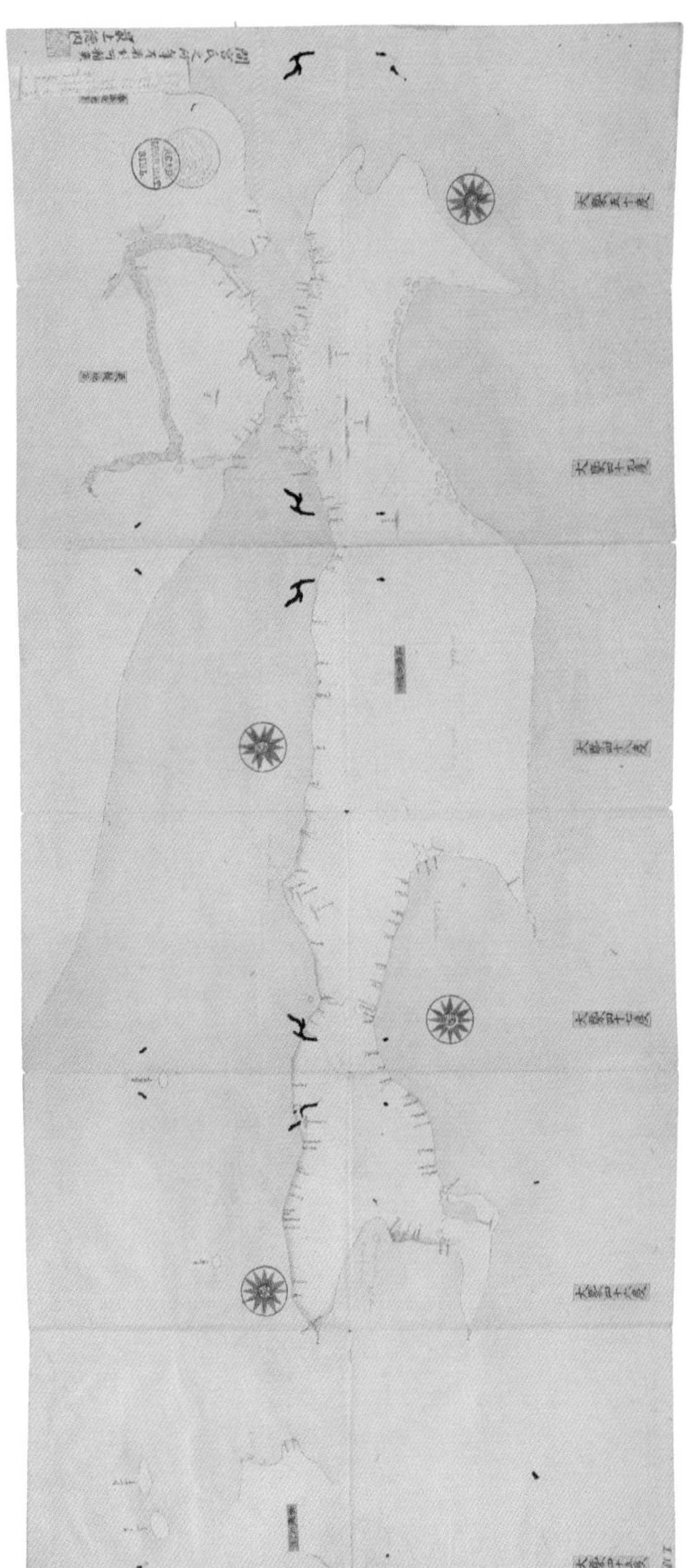

林蔵自筆の「黒龍江中之洲幷（ならびに）天度（てんど）」。この地図をシーボルトが日本から密かに持ち出し、自著『日本』の付図として掲載したことで、林蔵と間宮海峡の名が世界に知れ渡った。（ライデン大学図書館蔵）

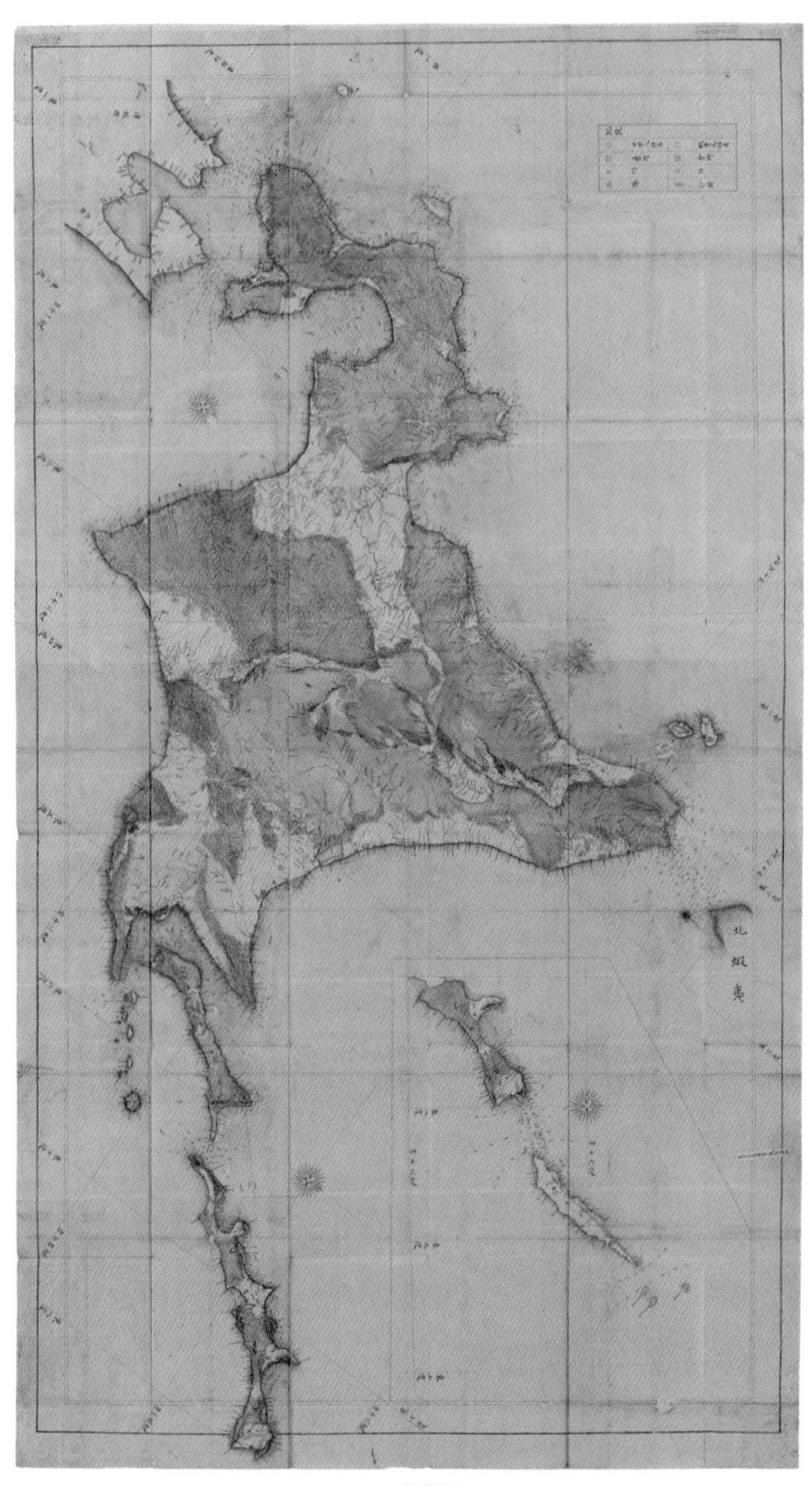

幕府の書物奉行兼天文方高橋景保（かげやす）作の「蝦夷図」。景保がシーボルト事件で逮捕された時に没収された地図で、林蔵の測量の成果が反映されたものとされる。沿岸部のほか、内陸の山地や平野、河川、集落なども詳細に記されている。
（国立国会図書館蔵）

国境の人 間宮林蔵

探検家にして幕府隠密、謎多き男の実像を追う

髙橋大輔

草思社

はじめに　林蔵の足跡と日本の国境

間宮林蔵は幕府隠密だった⁉

二〇一〇年、六月。わたしは八丈島（東京都）にいた。

八丈島は東京の南、約二八〇キロメートルの太平洋に浮かぶ伊豆諸島の島のひとつだ。羽田空港から飛行機で約五〇分。東京の亜熱帯地方という異名を持つように、ヤシの木が空高く伸び、まばゆいほどの赤い色をしたハイビスカスの花が町の辻々を彩る。南洋を渡ってくるねっとりと湿った潮風は、島の最高峰、八丈富士（標高八五四メートル）の斜面を急上昇する。それは湧き立つ厚い雲となってにわか雨をもたらすが、風向きが変わればすぐにまた灼熱の太陽光が戻ってくる。

わたしが八丈島にやって来たのは、さらに二九〇キロメートルほど南に位置する伊豆鳥島（無人島）へと渡り、そこに漂着したジョン万次郎や『漂流』（吉村昭著）の主人公、無人島（野村）長平など、江戸期の漂流民の足跡を調査するためだった。江戸幕府の島役所が置かれていた八丈島は、鳥島から生還しようとする者たちが命からがらたどり着いた場所であったため、関係する資料もいくつか残されている。

わたしは地元の歴史に詳しい大澤幸一さんを訪ねた。彼は自ら収集した資料を八丈島ふるさと塾という私設の郷土資料館に所蔵している。

彼から江戸期の八丈島の話を聞くうち、わたしは意外な人物の名前を耳にした。

「間宮林蔵がね、この島にやって来てたんですよ」

江戸後期の探検家、間宮林蔵と聞けば、大方の日本人は間宮海峡を連想するだろう。当時、北海道の北に浮かぶサハリン島は島なのか、ユーラシア大陸と陸続きの半島なのか、はっきりしていなかった。間宮林蔵は現地を踏査し、イギリスをはじめとする欧州各国の探検家に先駆けて、サハリンが島であることを突き止めた。大陸との間にある海峡は「マミヤノセト（間宮海峡）」と名づけられ、長崎出島のオランダ商館付医官シーボルトによって欧州に伝えられた。

サハリン島は樺太、唐太、北蝦夷とも呼ばれたが、本書ではサハリン島とする。サハリンは北方民族ツングースの言葉で「サハリン・ウラ・アンガ・ハタ（アムール川の河口の山の意）」を語源とする古くからの地名だ。

林蔵の偉業は間宮海峡の発見にとどまらない。彼はサハリン島に暮らすサハリンアイヌやウイ

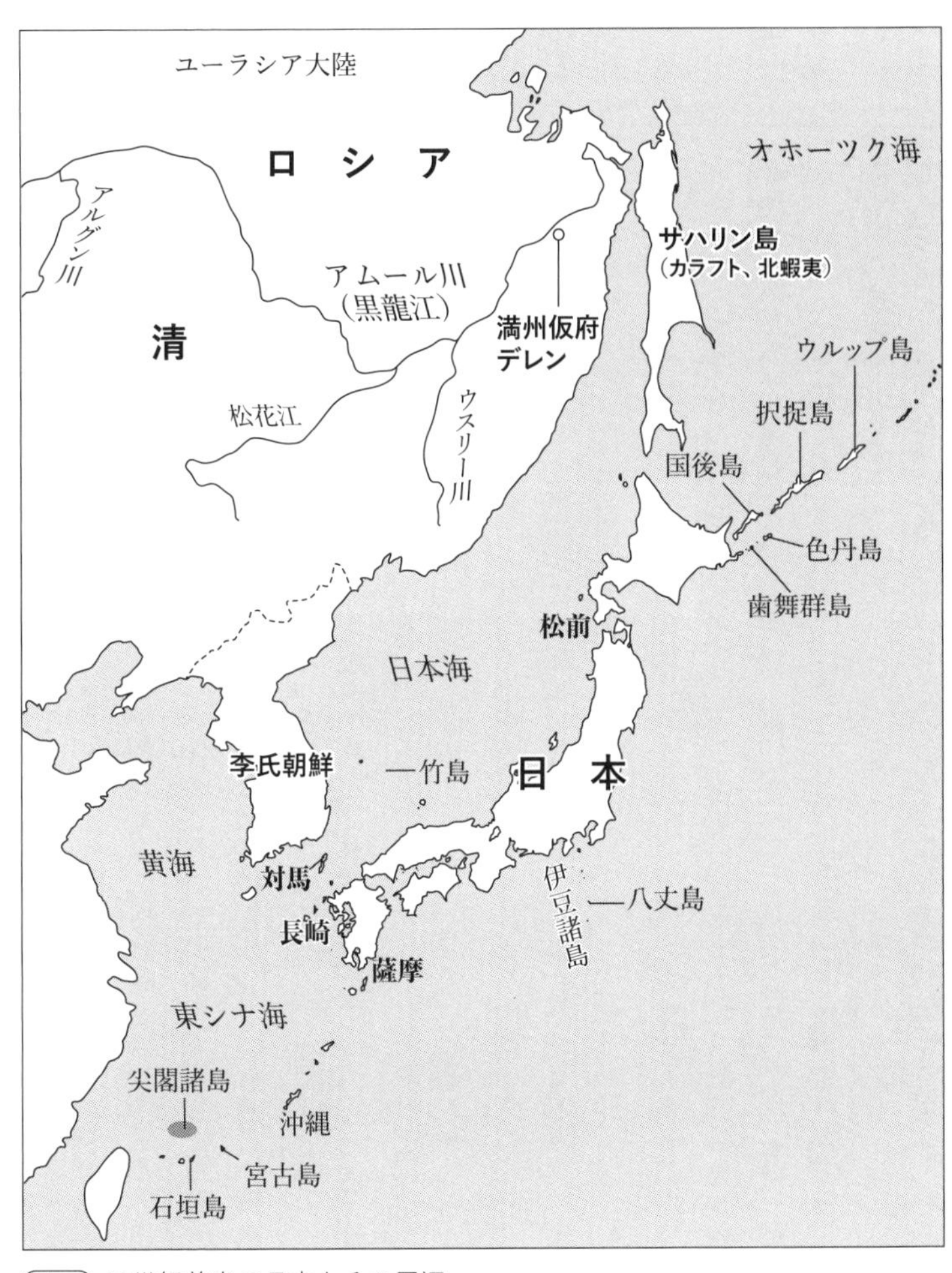

図P-1 19世紀前半の日本とその周辺

ルタ、ニヴフといった北方少数民族の文化や習俗を詳細に調べた。さらに、間宮海峡を渡ってユーラシア大陸へと上陸。全長約四三〇〇キロメートルを超える大河アムール川を遡り、沿岸にあった中国清朝の朝貢貿易拠点、満州仮府デレンを訪ねた。朝貢貿易とは、中国が周辺地域の首長に官位を授け産物等のやり取りをすることで、中国の支配力を強めた制度だ。林蔵が訪れたアムール川下流域は現在の極東ロシアに位置するが、当時は中国領だった。林蔵は西欧人にとっても未知のままだったそれらの地域を踏査し、実測図を完成させた。

わたしはそんな林蔵に憧れ、彼の足跡を追ってきた。林蔵が足を踏み込んだ地域は、現在でもあまり知られることのない未開地ばかりだ。彼はなぜ旅に出たのか。それはどのような体験だったのか——。資料をもとに彼の足跡をトレースして手がかりを得たいと考えた。そして一九九七年から九八年にかけて訪れたサハリン島では氷点下三〇度を超える極寒を味わい、二〇〇六年に出かけたアムール川流域では、乗船していた船の故障によって思いがけない事態に次々と巻き込まれる羽目になった。

そんな北方探検家の間宮林蔵が、なぜ南国の八丈島に？　思い返すとわたしは関連する記録を読んだことがあった。それは、林蔵が代官柑本兵五郎の従者として伊豆諸島を巡検したことに関するもので、「来年八丈島巡視の命を蒙候趣なり」（『侗庵日録鈔』、『間宮林蔵』洞富雄著所収）と書かれた一八二六（文政九）年の記録だ。そこには具体的なことは書かれておらず、いつしかわたしの記憶から遠のいてしまっていた。

八丈島で林蔵の名前を聞き、わたしは林蔵が持つもうひとつの顔を思い起こした。彼には探検家以外に、幕府隠密という別の顔があった。林蔵は三〇代前半で間宮海峡を発見した後、蝦夷地にいた一〇年ほどの間に蝦夷地全域の測量に従事し、四〇代後半以降に幕府隠密として活躍したとされる。

八丈島を訪れた頃、四八歳の林蔵は来航する異国船の風聞（うわさ）を東北や関東の太平洋岸で調べていた。異国船打払令が一八二五（文政八）年に発布されて緊張が高まっていた時代で、林蔵が八丈島を訪れた五年後に、豪船レディー・ロウエナ号が八丈島に来航した。そのためわたしは、林蔵が幕府隠密として八丈島での警戒にあたっていたのかもしれないと考えたのだ。

探検家と幕府隠密。氷雪を乗り越え未踏の地を征した探検家としての崇高さと、幕府隠密につきまとう不気味さが林蔵のイメージに同居し、彼を謎めいた存在にしている。

だが、探検と隠密はどちらも未知の世界に足を踏み入れ、事実を明らかにするという点では大差がない。わたしは一九九四年、南太平洋に浮かぶロビンソン・クルーソー島（南米チリ領）に出かけ、『ロビンソン漂流記』のモデル、アレクサンダー・セルカーク（一六七六～一七二一）の住居跡を探し出そうと山中に分け入った。すると、パトロール中の国営森林保護局森林レンジャーに呼び止められ、当局への出頭を求められた。わたしは島に棲息する希少種の植物を狙う違法プラント・ハンターと勘違いされ、尋問を受ける羽目になった。彼らはわたしが希少植物の種類や分布を密かに調べていたのではないかと疑ったのだ。その疑いはやがて晴れ、わたしを尋問した官吏も最終的にはわたしの探検隊に名を連ねることになった。

そのような体験から、わたしは林蔵の探検と隠密は紙一重の差ではないかと感じていた。彼にとって探検とは何だったのか——。当時、鎖国していた日本に通商を求めてロシア船が来航するようになり、サハリン島南部や択捉（エトロフ）島にあった日本の拠点に攻撃をしかけてきた。それらの地域には、北海道のアイヌと同系統にあたるサハリンアイヌや千島アイヌが暮らしていたため、早くから日本人が進出していた。サハリン中部以北はアイヌと異なる民族の土地であり、日本人にとっては未知の領域だった。幕府にとり、サハリン島全土の状況を把握し、日本の領土と国境を見定めることが喫緊の課題だったのだ。

サハリン島は日本とロシアが一八七五（明治八）年に締結した樺太千島交換条約によりロシア領となるまで、日本とロシア両属の土地だった。そのため林蔵の時代にはサハリン島全土を幕府直轄地として日本領にする計画があったのだ。一方、同じくサハリン島を植民地化しようとするロシアが台頭してきた。地理学上の偉業によって不動の地位を築いた探検家の林蔵だが、彼にはもともとロシアの脅威から国土を守るというミッションが与えられていた。探検家にして隠密だった林蔵にとって、双方の違いは明確に線引きされたものではなかったはずだ。そのため幕府隠密という側面を抜きにしては、林蔵の探検を十分に理解することはできないし、現代のわれわれにとってどんな意味があるのかを確かめることさえ難しい。わたしは漠然とそう考えていた。

八丈島に来たわたしは、鳥島から生還した江戸時代の漂流民が八丈島の島役所で厳しい尋問を受けたことを知った。漂流中に外国人と接触していないか、キリシタンではないかなどを調べられ、彼らは日本国外からの帰還者として扱われた。つまり、当時の八丈島は日本の国境の島だったと言える。それに気づいた瞬間、わたしの脳裏に林蔵のことが蘇ってきた。日本はサハリン島南部に交易拠点を持っていたが、そこはサハリンアイヌが暮らす土地で、日本領土外の植民地のようなものだった。幕府は彼らと交易を行ない直轄地化（蝦夷地経営）を進めていた。そこはいわば国内とも国外ともつかない当時の日本の国境地帯のような場所だったのだ。

ひょっとすると林蔵が八丈島に来た理由も、そこが国境の島だったからではないか――。林蔵が訪れたサハリン島と八丈島の共通性から、わたしは林蔵を読み解く鍵に「国境」があるのではないかと考えた。

江戸時代の国境とは

日本の国境は、林蔵の時代と現在とではだいぶ異なっていたはずだ。日本の国境を考える上でポイントは二つある。国境の定義と鎖国の問題だ。

政治的支配が及ぶ「領土」とその「境界」という概念は古くからあった。だが、国と国の間に線を引くという国境の考え方が国際社会のルールとなったのは、ドイツを主戦場とした三〇年戦争（一六一八〜四八年）がきっかけだった。ドイツの宗教内乱からヨーロッパ各国が介入して国際戦争に発展したもので、その終結後に締結されたウエストファリア条約（一六四八年）により、近代国家の根幹をなす主権国家の概念が誕生した。主権国家とは、明確な国境で囲まれた領土を有し、排他的な主権を持つ国家をいう。それは現代社会の基礎となり、われわれが普段何気なく接している国境もそこにルーツを持つ。

日本が近代国家として隣国との間に国境を定めたのは、一八五四（安政元）年の開国以後のことだ。日露間の国境は一八五五（安政二）年の日魯通好条約（日露和親条約）により、択捉島（日本側）とウルップ島（ロシア側）の間と決められた（260ページの図7−1参照）。当時、サハリン島は日露両属で両国民が雑居する地とされたが、サハリン南部には北海道のアイヌと同族のサハリンアイヌが暮らしており、古くから彼らと交流してきた日本人はサハリン南部を中心に活動していた。また、日清間では琉球王朝をどちらに帰属させるかが問題となり、一八七二（明治五）年に日本領と決まって、琉球藩が設置された。一八九五（明治二八）年には、沖縄本島の南西約三〇〇キロメートルにある先島諸島（石垣島や宮古島など）が日本領土に編入された。そこには、石垣島の北方約一七〇キロメートルに位置する尖閣諸島も含まれる。このように、主権国家日本の領土や国境は一九世紀後半からはっきりしていく。

ヨーロッパで近代国家が誕生した頃、日本は鎖国をしていた。鎖国とは対外関係を制限することで、日本人は一部を除き海外渡航を禁じられた。キリスト教布教に固執したポルトガル人は国外追放となり、西洋の交易相手国はオランダに限定されて長崎出島への来航が許された。わたしは長崎の出島跡地を最初に訪れた時、そこが思っていたより小さいと感じた。出島は扇型の人工島で、敷地の周囲は南側が二三三メートル、北側一九〇メートル、東西はそれぞれ七〇メートル。大海原を越えて来日したオランダ人たちは、狭い場所に押し込められるような窮屈さを覚えたのではないか。そんな出島の小ささが鎖国の厳格さを象徴しているようにも思われた。

国境とは、国の主権が及ぶ領域の境界を指す。国家の主権は、国際社会の中で主権国家と認知されて初めて効力を発揮する。鎖国下の日本は国境をめぐって他国と協議できる状態にはなかった。しかも、日本は海に囲まれているため、他国と領土を接する国と比べても国境に対する意識が高いとは言えなかった。

江戸時代の日本には、主権国家としての国境は存在しなかったのだ。だが、鎖国という独特の外交政策を持つ日本には、自国の領土と外界を隔てる境界線は存在した。『日本の「境界」‥前近代の国家・民族・文化』（ブルース・バートン著）によれば、当時の日本の境界は、北海道最南端にあたる渡島半島の松前付近、本州、四国、九州を楕円の点線で囲んだ領域となる。日本の領土は律令制以来の国郡制に基づく六六州（本州、四国、九州）と二島（壱岐・対馬）を基礎とし、そこに蝦夷地と琉球は含まれていなかった（次ページの図P－2参照）。

鎖国とは「国を鎖す」という意味だが、日本は完全に孤立していたわけではない。日本の境界線付近には、異国との交易や外交のために開かれた窓口が四つあった。

長崎口――長崎は幕府直轄地とされ、来航が許可されたオランダ人は出島を、中国人は唐人屋敷を居留地として日本で交易を行なった。

薩摩口――薩摩藩は琉球王朝との外交、交易を任され、琉球が朝貢貿易で手に入れた中国の物産も日本に輸入された。

対馬口――北九州の玄界灘に浮かぶ対馬藩は、朝鮮との外交と交易を担った。

松前口――松前に置かれた松前藩は、アイヌと交易を行ない、蝦夷地経営を進めた。

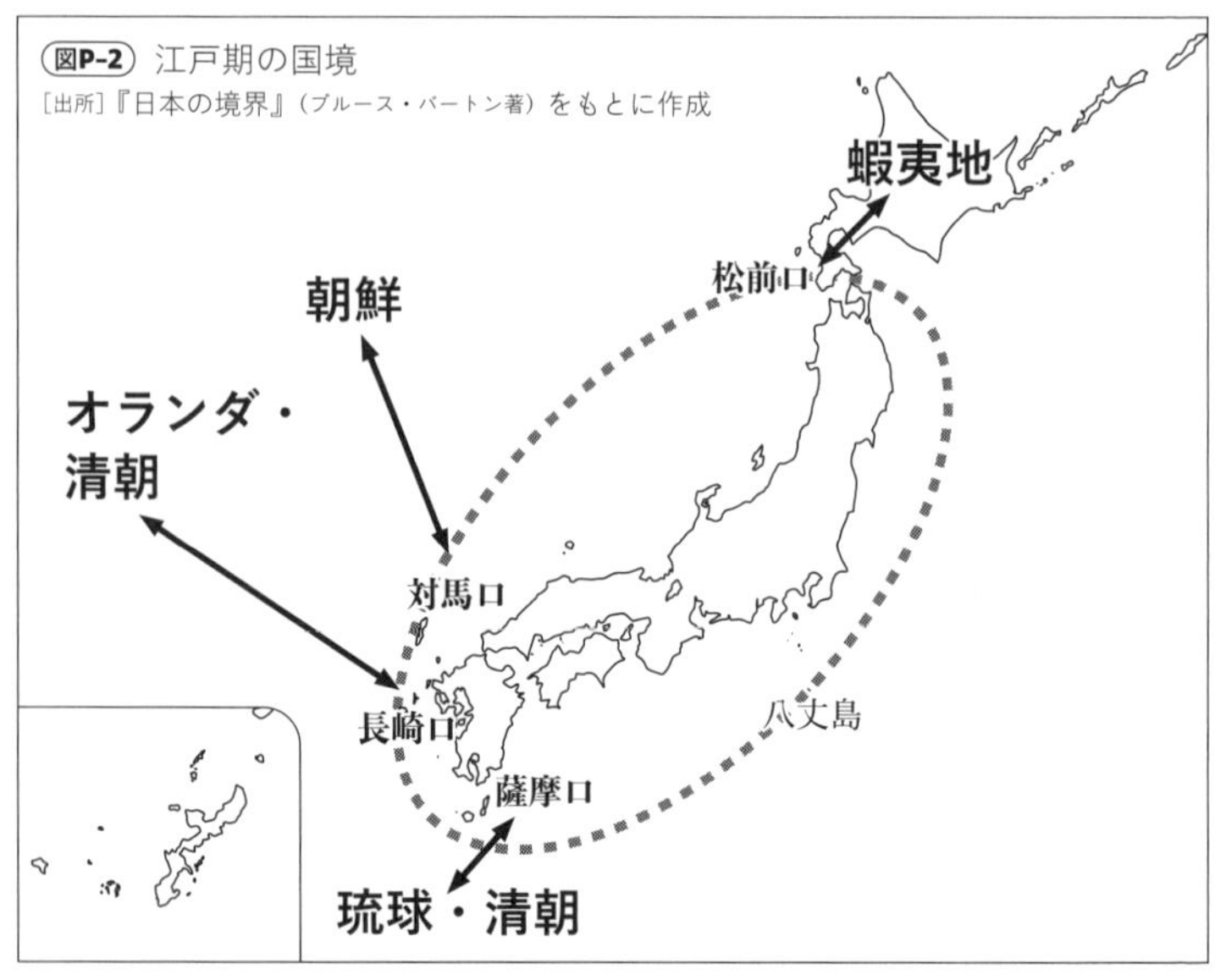

当時、蝦夷地（松前以外）と琉球は日本の領土外の世界だった。鎖国下における日本の国境には、異郷に開かれた4つの口が設けられていた。

以上は総称して「四つの口」と呼ばれる。長崎口はオランダと中国の船が来航するだけの港だった。一方、他の三つの口は現地を治める薩摩藩、対馬藩、松前藩が運営を任され、幕府から特別な許可を得た者が交易のために琉球、朝鮮、蝦夷地へと出かけていった。四つの口が隣接する日本の境界線は、当時の日本の経済圏を表したものとみることができる。だが、それは経済に限るものではない。琉球と朝鮮は江戸幕府と外交関係を結んでいた国であったため、それと接する境界線は国境のような存在だった。また、異国船打払令が発令された時代、来航する異国船の警戒にあたっていた八丈島は、幕府直轄地だった伊豆諸島の中で最南端の地であった。そこは日本の南方における軍事境界線であった。一方、松前口の外に広がる蝦夷地は、アイヌが暮らす異郷であり、国ではなく、帰属先も曖昧だった。ロシア船の来航を機に緊張が高まり、幕府の松前奉行が蝦夷地を直轄統治（一八〇七〜二一年）した時代もあった（39ページの図1−1参照）。松前口とは暫定的（ざんてい）な国境であり、その外に潜在的な日本の新しい国土が横たわるものとみなされていた。林蔵が松前口を起点に北方探検に出かけ地図を作ったのは、日本の新しい領土とその国境を定めるためだったとみることもできる。地図制作は本来、そのような性格も併せ持つ。

このように見てくると、林蔵の足跡は当時の日本の境界線と関わっていることがわかる。それは近代的主権国家としての国境ではないが、日本と異郷を隔てる国境と見立てることで、林蔵を単に北方探検の人とするのではなく、もっと広い視野で再解釈できるのではないかとわたしは考えた。

しかも、国境というキーワードから深めるなら、林蔵を追跡する現代的な意味さえあるかもしれない。北方領土、竹島、尖閣諸島など現代日本は国境をめぐる深刻な問題に直面している。林蔵の時代と現代は二〇〇年以上も隔たっているが、彼が生きた江戸後期は、異国船が相次いで来航し、異国船打払令が発布されるなど緊張が高まり、現代とどこか通じるところがある。国境をめぐる問題が深刻化する今こそ、同じような時代に生きた間宮林蔵を追跡してみたいと思った。

彼は困難を極める時代に、探検家としてどう世界と向き合い、幕府隠密として何をめざしていたのか。林蔵の人生を誕生からたどってみよう。彼がどのような環境で生まれ育ち、いかにして探検家の道に進んだのか。探検家や幕府隠密として果たした役割を、資料と現場の旅をもとに再検討してみよう。

林蔵を突き動かしていた「大義」とは何か——。間宮林蔵は現代のわれわれに何を語りかけてくるのだろう。

国境の人　間宮林蔵

探検家にして幕府隠密、謎多き男の実像を追う

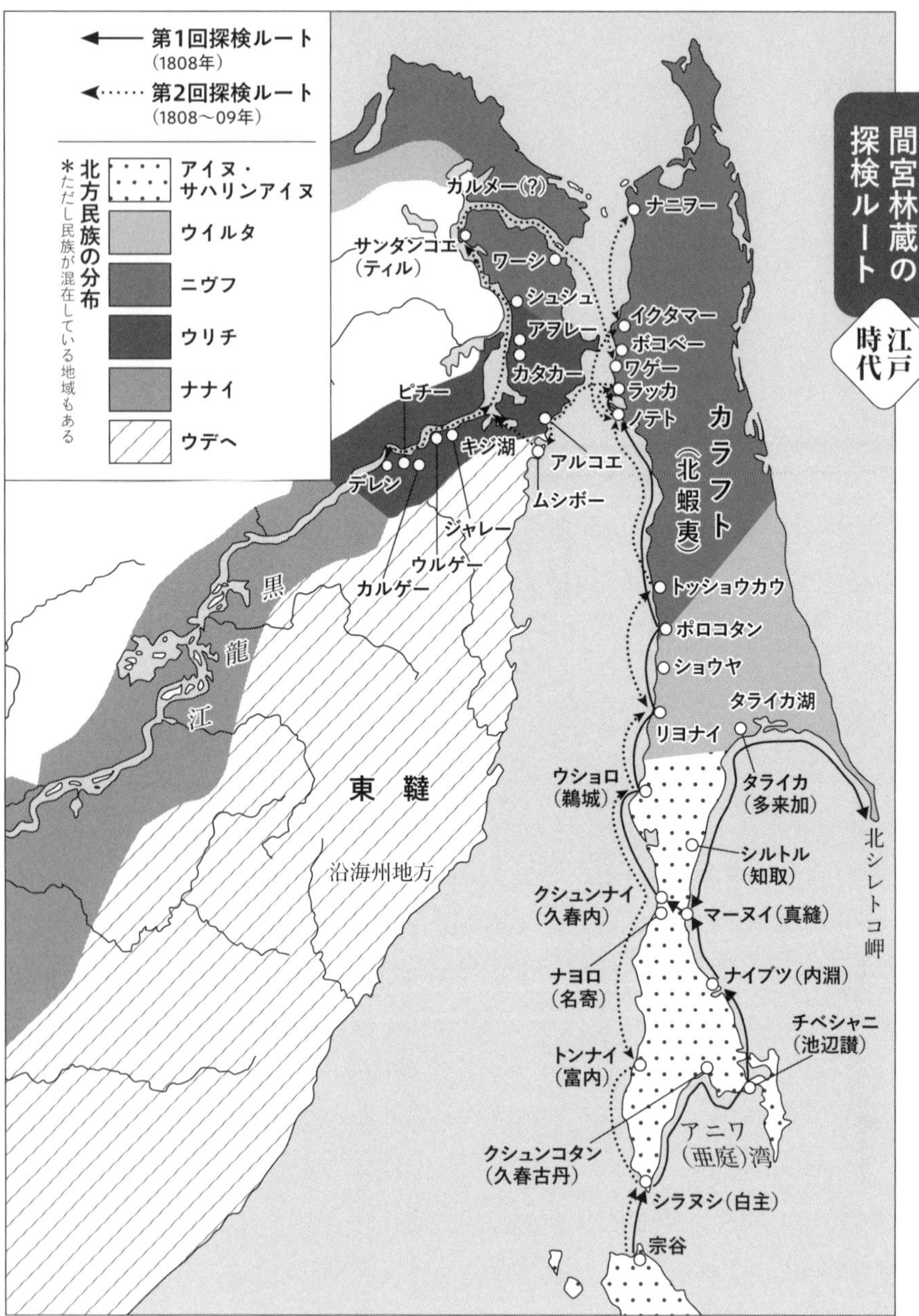
第1回探検ルート
（1808年）
第2回探検ルート
（1808〜09年）
北方民族の分布
＊ただし民族が混在している地域もある
アイヌ・サハリンアイヌ
ウイルタ
ニヴフ
ウリチ
ナナイ
ウデヘ
カルメー（?）
サンタンコエ（ティル）
ワーシ
シュシュ
アヲレー
カタカー
ピチー
キジ湖
アルコエ
ムシボー
デレン
ジャレー
ウルゲー
カルゲー
ナニヲー
イクタマー
ボコベー
ワゲー
ラッカ
ノテト
カラフト（北蝦夷）
トッショウカウ
ポロコタン
ショウヤ
タライカ湖
リヨナイ
ウショロ（鵜城）
タライカ（多来加）
シルトル（知取）
北シレトコ岬
クシュンナイ（久春内）
マーヌイ（真縫）
ナヨロ（名寄）
ナイブツ（内淵）
チベシャニ（池辺讃）
トンナイ（富内）
アニワ（亜庭）湾
クシュンコタン（久春古丹）
シラヌシ（白主）
宗谷
黒龍江
東韃
沿海州地方

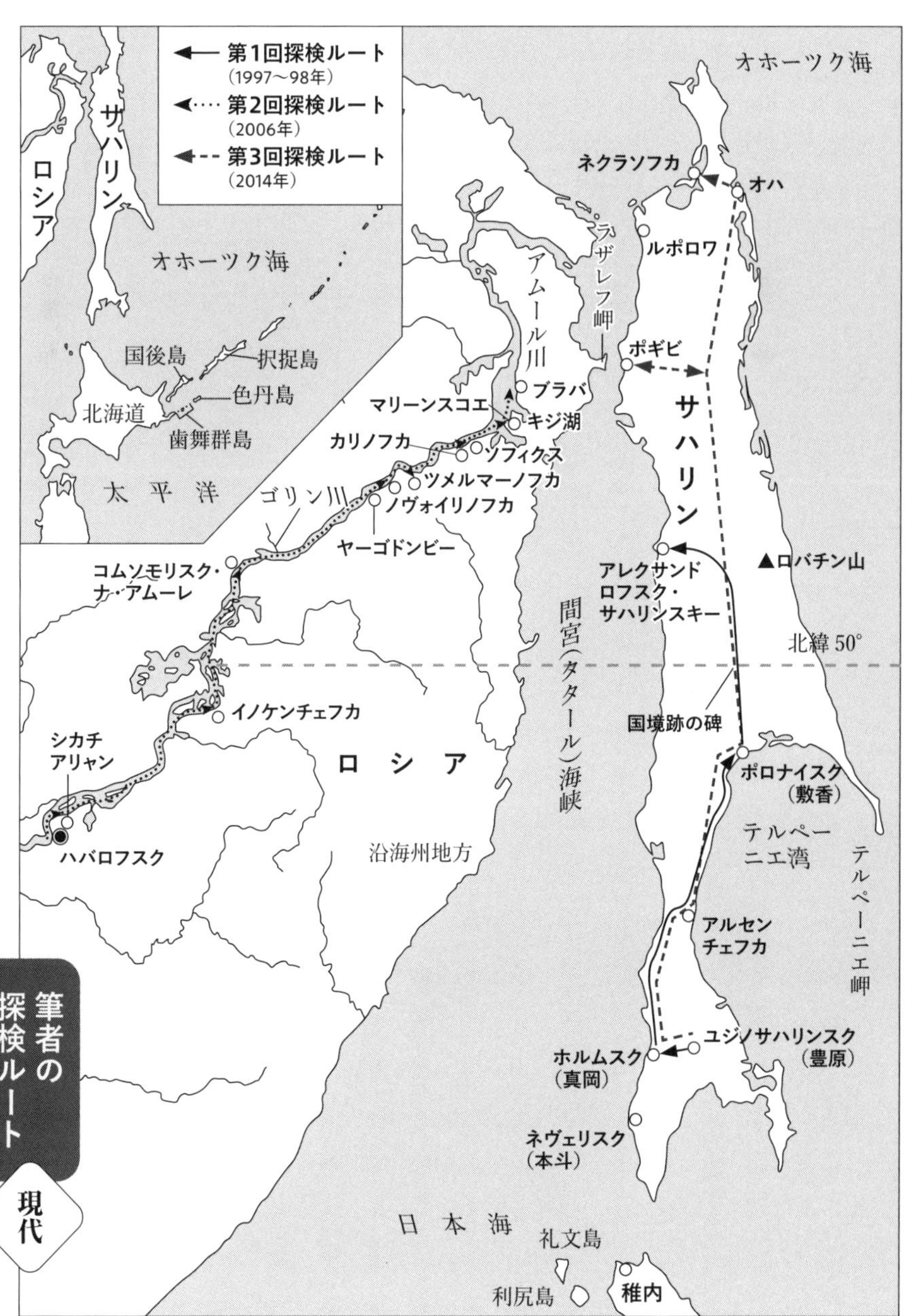
第1回探検ルート
（1997〜98年）
第2回探検ルート
（2006年）
第3回探検ルート
（2014年）
ロシア
サハリン
オホーツク海
国後島
択捉島
色丹島
北海道
歯舞群島
太平洋
オホーツク海
ネクラソフカ
オハ
ルポロワ
ラザレフ岬
アムール川
ポギビ
ブラバ
マリーンスコエ
キジ湖
カリノフカ
ソフィクス
ツメルマーノフカ
ゴリン川
ノヴォイリノフカ
ヤーゴドンビー
サハリン
アレクサンドロフスク・サハリンスキー
ロバチン山
コムソモリスク・ナ・アムーレ
間宮（タタール）海峡
北緯50°
国境跡の碑
イノケンチェフカ
シカチアリャン
ロシア
ポロナイスク（敷香）
テルペーニエ湾
テルペーニエ岬
ハバロフスク
沿海州地方
アルセンチェフカ
ユジノサハリンスク（豊原）
ホルムスク（真岡）
ネヴェリスク（本斗）
日本海
礼文島
利尻島
稚内
筆者の探検ルート
現代

国境の人
間宮林蔵
探検家にして幕府隠密、
謎多き男の実像を追う

第一章

探検家の揺りかご

間宮林蔵の子孫がいる！

林蔵の故郷、茨城県筑波郡伊奈町（茨城県南部。現・つくばみらい市）に、間宮林蔵の末裔がいると知ったのは、一九九七（平成九）年の秋のことだった。わたしは小躍りした。どんな人なのだろう？　ひょっとして探検家なのだろうか？

林蔵は命がけの極北行で世界を驚かせる発見をした探検家だ。しかし、その英雄像だけでは、なかなか血が通った生身の人間を実感できない。文献を読み、想像をめぐらせるたび、伝説の神々のように大きな近づき難い存在になっていく。林蔵を身近に感じるためにも、ぜひその人に会ってみたい。

電話をかけると、受話器の向こうからやわらかい声が響いてきた。林蔵から数えて八代目にあたる間宮正孝さん。ご自宅の敷地内には、復元された生家と遺品などを展示した間宮林蔵記念館があるという。

東京の上野駅から常磐線に乗って北東へ約四〇分。取手駅で下車し、レンタカーに乗り換える。取手は江戸へと通じる水戸街道や利根川の水運など、古くから交通の要衝として栄えた町だ。駅から北西に車を一時間も走らせると周囲は田園風景にすっぽりと包まれる。やがて道は利根川の支川のひとつ小貝川にぶつかった。小貝川は栃木県東部に発し、陶芸で名高い益子町などを通って関東平野を縦断する。林蔵が生まれたのはその川沿いの農村だ。

車を降りて歩いてみると、降り注ぐ太陽の光が川面に落ちて、きらきらと輝いていた。水と草、肥沃な土が溶け合ったようなどこか懐かしい匂いを、やわらかい風が運んできた。土手から見上げると空は大きく開け、世界が広がっていく。

間宮林蔵記念館では間宮正孝さんが迎えてくれた。声の印象と同じく、眼鏡をかけたやさしい雰囲気の人だ。わたしは林蔵と彼の関係を尋ねてみた。

「生家を継いだのは、林蔵の叔父の次男、鉄三郎です」

正孝さんの説明によれば、どうやら林蔵には、実家を継ぐ実子がいなかったらしい。

正孝さんの職業はコンピュータ関係で、インターネットのホームページ制作を請け負ったり、初心者に教えたりしているという。伊能忠敬から測量の手ほどきを受けるなど、時代の先端を行く技術を身につけて社会と関わった林蔵と重なるようにも思えてくる。では、探検はどうだろう？

わたしの質問に正孝さんは笑顔を見せた。

「いや、わたしはとても。林蔵が間宮海峡を発見した、サハリン最北部のナニヲー（現在のルポロワ）へは行ったことがあるのですが」

「そこで何を感じました？」

「当時のことを考えると、大変な苦労だったのだろうなと改めて思いました」

ルポロワ行きの発端は、一九九四（平成六）年、間宮林蔵顕彰会（北海道稚内市）会長の田上俊三さんが私費を投じて林蔵の探検船を復元し、宗谷岬から足跡をたどってみようと夢を膨らませたことだった。顕彰会は故郷の茨城にもあり、どちらも研究者や地域の人など、林蔵に関心がある人々が集っている。田上さんの熱意が届き、プロジェクトには稚内市からも全面的な協力を得ることができ、そこに正孝さんも加わることになった。

ところが、前途はいばらの道だった。海峡を航行するには、ロシア国境警備隊から許可を得なければならない。申し出はすげなく却下された。ロシア領海へ日本の船を乗り入れることがいかに困難か。間宮海峡という名の親近感ゆえに、落胆も大きい。

粘り強く交渉を続けた結果、復元船を大型のロシア船で運び、目的地となるルポロワ沖に浮かべるだけなら可能、という回答が返ってきた。また、サハリン北部で大地震があり、実現までに二年もの歳月を要することになったとか。

そして一九九六（平成八）年七月一九日、幾多の困難を乗り越えて歴史的な場所に足を踏み入れると、ルポロワで暮らす先住民ニヴフは、一行二一人を温かく迎えてくれた。

正孝さんはニヴフの古老から、遠い昔、日本人がやって来たという言い伝えがあると聞かされたという。それが林蔵のことかはわからないが、一行がかつてのナニヲーで先住民と心の琴線を触れ合わせることができたのは、何よりの収穫だったという。

話を聞き終えると、わたしはしみじみとした。

「いい旅ですね」

気がつけばすでに二時間。長居を詫びると、正孝さんは「林蔵の遺品があります」と記念館の奥に案内してくれた。

天ガラス

蝦夷布

鞾靶硯

探険用頭巾

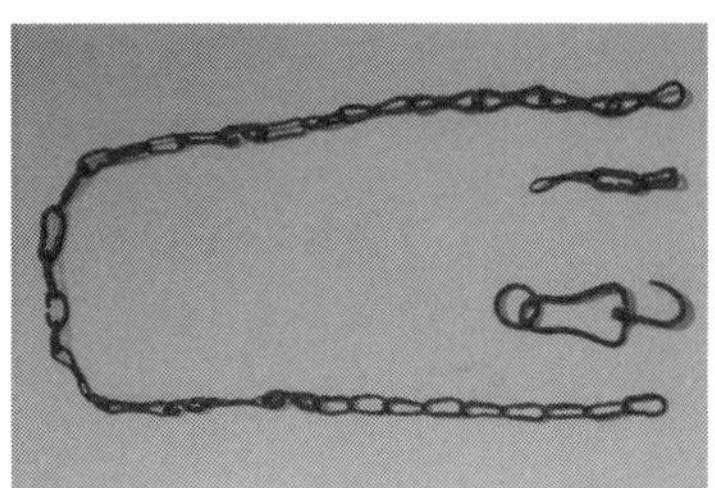

測量用鎖

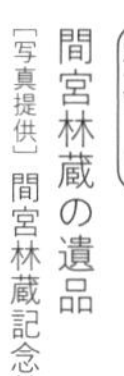

写真1-1 間宮林蔵の遺品
［写真提供］間宮林蔵記念館

遺品にはドラマがある。毛布として使用していたと伝えられる蝦夷布。ぼろぼろで色褪せているが、もとは藍や朱、美しい柄模様が編み込まれていた。長さ一五五センチメートル、幅一〇一・七センチメートル。わたしは極寒の夜、そこに身を固く丸めて縮こまった林蔵の姿を思い浮かべた。薄手のその毛布で、凍結する冬の夜をやり過ごすのは大変だったに違いない。彼の歯軋(ぎし)りさえ聞こえてくるようだ。

探検用の頭巾も同じだ。厚木綿を二枚合わせ、頭から耳、首筋までをすっぽりと覆う作りになっているが、耳さえ削ぎ落とされそうな寒さをどれほどしのげただろう。

また、水深を測るために使った鉄鎖にも苦境が滲んでいる。かつては形も大きさも整っていたはずの鎖の輪は、いびつにひん曲がっている。

測量用の道具としては他に赤い遮光ガラスもあった。そこに彫り込まれた「スラガンテ(Sragante)」というローマ字は、逆さからte-n-ga-ra-s(天ガラス)と読める。緯度を測るために太陽をのぞき見たのだろう。新しい道具や技術に傾けた林蔵の好奇心が伝わってくる。

遺品の中で、とりわけ異彩を放っていたのは韃靼硯(だったんすずり)だ。韃靼と呼ばれていたシベリアから持ち帰った玢岩(ひんがん)(斑状組織を持つ火成岩)の塊で硯を作ったという。何という趣味人だろう。林蔵は厳しい環境下でも心に余裕があったことがわかる。いやむしろ探検を心底楽しんでいたことがうかがえる。

手紙や書籍など、どの遺品にも林蔵のぬくもりが残っているかのようだった。記念館の近郊には、他にもゆかりの場所があるという。それらを訪ねつつ、改めて林蔵の出生から幼少期をたどってみよう。

一〇年詣でて授かった子

林蔵はいつ生まれたのか。一七七五（安永四）年とも一七八〇（安永九）年とも言われる。安永四年説は林蔵が死んだ時に七〇歳だったという記録をもとにし、安永九年説は生家の菩提寺、専称寺に残る過去帳に「六十五歳命終る」と記載されていることを拠り所とする。

間宮海峡を発見した一八〇九（文化六）年に当てはめてみると、当時彼は三五歳か三〇歳だったことになる。探検家には体力だけではなく知識や経験が求められるが、年齢としてはどちらもあり得る。本書では、故郷に残る記録を尊重し、生年を一七八〇年としてみていくことにする。その場合、林蔵が間宮海峡を発見したのは三〇歳という想定になる。

林蔵の出生や幼少時代のできごとは、郷里に伝わる逸話をまとめた『新編常陸国誌　下巻』（前出『間宮林蔵』所収）に詳しい。

父庄兵衛と母クマ。二人は子宝に恵まれず、月読神社に詣でること一〇年にして、ようやく一人の男子を授かり、林蔵と名づけた。

月読神社は、彼の生家がある伊奈町上平柳からおよそ北東一五キロメートルの茎崎町樋ノ沢（現・つくば市）にある。わたしはレンタカーで出かけてみることにした。田園と疎林がパッチワークのように入り組む一角に、木造の古い社殿が建っている。境内に入ると静けさが身にしみいるようだ。その張り詰めた神妙な空気は、やがて参拝者の足音で破られた。彼らに続いて神官装束に身を包んだ宮司が現れ、本殿にて祈禱が始まった。太鼓の音が響くと、木々の葉もかすかに揺れた。古くから農耕や開運の神として信仰を集めてきた月読神社には、今なお訪れる人が絶えない。

その月読神社は三夜様とも呼ばれ、古くから伝わる月待ちの講が残るらしい。子宝に恵まれるご利益があるとのことで、林蔵の両親が参加していたのかもしれない。境内にある巨大なシイの木の御神木は幹周りが八メートルと言われ、推定樹齢は六〇〇～七〇〇年。出生にまつわる伝説の舞台に立つ古木が、林蔵の揺りかごに見えてきた。

探検家の片鱗

現在、間宮林蔵記念館の脇に修復保存されている茅葺屋根の民家で林蔵は生まれ、少年時代を過ごした。戸を叩いて名を呼べば、今にも顔を出してきそうな佇まいだ。

九歳で学に就く。近くにある専称寺の寺子屋に通い始めた幼少期の林蔵について、こんなエピソードが伝えられている。

父は農業のかたわら、箍作りの職人として働いていた。そのため林蔵は竹に親しみ、やがて川の深さや木の太さなど目にするものを何でも測ってみるようになった。

古くから物差しの材料に使われてきた竹は、気温や湿度の変化に強く伸び縮みしにくいため、

写真1-2 間宮林蔵の生家。彼はこの家で生まれ15〜16歳ぐらいまでを過ごした。

正確に長さを測ることができる。林蔵の自然に対する好奇心は様々なものの寸法を測ることで芽生えていったのだろう。

川はいつも同じように見えるが、竹竿を立ててみると水量や深さは絶えず変化している。樹木も、幹の太さを比較すれば南側に生えている木がより大きく生長している。寸法を測ることで普段は気がつかない自然の姿が見えてくる。林蔵は父と母の愛情を一身に受け、自然の中ですくすくと育っていった。

そんな林蔵が、冒険への憧れをのぞかせたのは一三歳の時だ。村人たちが北へ約三〇キロメートルの筑波山へ詣でることになり、林蔵も連れて行ってもらった。ところが、宿坊で眠りにつく頃合い、誰かが大声を上げた。
「林蔵がいない！」
村人たちは皆、宿を飛び出し、名を叫んだ。
「林蔵やーい！」
周囲に捜索の声が響くが、山からは冷気が吹き下りてくるばかり。とうとう行方が知れぬまま、村人たちは不安な一夜を過ごした。

標高八七六メートルの筑波山は日本百名山のひとつに数えられる。広大な関東平野を一望するように立つ山容は、『万葉集』や『古今和歌集』などに繰り返し歌われてきた。山そのものが御神体として崇められ、古来、山岳信仰の拠点でもあった。中腹には筑波山神社が建ち、引きも切らず参拝者が訪れている。舗装道が通じ、山頂までケーブルカーで行ける現代では、ピクニックにやって来る家族連れも多い。

林蔵は翌朝、村人の前に姿を現し、山頂付近の立身岩（りっしんいわ）に行っていたと話した。手のひらに油を溜めて灯心を点す手灯（しゅとう）の明かりを頼りに一晩中、将来の出世を祈っていたというのだ。手灯は仏教修行のうちでも苦行とされるもので、林蔵の筑波山詣での真剣さがうかがえる。

わたしは林蔵が歩いた山道を進み、立身岩へ行ってみることにした。登り坂は比較的緩やかだが、闇夜の中を一人進んだ少年の勇気と意志の強さに感じ入る。二時間ほどで山頂付近の立身岩にたどり着いた。

山の斜面にはりついたような大きな奇岩は、今も注連縄（しめなわ）がかかる聖地だ。手前には林蔵の記念

写真1-3
筑波山の山頂付近にある立身岩。
山岳信仰の霊場としても知られる。

碑が立っていた。周囲を見回したが、身を寄せ、仮眠できるような岩屋はない。林蔵は吹きさらしの山中、徹夜で御百度参りをしたのだろう。手灯のせいで手が黒く焼け焦げていたとも伝えられている。一三歳の少年には冒険だったはずだ。

当時は身分制度がはっきりした世の中だった。夜通し祈ったところで、奇跡でも起きない限り、農村出身の一少年が立身出世を果たすことなど不可能に近い。ところが、林蔵に限って奇跡は起きてしまう。

才能を買われて

灌漑用水として水田を潤していた小貝川は、

たびたび洪水で溢れるため堰を組まなければならなかった。中でも岡堰は水流が激しいため難事業とされ、土木工事を担当した幕府の普請役にとっては頭の痛い問題だった。

一六歳の林蔵は毎日のように近くの岡堰へ出かけ、作業を見つめた。彼の目には自然の猛威とそれに立ち向かう人間の姿が、興味深く映っていたのかもしれない。そして時には顔見知りとなった労働者と言葉を交わすこともあったのではないか。

ある日、難航する作業に林蔵は自分のアイデアを提案した。どんな妙案だったかはわからないが、それによって工事は成功し、現場を管理していた幕府普請役は林蔵の能力に驚いた。普請役は幕府が管轄する河川の灌漑用水や橋、道などの土木工事を司った。それがきっかけで林蔵は見出され、江戸へ出て測量家の下で修業を積むことになる。

現在、岡堰の跡地には彼の銅像と記念碑が立っている。故郷の川で試された少年が、やがて日本人が踏み入れたことのない大河へと漕ぎ出していくことなど、当時、いったい誰が想像し得たであろうか。

江戸に出る林蔵にとって農家のせがれという身分が足かせとなってはと心配した両親は、息子を隣村狸淵（現・つくばみらい市）の名主、飯沼甚兵衛の養子にした。改名せずに家柄の良い人に身元保証人となってもらうことは、当時よくあることだった。両親が一人息子を手放す寂しさについては記録に残っていない。彼らは凛々しい出で立ちながらも、あどけなさが残るわが子に、繰り返し「達者で」と言葉をかけたことだろう。

故郷を訪ねたわたしは、探検家・間宮林蔵の原点に触れる思いがした。

写真1-4
探検家・間宮林蔵を育んだ小貝川。
郷土の川で人生のきっかけをつかんだ彼は、
後に大陸の大河アムール川へと挑む。

竹を使った計測や岡堰でのエピソードから、測量や自然に立ち向かう将来の林蔵を見て取れる。筑波山での冒険からは、決めたことをやり遂げる意志や勇気、行動力など、将来の探検家の片鱗をのぞかせる。一三歳にして立身出世を祈った林蔵は野心家でもあった。

探検家にとって、好奇心と野心は旅を続けるためのいわば両輪だ。前人未踏の世界で道を切り開くのはいつも好奇心だ。しかし、成功の鍵は好奇心ばかりではなく、辺境から戻って世間に認められたいといった野心や功名心も不可欠だ。

川が流れる豊かな自然の中で生まれ育ったことは、探検家・間宮林蔵の誕生にとっては偶然ではなく必然だったに違いない。三つ子の魂百まで。気質や性格だけではない。天分や天職にまで、故郷は大きく影響を及ぼしているに違いない。

世界がめざしたサハリン

名を侍風に倫宗と改めた林蔵は、江戸で測量家の村上島之允に師事した。一〇代後半のことだ。伊勢の社家（世襲神職の家柄）の息子である島之允は、一日に三〇里（約一一八キロメートル）歩くことを一〇日、二〇日と重ねても疲れを知らない健脚ぶりで、書画を得意とし、地理にも詳しかった。彼を見出したのは伊勢に立ち寄った老中松平定信で、即座に幕府の普請役に召し抱えたという。

島之允は自分と似たところのある林蔵をかわいがり、測量の基本となる規矩術（指矩を用いて建築部材の形状を幾何学的に割り出し、木材に墨付けする技術）の手ほどきをした。林蔵も師匠の仕事に魅了され、測量術を真剣に学んだ。

この頃、日本はちょうど激動の時代を迎えようとしていた。一五〇年以上にわたって海外との門戸を限定してきた鎖国制度が大きく揺らぎ、異国船の来航が相次いでいた。そのため渡来船に対して臨検・抑留・攻撃などを定めた外国船渡来処置令（一七九一年）が発布された。また、浅間山大噴火（一七八三年）、江戸の大火（一七八六年）、京都大火と皇居炎上（一七八八年）など天災も相次ぐ。天明の大飢饉（一七八二〜八七年）は人々を直撃し、天明の打ちこわし（一七八七年）という大騒乱を引き起こした。

同じように、世界も新しい時代へと歩みを進めていた。林蔵が誕生する数年前にはアメリカが独立を宣言（一七七六年）。フランス革命（一七八九年）が起こり、一五年後にはナポレオン・ボナパルトが皇帝に即位した。また、最初の英字新聞が刊行（一七八〇年）され、スチーブンソンが蒸気機関車を試運転（一八一四年）したのもこの時代だった。

林蔵が江戸にいた一七九七（寛政九）年、一艘のスクーナー船（帆船）が本州の太平洋沿岸を北上していった。艦長はイギリス人ウィリアム・ロバート・ブロートン。探検の目的は、偉大な先達キャプテン・ジェームズ・クックの仕事を継ぐことだった。

五一年の生涯において三度、大航海に出たクックは、世界一広い海、太平洋に挑んだ。南極海から、北はベーリング海峡まで。探検は空前絶後のスケールに及び、欧州人に知られていない土地を次々と発見した。だが、ハワイ諸島で原住民とのトラブルに巻き込まれて非業の死を遂げ、地図には空白部が残された。ブロートンはクックの探検が未完だった日本以北の北太平洋をめざしていた。

欧州の探検家にとって日本は特別な土地だった。一三世紀、マルコ・ポーロが『東方見聞録』に黄金の島ジパングを記すと、人々は黄金郷を求めて旅に出た。中にはコロンブスのように、アメリカ大陸を発見するという予想外のできごとも起きたが、その多くは期待通りの理想郷を発見できないばかりか、命を落とす者もいた。

ブロートンの時代、日本はもはや伝説の地ではなかったものの、財宝で溢れる金銀島が近くにあるという新たな噂があった。南海のマカオから日本近海にやって来たブロートンは、東日本の太平洋沿岸を一気に北上、北海道の室蘭に寄港した。欧州各国のうちオランダのみを通商国としていた日本にとって、イギリス船は招かざる客だった。

とはいえ異国船は禁断の果実でもある。対応にあたった松前藩士は、表向きは退却を求めつつも、ブロートンと密かに地図を交換し合った。外国人に地図を渡すことは国禁を犯す重罪だが、引き換えに受け取る異国の地図は世界を知るチャンスだった。

松前藩士たちはイギリス船がすぐに日本近海から立ち去るものと思っていたようだが、その考えは甘かった。室蘭を出たブロートンは、船を津軽海峡から日本海の方へと向けた。船上にいたイギリス人たちの目には、雄叫びを上げながら沿岸を勢いよく走り回る騎乗の武士たちや、彼らの旗指物が見えたという。

北海道と本州の間、津軽海峡を異国船が通過するのはそれが初めてのことだった。地元松前の驚きはもちろんのこと、幕府に与えた衝撃は計り知れなかった。この一件を機に沿岸警備は強化され、二年後の一七九九（寛政一一）年、東蝦夷（ひがしえぞ）（太平洋に面する北海道南部で国後島（クナシリ）や択捉島など北方四島を含む）は幕府の仮直轄領とされる。

ブロートンは日本海に出ると進路を北に取り、一〇年ほど前、フランスの探検家ジャン・フランソワ・ラ・ペルーズが探検した海域をめざした。英仏はそれぞれ探検家を太平洋に派遣し、互いにしのぎを削っていた。

ラ・ペルーズは一七四一年生まれ。一五歳で海軍に入って七年戦争（一七五六～六三年）に参加

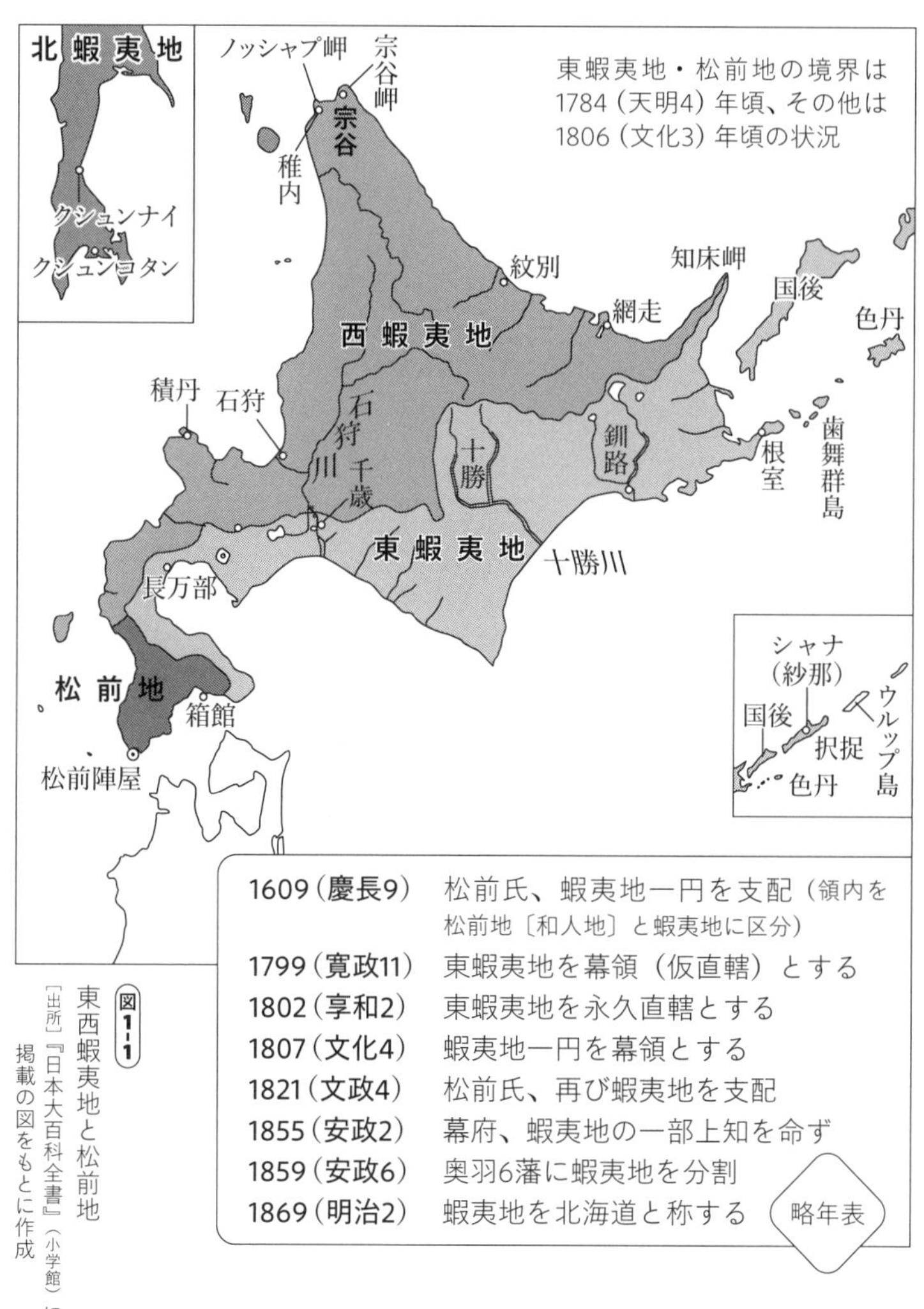

1609（慶長9）	松前氏、蝦夷地一円を支配（領内を松前地〔和人地〕と蝦夷地に区分）
1799（寛政11）	東蝦夷地を幕領（仮直轄）とする
1802（享和2）	東蝦夷地を永久直轄とする
1807（文化4）	蝦夷地一円を幕領とする
1821（文政4）	松前氏、再び蝦夷地を支配
1855（安政2）	幕府、蝦夷地の一部上知を命ず
1859（安政6）	奥羽6藩に蝦夷地を分割
1869（明治2）	蝦夷地を北海道と称する

図1-1 東西蝦夷地と松前地

［出所］『日本大百科全書』（小学館）に掲載の図をもとに作成

した。七年戦争は、プロイセンとオーストリアとの間でシュレジエンの領有をめぐって始まった戦争だったが、英仏の植民地競争に飛び火した史上初の世界戦争とされる。フランスは七年戦争では敗戦するが、ラ・ペルーズは一七七六〜七八年のアメリカ独立戦争に海軍の副船長として派遣され、イギリスに対峙するアメリカ軍を支援して勝利に貢献した。武勲を認められ、四四歳で太平洋探検の指揮を執った。その遠征は一七八五年、ルイ一六世によって企てられ、勢力を拡大する英国に対抗すべく国の威信をかけたものだった。各五〇〇トンの探検船ブソール（羅針儀）号とアストロラブ（天文観測儀）号は目的地のひとつに日本近海を選んだ。そこは八年前に死んだライバル、キャプテン・クックの調査が手つかずのエリアだったからだ。

当時、日本列島は地図に描かれた姿もまちまちだった。特に「エゾ」「エゾガシマ」などと呼ばれた北海道は、大陸から延びる半島、あるいは日本列島の二倍以上もある巨大な島とみなされていた。地理学者の妄想だと言ってしまえばそれまでだが、北海道とサハリン島が一緒くたにされた地図や、サハリン島とカラフトを別ものと考え、ふたつの島を地図に描いたものもあった。ラ・ペルーズは台湾から与那国島近海、九州沖から日本海を縦断し、北海道からサハリン西岸へと北上した。そして彼は混乱したままの日本以北の地理学上の謎に挑もうとした。探検の成否を決める情報はつねに現場にある。いかに現地の人と仲良くなって、協力が得られるかが成功の鍵となる。『ラペルーズ世界周航記　日本近海編』（小林忠雄編訳）には、その様子が詳細に描かれている。

七月、探検隊はラングル湾（サハリン島南西部クシュンナイ付近）でサハリンアイヌに会い、サハリンと大陸の間に横たわる水域について尋ねた。言葉は通じないながらも意図を理解した一人の老人が、砂の上に地図を描いた。それは北から南に走る海岸線と、それに並行して南北に延びるもう一本の海岸線だった。老人は自分の手を胸に当てながら、地図上に自分たちの居場所を示した。そして、ラ・ペルーズの艦船を指さし、二本の海岸線の間を南から北に向かって一気通貫させた。

その説明を見ていたラ・ペルーズは考えた。島と大陸の間に横たわる海峡を船で進めるのではないか……。

脇でじっと見ていたサハリンアイヌの若者が、探検隊員から紙と鉛筆を受け取り、地図を描き始めた。島と大陸、両者を隔てている海域は漏斗(ろうと)の先端のように細くすぼんでいた。また、大陸を流れるアムール川の河口を島の北端よりも少し南に描いた。

ラ・ペルーズが入手したその情報は今思えば、何と正確だったことだろう。ユーラシア大陸とサハリン島の間の海域は漏斗の先端のようにすぼんでいる。大陸と島の間は南の日本海寄りでは東西三四〇キロメートルもあるが、最狭部は約七・三キロメートルしかない。また、ラ・ペルーズに示されたアムール川の位置も正確だった。河口はサハリン島の北端から一五〇キロメートル南に位置している。

夢半ばで散った探検家たち

サハリンは島なのか？　だとすれば大陸との間の海峡は航行可能なのか？

探検家を悩ませる難問は、現地では謎でも何でもない。未踏の秘境と考えられる場所にさえ、人は暮らしている。発見する側にとっての秘境は、発見される側からすれば日常の風景なのだ。

ラ・ペルーズは現地人からここが島であると聞き、確信をもって記している。

「世界で最も細長い島のひとつであるに相違ない」

あとは現地に行って確かめるだけのことだ。ところが、単純で簡単に見えることが、実に難しい。ラ・ペルーズの探検はそのことを如実に物語っている。サハリン西岸を北上するにつれ水深は浅くなり、大型船では座礁する恐れが出てきた。濃霧に視界をさえぎられ、風、波ともに強く、思うように水路を見出せない。ラ・ペルーズは艦載のボートを出し、部下のヴォージュア大尉に水深の計測と水路探査を命じた。大尉は悪天候の中、限界ぎりぎりの北緯五二度五分まで進んだ。その位置を現代の地図で確認すると、ヴォージュア隊は海峡の最狭部に差しかかっていた。あとほんのわずかで突破できるところまで進んでいたのだ。天候が好転していたら、海峡の発見者はラ・ペルーズだったに違いない。だが、彼には運がなかった。周辺は未知のまま残されることになったのだ。

そんなラ・ペルーズをライバルとしていたキャプテン・クックの後継者、ブロートンはラ・ペルーズ隊をしのぐ成果を持ち帰ろうと意気込んでいた。ブロートンはサハリン西岸を北上、浅瀬に阻まれると、艦載のボートを下ろして航海長のチャップマンを派遣した。ラ・ペルーズが達した地点よりさらに一五マイル（約二四キロメートル）も北へ進むことができたが、前途には遠浅の海が続き、さざ波が立っていた。ここを内海（陸地に囲まれた狭い海）だと判断したブロートンは、サハリンをタタール半島と名づけてしまった。

サハリン島を半島とみなしたこの間違いは、一八〇六年、サハリンを北から調査したロシアのクルーゼンシュテルンによっても上塗りされる。仏英の探検家同様、彼も浅い水深に行く手を阻まれた。サハリンと大陸の間に流れている水の塩分濃度や流れの強さを調べた結果、海流がないと判断、サハリンは半島であると結論づけた。

サハリン探検に大抜擢

林蔵に転機が訪れるのは一七九九（寛政一一）年だった。林蔵は、普請役だった村上島之允の従者として蝦夷地に渡った。雄大な自然や先住民アイヌの異文化など、目に飛び込んでくるもの全てが物珍しかったに違いない。彼は大地を踏みしめるように赴任地の松前へと向かった。

この年、東蝦夷が幕府の仮直轄領となった。ブロートンの来航が直接的な引き金となったが、背景にはもっと切実な問題があった。遡ること一〇年前の一七八九（寛政元）年、国後島と知床半島メナシ（目梨）のアイヌが一斉に蜂起し、和人七〇人余りが殺害されるという事件が起こった。

当時、蝦夷地を管理していたのは松前藩で、その主な財源はアイヌとの交易でまかなわれていた。その蝦夷地経営は場所請負制と呼ばれ、アイヌ交易の地域を「場所」と称し、藩はその場所での独占交易権を上級家臣に与えた。それぞれの場所ではアイヌから得た干し鮭、干し鰊、煎海鼠、昆布、熊の毛皮などが出荷され、本州で珍重されたため高い値がついた。実際に現場で運営にあたっていたのは近江商人たちで、彼らは松前藩の上級家臣に毎年運上金を支払うことで場所請負人となり、運上屋と呼ばれる倉庫を建てたり、売上を上げるためにアイヌに漁法を教えたりするなど効率化を図った。ところが、一度権利を得た商人たちは勝手放題に振る舞い、収穫量を増やすためなら非人道的なことでも平気で行なった。食事に毒を盛って殺すと脅しては、アイヌに過酷な労働を強いた。それは交易とは名ばかりの強制労働だった。報酬も少ないまま飢餓に追いやられたアイヌの怒りはクナシリ・メナシの戦いにつながっていく。和人に対するアイヌの信頼はガタ落ちだった。

ロシアは一七世紀初めからシベリアへと進出を始め、南から拡大してくる中国清朝とたびたび軍事衝突を起こした。一六八九（元禄二）年に両国国境を決めるネルチンスク条約が締結され、アムール川上流部のアルグン川とシベリア南東部にある外興安嶺（スタノヴォイ山脈）が国境に画定された。これによってロシアはさらにシベリア東端まで探検してオホーツク海沿岸に砦を設置し、サハリン、そして日本をうかがい始めた（46〜47ページの図1−2参照）。

一七七一（明和八）年、東欧出身のロシア軍人ベニョフスキーは船で日本にやって来ると、四国の徳島や奄美大島に投錨し、出島のオランダ商館長に書簡を送った。ロシアが蝦夷地最南端の松前近辺を占拠するため千島列島に要塞を築いているという内容だった。その警告は幕府の危機意識を高めることになり、老中田沼意次は最上徳内らの北方探検家を蝦夷地へと派遣して調査を進めた。徳内は一七八五（天明五）年、蝦夷地から国後島へと渡り、翌年には択捉島に上陸していたロシア人と接触し、情報を得るなどした。

ロシアはすでに一七三三年、毛皮貿易に目をつけてアラスカに開拓村を開いていた。一七八四年にはアラスカの南方約五〇キロメートルの北太平洋上にあるコディアック島（図1-2）にロシア領アメリカの拠点を設けた。

その後一七九二年、根室に一艘のロシア船が到着した。対応にあたった幕吏は、予想もしない事態に驚倒した。船に日本人が乗っていたのだ。ロシア最初の遣日使節であるアダム・ラクスマンが連れてきたのは大黒屋光太夫を含む三人の日本人漂流民だった。

伊勢国白子（現・三重県鈴鹿市）の船頭・大黒屋光太夫は、一七八二（天明二）年、航海中に暴風雨に遭い、北太平洋アリューシャン列島（北米アラスカ半島からロシアのカムチャッカ半島の間にある弧状列島）のアムチトカ島に流れ着いた（図1-2）。光太夫らを救ったのは先住民のアレウトだったが、彼らからラッコなどの海獣の毛皮を手に入れるために多数のロシア人が島に滞在していた。

光太夫たちはロシア船が来るまでの四年をアムチトカ島で過ごし、船が来るとそれに乗船してシベリアへと渡った。その後、ロシア各地を転々とした彼らは女帝エカテリーナ二世の出国許可を得て、漂流から約一〇年後に帰国を果たした。ラクスマンは光太夫送還と引き換えに、日本との通商許可を求めたのだ。

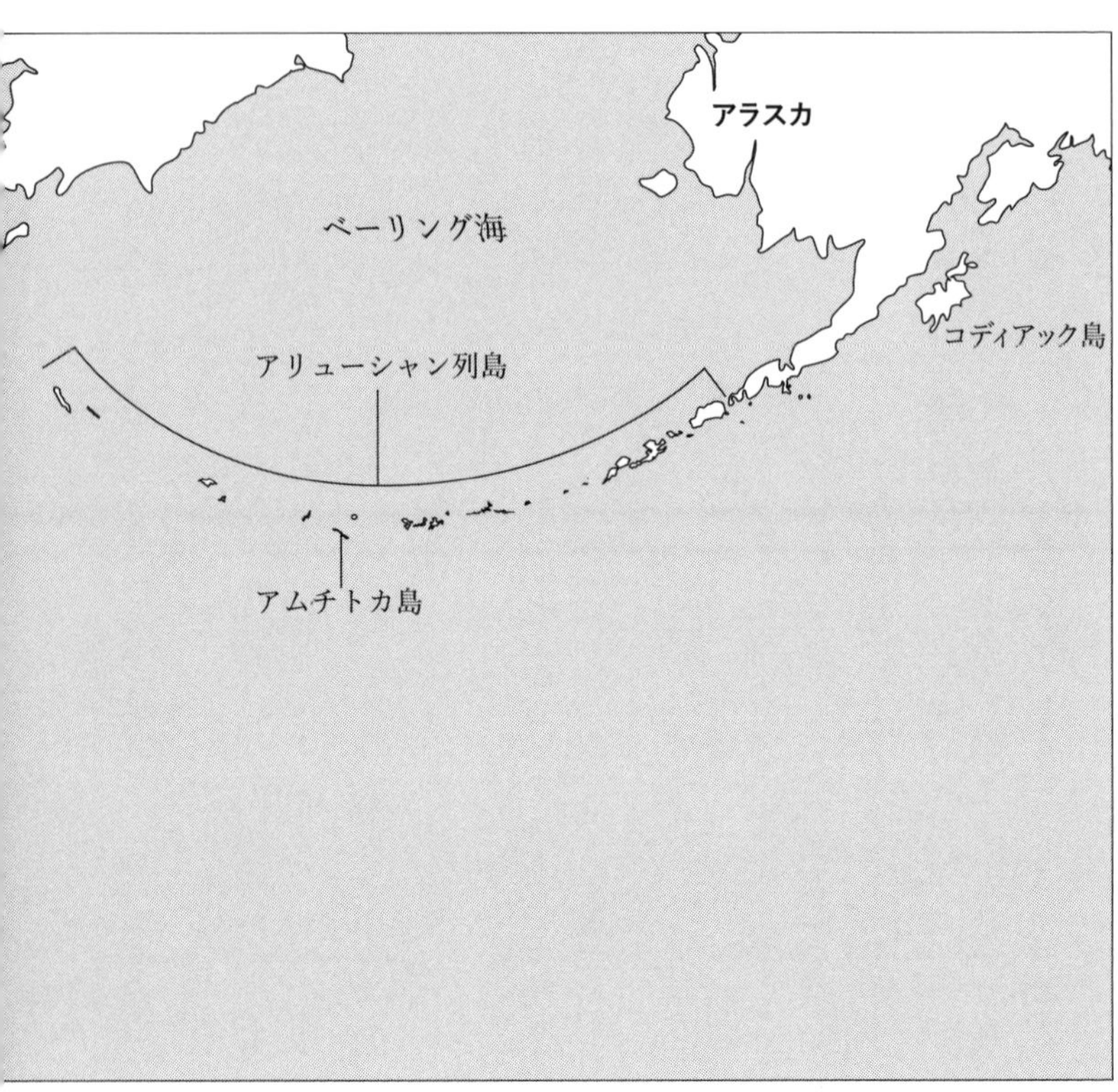

図1-2 19世紀前半の北太平洋広域図

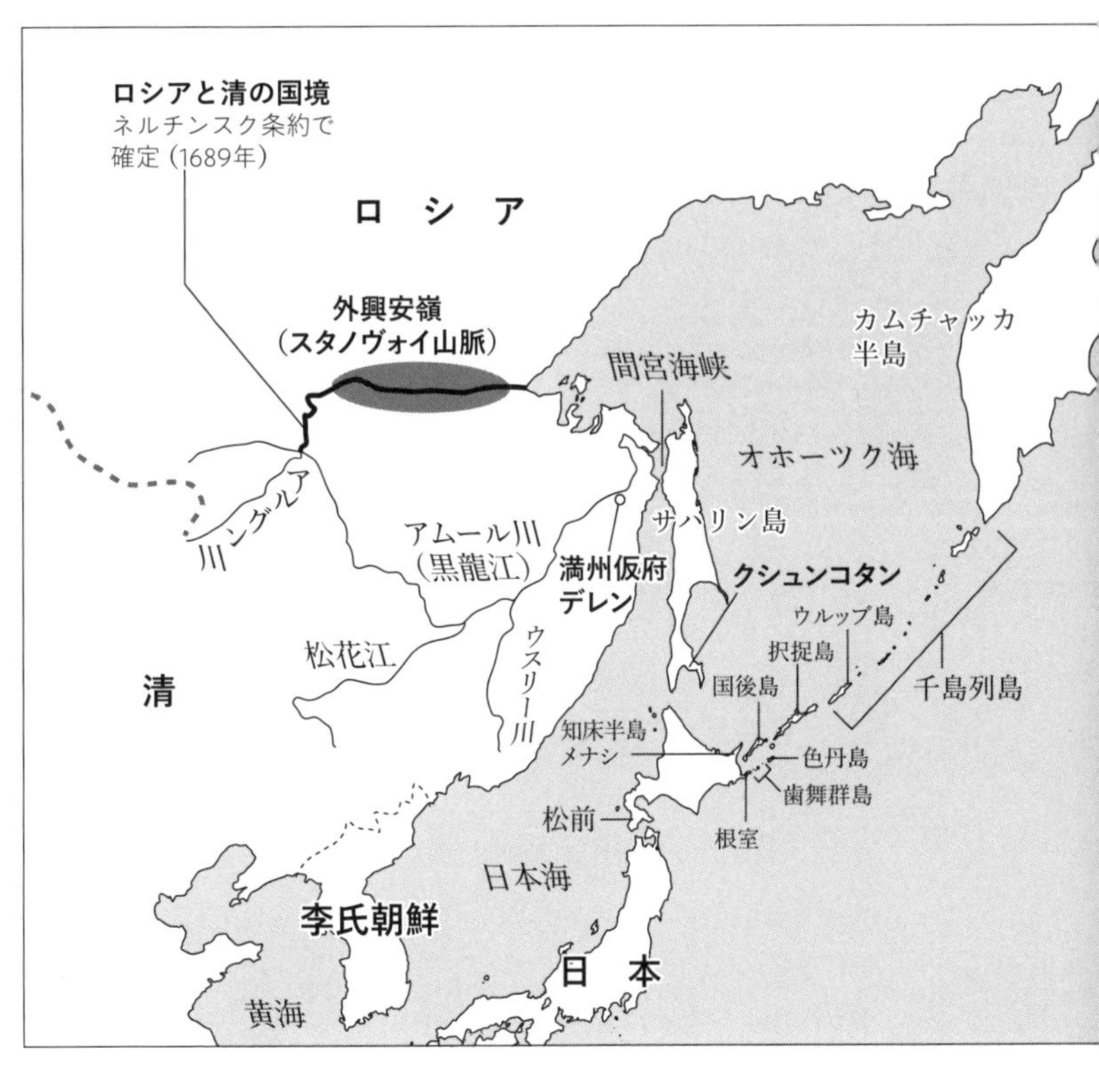
ロシアと清の国境
ネルチンスク条約で
確定（1689年）
ロ　シ　ア
外興安嶺
（スタノヴォイ山脈）
カムチャッカ
半島
間宮海峡
オホーツク海
アルグン川
サハリン島
アムール川
（黒龍江）
満州仮府
デレン
クシュンコタン
ウルップ島
択捉島
松花江
ウスリー川
国後島
千島列島
清
知床半島
メナシ
色丹島
歯舞群島
松前
根室
日本海
李氏朝鮮
日　本
黄海

当時の老中松平定信は、日本の対外関係は通信（国家間の外交関係）と通商（商業貿易のみの関係）の二種類に限定され、それは家康、秀忠、家光の始祖三代から続く祖法であるとの立場を示した。そして、諸外国との交易は長崎一港に限定されているとし、交渉のためという名目でラクスマンに信牌（通交証）を発給し、長崎入港を許した。ところがラクスマンは長崎に向かわず、帰国した。

ラクスマンの来航から一二年後の一八〇四（文化元）年、特派全権大使ニコライ・レザノフがロシア皇帝の親書と、ラクスマンが持ち帰った信牌を携えて長崎にやって来た。レザノフはコディアック島に設立されていた露米会社の総支配人でもあった。露米会社とは、ロシアがイギリスやオランダの東インド会社に倣って、千島列島、サハリン島、アリューシャン列島、アラスカからカリフォルニアに及ぶ北太平洋の開発のために設立されたロシアの国策会社だ。ロシアはそれらの領土を領有する野心に加え、そこで獲れるラッコやオットセイなどの毛皮の商業価値に魅力を感じていた。そのため会社の運営上、日本と通商条約を結び、商船に水や食料などの物資を供給してもらう必要があった。この点からも明らかなように、ロシアは北方四島やサハリン島の領有を視野に入れていた。

幕府は、通信、通商の相手は中国（清）、朝鮮、琉球、オランダの四カ国に限られているとし、レザノフの要求を一蹴した。また、日本がロシア皇帝の親書を受け取らなかったのは、それに返答することは新規の通信国を認めることになってしまうからだった。開港要求はもとより、親書さえ受け取ろうとしない幕府の対応にレザノフは激高した。彼は当時日本が漁場を開いていたサハリン島南部や択捉島などに攻撃を仕掛けることを心に誓い、計画に着手する。

一八〇六（文化三）年、ロシアより派遣された軍艦がサハリン島南部に上陸。日本の要地だったクシュンコタンの会所（取引所）をことごとく焼き払い、翌年には択捉島へと攻め込んだ。択捉島中部の集落シャナ（紗那）には津軽、南部両藩からの守備兵が二〇〇人以上も詰めていた。だが、ロシア軍の襲来に武人たちは何ら打つ手もないまま、国後島に退却を余儀なくされた。日本の拠点は一瞬にして灰燼に帰した。迫りくる敵を背に後退する人々の中に間宮林蔵の姿もあった。

島之允の従者として蝦夷地に渡っていた林蔵の運命を決定づけることになったのはそのできごとに加え、測量家・伊能忠敬との出会いもあった。全国の沿岸を実測して日本全図を完成させる偉業を成し遂げた忠敬だが、彼の測量、製図事業は一八〇〇（寛政一二）年に、蝦夷地から始まっている。忠敬が地図制作を決意した動機にも、一八世紀後半以降のロシアの接近と対外不安があった。志を同じくする林蔵は忠敬と師弟関係を結び、測量術の手ほどきを受けた。

以後、林蔵は蝦夷地を起点に国後島、択捉島などを測量して歩いていたようだ。そして択捉島在任中にロシアの襲撃に直面した。実戦経験のない日本の武士たちは臆病神にとりつかれた。林蔵をはじめ迎撃を主張する者もいたが、結局、退却という決定が下された。

事件の知らせを受けた幕府は上を下への大騒ぎとなり、関係者が江戸に召喚された。しかし、退却に断固反対した林蔵には何らお咎めはなかった。いや、むしろ林蔵に対する信頼は高まり、事件の翌年、サハリン探検へと大抜擢されることになるのだ。

偉業を支えた人々

林蔵の故郷を訪れた後、わたしは北海道稚内市に住む間宮林蔵顕彰会会長の田上俊三さんに手紙を書いた。復元された探検船を見て、林蔵をもっと身近に感じたい。歴史を旅の実感としてとらえてみたいと思っていた。

わたしは彼が暮らす稚内市宝来(ほうらい)へと出かけた。稚内空港に降り立つと、風には濃い潮気が感じられた。レンタカーに乗り、市街地をさらに北へ。ノシャップ岬に向かって車を走らせて水産試験場を過ぎ、田上食品工業株式会社という白い看板が目に飛び込んできた。

迎えてくれたのは小柄な老人だった。彼はわたしを作業場に通すなり、開口一番に言った。

「鮭の皮で、船の帆を作ったんです」

紙袋から取り出した鮭の皮は長さ三五センチメートルほどで、乾いて木の皮のように硬くごわごわとしていた。

「なめすとこうなるんですよ。魚皮(ぎょひ)だから防水性に優れている。でもね、縫い合わせて船の帆一枚作るのに、いったい何枚必要だったと思います？」

「……」

「三〇〇枚！　鮭の皮をいくらなんでもそんなに使うとは思わなかった。乾燥させてなめすだけでもひと苦労だよ。毎朝五時起きして一ヵ月ぐらいはかかりましたか」

田上さんはワハハと声を上げて笑った。その奔放さと天真爛漫さにつられて、わたしまで思わず笑い出しそうになる。しかし正直なところ、驚きで笑い声さえ出ない。鮭の皮が船の帆になるとは考えてもみなかったし、自力で作ってしまう人がいたとは――。溢れるバイタリティが、田上さんを身の丈以上に大きな存在に見せた。

それは一九九六（平成八）年、自ら復元した探検船で間宮海峡へと出かけた彼にとっての一大プロジェクトだった。彼は熱く語り続けた。

「林蔵がサハリン島へ向けて宗谷を出発した時、彼と親しくつき合っていた多くのアイヌたちが別れを惜しみました。厳寒の気候、敵対的な異民族が住む土地へ行けば、二度と故国の土を踏むことができないかもしれない。林蔵は『もし戻らない場合は、今日この日を命日にしてくれ』と言い残して旅立ったんです。まさに決死の北行ですよ。彼が翌年、無事に帰還するとアイヌたちから大歓迎を受けました。林蔵とアイヌの親交については、一九六一（昭和三六）年に亡くなった首長の孫、柏木ベンさんも北海道新聞などで証言しています。それを知った時、わたしは思わず目頭が熱くなってしまいましてね。さっそく顕彰会を立ち上げて活動を始めたんです」

「林蔵の探検を陰で支えていたのはアイヌだったということですか？」

「そうです。偉業は彼一人で成し得たものではありません。アイヌたちの協力や思いがあってのことです」

林蔵が旅したサハリン南部には、北海道のアイヌとは異なる文化や習慣を持つサハリンアイヌが暮らしていた。また、サハリン中部にはトナカイの遊牧民として知られるウイルタが、サハリン北部にはニヴフと呼ばれる狩猟、漁撈（ぎょろう）民がいた。ニヴフはサハリン島だけではなく、その対岸にあるユーラシア大陸のアムール川下流にも定着している（18ページの地図の民族分布参照）。ただし、明確な区分けがされているわけではなく、異民族どうしが混在している場所もある。田上さんが言う。

「林蔵は宗谷からサハリンに渡る時は日本の図合船（ずあいぶね）（廻船）で、サハリンアイヌの従者と一緒に旅する時は彼らが使うチップ（丸木舟）で旅をしました。彼はニヴフが暮らすサハリン北部ではサンタン船に乗りました。間宮海峡発見など、林蔵の探検を成功に導いたのがその船でした。林蔵の偉業の本当の意義は北の異民族との友好にあったと思います。その象徴的な存在としてサンタン船を復元しようと思ったのです」

林蔵はサハリン島の東岸や南部、中部沿岸をチップで航海し、北部ではニヴフからサンタン船を借りて旅を続けた。林蔵が記した探検記『東韃（とうだつ）地方紀行』や里程記などには、地名や距離が詳しく書かれている一方、船や徒歩など旅の手段は逐一は触れられていない。彼の探検は基本的にそれらの船に乗って沿岸を進み、航海が難しい場所や陸越えをしなければならない局面には船を運びながら徒歩で進むというものだった。

サンタン船のサンタンは、山丹とも書かれ、北東アジアを流れるアムール川流域に暮らす人とその居住地を指す。アムール川流域には、河口がある北からニヴフ、ウリチ、ナナイが民族ごとに暮らしていた（18ページの地図参照）。林蔵はアムール川を旅している時、少数民族ナナイの村ウルゲーに到着し、そこが五葉松の大木で作られる船の産地だとしている。ウルゲーはウリチが暮らすエリアにあたることから、そこは異民族どうしが混在しているエリアだったのだろう。サンタン人が現在のどの民族にあたるのかは厳密には判断できないが、林蔵の記録をもとに類推すると、ウリチやナナイの一部が該当する。

わたしは別れ際、田上さんに「林蔵の足跡を追ってサハリンに行く予定なんです」と言うと、彼は次のようにアドバイスしてくれた。

「サハリン州郷土史博物館のシュービン先生にお会いになったらいい。サハリンの歴史や林蔵のことをよく調べていらっしゃいます」

彼と別れ、わたしは宗谷ふるさと歴史館へと車を走らせた。館内には一艘の木造船が置かれていた。田上さんの手によって復元されたサンタン船だ。全長九メートル、幅一・五メートルほどあり、林蔵が北海道やサハリン南部で使った図合船やチップに比べれば大きかった（口絵iiページ上参照）。

船には小さな苫が据えられていた。苫とは船を覆い、雨風をしのぐためのもので、菅や茅などをこものように編んで用いる。田上さんはそれを茨城の間宮家からもらった竹で編んだと言っていた。林蔵はその中にもぐり込んで波飛沫や突風、霙や吹雪をやり過ごしたのだろう。

船には帆がかかっていなかった。三〇〇枚もの鮭皮を縫い合わせて作った帆は、破損しないように別の場所に保管されているらしい。わたしは壁に架けられた写真を見て日本では見かけない海の異文化を感じた。サンタン船に乗り現地人と一緒に旅することができた林蔵は、異郷を旅する興奮や喜びを味わったはずだ。

歴史館を出て、再び宗谷の海を見に行く。林蔵がサハリン島へ向けて旅立った場所には「渡樺(とかば)出港の地」と書かれた石碑が立っていた。遠くの水平線上に、薄茶色く浮かび上がるサハリンの島影が見えた。

林蔵の足どりを追ってその先へ。どんな世界が待っているのか。

第二章
サハリン追跡

ユジノサハリンスクをさまよう

一九九七（平成九）年一二月二五日。函館からロシア領サハリン島へ。わたしは島南部の中心都市ユジノサハリンスクへと飛んだ。約一時間のフライト。飛行機が高度を下げ、果てしなく続く雪原が窓越しに見えてきた。目に映るもの全てが凍結している。

入国審査を終えて外に出ると、思いもかけぬ最初の関門が待ち受けていた。空港の両替所が閉まっているのだ。空港でロシア通貨のルーブルを手にできないとなると、タクシーに乗ってホテルに行くことはおろか、キオスクで水を買うこともできない。扉を叩いていたら両替所の奥から職員がやって来た。だが、彼は素っ気ない態度で「金はもう一銭もないよ」と言うなり去って行ってしまった。何ということだ。

空港にいても埒があかないので外に出る。気温は摂氏マイナス八度。何もかもが凍りついている。タクシーをつかまえると、わたしは運転手に手持ちの米ドルを見せながら、身振り手振りで説明した。日本語はもちろん、英語さえ通じない。それでもどうにか「運賃をホテルで両替をしてから支払うので……」という希望を理解してもらえたようだ。だがホテルに着くと、「両替は銀行の業務だからできない」とフロント係に突っぱねられてしまった。非常識のようなロシアの常識に愕然とする。

再びタクシーに乗って、ユジノサハリンスクの町をさまよう。いくつかの銀行、運転手の知人、果てはカジノにまで行ったが、両替ができるところはどこにもない。クリスマスだから休みなのだというが……。最後は仕方なく、運転手に米ドルを受け取ってもらった。

探検記の奇妙な読後感

林蔵がサハリンを探検したのは、一八〇八（文化五）年の四～閏六月（閏月は閏年に加えられる一カ月。六月の次に閏六月がくるように、同じ月をもう一度繰り返し一年一三カ月とする）と、同年七月から翌年（文化六年）九月にかけて（この時はアムール川流域も探検）の、計二回だ。第一回目は松前奉行調役下役元締の松田伝十郎と一緒だった。蝦夷地は幕府の支配下に置かれ、その統括を司るのが松前奉行だった。その調役下役元締とは公務に関わる様々な調査を担当する中間管理職にあたる。北海道最北端の宗谷岬からサハリン島南端に渡った二人は、二手に分かれて伝十郎は島の西岸を、林蔵は島の東岸を、それぞれ北上したが、めざした島の北端にはたどり着けなかった。

第二回目の探検は、サハリンから帰国して一ヶ月後のことで、今度は林蔵の単独行だった。彼はサハリンアイヌの従者とサハリン西岸を北上し、途中越冬のため年をまたぎ、五月、サハリン島西岸の北端近くにある集落ナニヲーでサハリンが島であることを確かめた。狭い海峡を突破し、実際に踏査したことで、そこはのちに間宮海峡と呼ばれるようになった。彼は同年六月、地元の人たちと間宮海峡を渡って大陸へと出かけた。大河アムール川を遡り、同年七月には、当時、中国清朝が周辺民から朝貢を受け取っていた交易所デレンを訪れ、その様子を見聞して、帰国の途についた（同年九月に宗谷着）。

サハリン島へ出かける前、わたしは東京都千代田区の国立公文書館を訪れた。そこには一八一〇（文化七）年、林蔵が幕府に献上した「北蝦夷島地図」と二つの探検記『北夷分界余話』『東韃地方紀行』が収められている。林蔵が二度にわたる探検の成果をまとめたものだ。いずれも国の重要文化財であるため、特別な許可のいらない写真での閲覧を選んだ。

蝦夷地とは北海道を指し、その北に浮かぶサハリン島は当時、唐太とも北蝦夷島とも呼ばれた。「北蝦夷島地図」は地図七枚と凡例・里程記一帖からなり、地図は全体をつなぎ合わせると一四メートルにもなる。サハリン島沿岸からユーラシア大陸まで、林蔵が踏査した全域が描かれている。薄茶色の和紙に丁寧かつ繊細な筆致で、緑色の山々、薄い青色の海、カタカナ書きの集落名が並ぶ。

当時、欧州からサハリンへは優秀で経験豊富な人材と科学技術の粋を集めた測量計器を載せた大型船団が送り込まれたが、島か半島かという疑問を解決することはできなかった。なぜ林蔵だけが成功を収めることができたのか――。

次にわたしは林蔵が残した二冊の探検記を手に取った。どちらのタイトルも漢字が並び、とっつきにくいイメージだが、扉を開くと美しい挿絵の数々に魅了される。

『北夷分界余話』は全体が九つの巻と附録で構成され、サハリン島の名前の由来や地勢、民族、風俗などが多くの挿絵とともに紹介されている（口絵iiiページ参照）。

『東韃地方紀行』は林蔵の旅行記にあたる。上中下の三部構成で、第二回目の探検の様子が行程に沿って記されている（口絵iv〜vページ参照）。「東韃」とは東韃靼の略で、現在のシベリアのアムール川を含む周辺地域から沿海州にかけての地方を指す。この資料にも印象的な風景画や人物画が多数入れられ、眺めているだけで探検の臨場感が伝わってくる。二冊とも林蔵の口述を、画の腕も立った幕府普請役、村上貞助（ていすけ）がまとめたものだ。貞助は林蔵が師事した村上島之允の養子だ。

それらの大半は北方民族の暮らしぶりを観察した記録で占められている。罠猟の仕掛け、釣りの仕方、家屋の様子、日常に使われる道具類、あるいは髪をとかす女性、赤子に乳を与える母。交易や中国への朝貢の様子……。記録が少ない北方民族の暮らしぶりを伝えるものとして、民族学者の間で一級史料として高く評価されている。

それらを読み終えると、わたしには奇妙な印象が残った。地図、測量、間宮海峡の発見をした人物という、学校で習ったはずの林蔵のイメージが薄いのだ。林蔵がサハリン島最北部のナニヲーにたどり着き、サハリンが島であることを確かめた肝心のくだりは『東韃地方紀行』に記されているがわずか数行足らずだ。

いったい彼は何を求めて旅に出たのだろうか――。わたしは問いを胸にサハリン島で彼の足跡をたどることにした。渡航する時期をあえて、全てが凍りつくような季節として選んだ。ルートを忠実にたどることはできないが、林蔵が身を置いた環境がどのくらい苛酷なものだったのか、探検の現場ばかりでなく、心情にまで迫ってみたいと思ったからだ。

第二回探検の目的

林蔵の探検はどのように始まったのだろう。歴史を繙くと、意外な事実が浮かび上がる。もともと幕府から派遣されることになっていたのは、林蔵ではなかったのだ。

幕府はすでに蝦夷地以北に八回も渡ったことがある最上徳内（うち二回はサハリン行き）や、経験と実績のある高橋次太夫の二人を一八〇七（文化四）年に、サハリン島へ派遣する予定にしていた。ところが、サハリン島（一八〇六年）や択捉島（一八〇七年）をロシアに襲撃され、偶然、択捉島に居合わせていた林蔵も退却を強いられた。

幕府はロシアに対する派兵をやめ、敵対心を抱かれては困るアイヌに対しても懐柔策を選んだ。そのような方針転換は、すでに計画されていたサハリン探検にも影響を与えた。最上・高橋といった現地でも名の知られた探検家では刺激が強すぎる。身分や知名度の低い者を、と再度人選が行なわれた。

そして候補に挙げられたのが松田伝十郎と間宮林蔵だった。松前奉行調役下役元締の伝十郎は四〇歳。蝦夷地行政で手腕を発揮していた。二九歳の林蔵は同奉行の雇で現地調査等の経験は浅く、身分が低い無名の存在だった。そんな二人に白羽の矢が立ち、林蔵は伝十郎の従者という立場で派遣されることになった。

一八〇八（文化五）年、二人は奉行から受けた細かい指令をもとに宗谷で準備を始めた。その指示とは、米などの食糧を大量に積み込んだ大船ではなく、干し魚を現地で調達しながら小船で進むこと。服装はアイヌたちが見慣れた和服姿で、腰に帯刀した役人の格好をすることなどだった。

そのような軽装備で、本当に厳しい極北の地を突破できるというのか。欧州の探検隊に比べるとその違いは歴然としている。それらは緊迫する現地の情勢や不安をもとに、幕府の都合によって決められたものだったことがわかる。彼らには次のような使命が与えられた。

「からふとの儀（中略）彼島周廻ならびに異国の様子見せ候儀」（『休明光記附録』、前出『間宮林蔵』所収）

サハリン島の地理と、同地への外国の進出状況などを調査せよということになるだろう。

第一の使命は「彼島周廻」、つまりサハリン周囲の沿岸を実際に踏査して見極めることだった。当時、サハリン島はどの程度、踏査されていたのだろうか。林蔵たちが探検に出る七年前の一八〇一（享和元）年、中村小市郎と高橋次太夫の二人が、同じような目的でサハリン島へ派遣されていた。二人はサハリン南端のシラヌシで別れ、高橋が東岸をナイブツまで、中村が西岸をショウヤまで調査しながら北上したものの（71ページの図2−2参照）、サハリン島中南部にとどまり、期待されていた北部への踏査は未完に終わった。

だが、彼らはサハリンの北部の様子を現地人から聞き取り「カラフト見分図」を完成させた。そこにサハリンは島として描かれたが、後になって北部が大陸と接合している地図も添付され、二様に表現された。つまり、林蔵たちが探検に出る時点で、サハリン北部の様子がわからず、そこは島とも半島ともみなされるような状態だった。指令に「周廻」とあるように、サハリンの周囲を全て確かめることが求められたのだ。

第二の使命は、サハリンにおける異国の動向を偵察することだ。当時、サハリン島はどのような存在だったのか。江戸期の日本の国境と言える「四つの口」（長崎、薩摩、対馬、松前）のうち、松前口の外にあるサハリン島は蝦夷地（北海道）と同じように国家が存在しない異郷であった。『北方領土の歴史と将来』（洞富雄著）によれば、幕府は蝦夷地全体を直轄領にした一八〇七（文化四）年、カラフト（唐太）と呼ばれていたサハリン島の公称を「北蝦夷」に改めたという。確かに林蔵が探検後に制作した「北蝦夷島地図」や林蔵の紀行書『北蝦夷図説』はカラフトとは表記されていない。

幕府の書物奉行兼天文方高橋景保は自著『北夷考証』の中で、カラフトは「唐人」を意味し、サハリン島を通じて中国製品がもたらされていたためにその名前になったのだという。唐とは中国はじめ異国を意味する。ちなみに「樺太」という表記が登場するのは明治に入ってからだ。

江戸期の日本には、サハリンアイヌを介して中国製の絹織物やガラス玉などがもたらされた。中でも龍紋が織り込まれた美しい緞子（練り糸で折った地の厚い紋織物）は蝦夷錦と呼ばれて珍重された。松前口からもたらされる蝦夷錦は持ち主が売りに出したものだが、本来それは中国の官服であり、極めて象徴的な意味があった。

サハリン北部のニヴフ集落の首長たちは、大陸に設けられた中国清朝の施設に出向き、そこで中国皇帝にクロテンなどの毛皮を貢物として進上した。忠誠の証として中国からは官位が授けられ、位の高さに見合った官服や反物などが下賜された。それはサンタン（山丹）交易と呼ばれる中国独特の儀礼外交だ。一般には朝貢貿易とも呼ばれ、日本の周辺では琉球も同じような関係を中国と結んでいた。

ところが林蔵が探検に出る一六年前の一七九二（寛政四）年、最上徳内はサハリン南部の集落ナヨロでサハリンアイヌと中国側との通信文書（「カラフトナヨロ文書」）を見つけた。そして中国清朝からハライ・ダ（氏族の長）やガシャン・ダ（村の長）といった官位を授かっているサハリンアイヌの首長がいることを知った。サハリン南部にまで中国清朝の勢力が及んでいることは、幕府に少なからぬ衝撃を与えた。

清朝は一七世紀半ばに満州（女真）族の清が漢民族の明を滅ぼした中国の統一王朝だ。林蔵が第二回目の探検（一八〇九年）で足を踏み込んだアムール川（中国では黒龍江）流域は当時、中国清朝の領土だった。彼がその時の体験を綴った『東韃地方紀行』のタイトルにあるように、日本では主にアムール川周辺地域を東韃靼と呼んでいた。韃靼とは東モンゴル高原の遊牧民で、モンゴル系の一部族を指す。『江戸時代：鎖国の構造』（信夫清三郎著）によれば、江戸時代の人は中国東北部にいた満州族とモンゴル（蒙古）族を区別せず、韃靼と呼んで同一視していた。当時の日本人にとって、韃靼は一三世紀後半に起きた蒙古襲来を思い起こさせ、清朝を建国した満州族に反感と敵意を抱いていたという。満州族が中国を征服したことにより、幕府はその動向には神経質にならざるを得なくなった。

日本と中国の関係は、秀吉の朝鮮出兵（一五九二〜九三年）の際に日本が明と戦って以後、正式な国交は断絶していた。幕府は一八四五（弘化二）年のオランダ国王とのやりとりで、通信（外交）は朝鮮と琉球に限り、通商はオランダと中国に限ると返答している。江戸幕府が外交関係を維持していたのは、琉球と一六〇七（慶長一二）年に国交を回復した朝鮮だけで、中国清朝とは断絶したままだった。

そのような背景のもと、サハリンアイヌが中国清朝から官位を授かっていることは、由々しき事態だった。サハリンにはロシアばかりか、中国も触手を伸ばしてきており、そのまま放置することはできなかった。幕府がサハリンの名称である中国色（外国色）の強い唐太を北蝦夷に変えた背景には、サハリンを自国の領土とみなす意思が表れていたのだ。

江戸後期の旗本で北方探検家の近藤重蔵（一七七一～一八二九）も一八〇四（文化元）年、サハリンの領土問題の本質を突き、「ロシアとともに、中国清朝によるサハリンとの交流の実態をも踏まえ、国境確定を通じて、対外防備策を充実させる」（『日本近世の歴史五　開国前夜の世界』横山伊徳著）ことを献策した。そんな彼は同じく北方探検家の最上徳内（一七五五～一八三六）と択捉島を探検した一七九八（寛政一〇）年、「大日本恵登呂府」と書いた標柱を島に建てた。重蔵はさらに一八〇〇（寛政一二）年にも、択捉島の別の場所に同様の標柱を建てている。北方におけるロシアや中国の進出は憂慮すべき問題だった。

一方、幕府内ではサハリン直轄に対して賛否両論あった。箱館奉行（松前奉行の前身）の戸川安論は「サハリン島に三〇〇人規模の常駐体制をめざすにしても、越冬が困難」という消極論を述べると、老中は「越年もできない及び腰」と叱責した。箱館奉行は「サハリン警備を実行する」

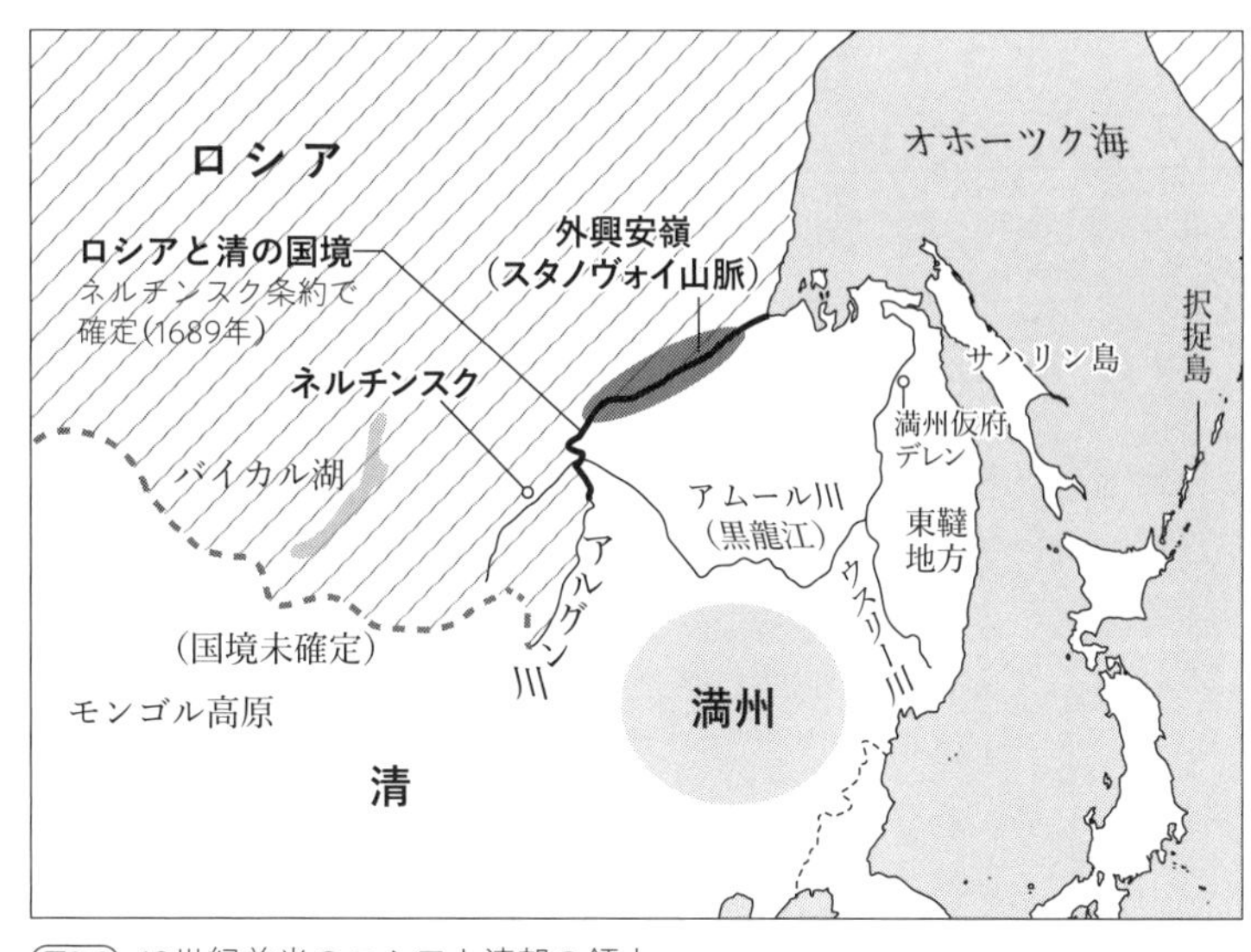

図2-1 19世紀前半のロシアと清朝の領土

と方針を転換すると、今度は老中側が「サハリンが異国との境界にあたるのであれば、警備自体が妥当なのか」と疑問を発した。結局、老中牧野忠精(ただきよ)はサハリンに「軽き者を二人ほど派遣する」と命じた。それが伝十郎と林蔵だったのだ。二人が派遣された探検の前提として、幕府にはロシアに対する海防というだけでなく、サハリン島を幕府直轄地にしようという意識が働いていた。

伝十郎と林蔵に与えられた使命の第二は、サハリンにおけるロシアと中国清朝の動向調査だったが、それを探るためにはサハリン全土にどのような民族が暮らし、ロシアや中国とどのような関係を持っているかを正しく知らなければならない。それはサハリンを日本の領土として獲得し、守るための特命だったのだ。

四月一三日、伝十郎と林蔵は宗谷から北へと出発し、同日のうちにサハリン島南端のシラヌシに到着。二人はそこから東西に分かれて沿岸の海を北上することにした。伝十郎は西岸、林蔵は東岸へ。そのやり方は先にサハリン探検を行った中村小市郎と高橋次太夫の方法を踏襲したものと思われる。二手に分かれることで命の危険性は高まるが、踏査の効率は良くなる。サハリンが島なら二人はどこかで合流するはずだ。もし前進が困難となった場合、山越えをして反対側の岸で落ち合うことにした。

古い地名を割り出す

一九九七(平成九)年一二月二六日、サハリンに到着した翌日。わたしは稚内の田上俊三さんから紹介された、サハリン州立郷土史博物館の研究者シュービン氏を訪ねることにした。十分な話を聞くためにロシア語の通訳とともに出かける。

ユジノサハリンスク駅から東に延びるコムニスチーチェスキー通りを進むと、日本の城を思わせる建物がひときわ目をひいた。日露戦争後の一九〇五(明治三八)年から第二次世界大戦末期にソ連が侵攻してくるまで、サハリン南部は日本領であり、ユジノサハリンスクは豊原(とよはら)と呼ばれた。この建物はかつて樺太庁博物館として建てられたものだ。

わたしは研究室の扉をノックした。奥から出てきたのは豊かなひげをたくわえた男性だった。彼はわたしに名刺を差し出した。

写真2-1
サハリン州立郷土史博物館。日本領時代の樺太庁博物館の建物が使われている。

「サハリン州郷土史博物館　副館長　V・O・シュービン」

日本語の名刺をもらったので、わたしは彼がてっきり日本語を話せるものと思い込み、こう話しかけた。

「田上さんからの紹介でやって来ました」

すると、シュービン氏は怪訝そうな表情を浮かべ、脇にいた通訳が話すロシア語にようやく「ああ、タガミサンね」と少し頬を緩ませた。

壁にはガラス箱に収められたサンタン船の模型が飾られている。わたしがそれに物珍しそうな視線を向けると彼が言った。

「林蔵の探検船ですよ。タガミサンからのプレゼント。昨年一緒にサハリン北部へ調査に出かけたのです」

彼は田上さんや間宮正孝さんのプロジェクトに加わっていたのだという。

「林蔵に興味を持ったきっかけは？」

わたしはさっそく質問を始めた。

「林蔵の名前は大学の歴史の授業で初めて知りました。テキストには二、三行出ている程度ですが、原住民の小船を使った探検の意義は大きいと思いました。足どりを追って現地調査をしたのは一九七一～七二年のことです」

彼の調査は林蔵の探検ルートを確認することから始まったという。確かに林蔵が探検記や地図に書いた地名は現代の地図上には見つからないし、どこに当てはまるのかはっきりしない。彼がたどり着いた最北の地ナニヲーの正確な現在地は今も不明だ。だが、シュービン氏は古地図をもとにすれば推測がつくという。

「ナニヲーと言われても、どこの場所かピンとこない。今ではほとんどロシア地名に変わっているからです。でも、一九一一年製帝政ロシア時代の古地図を見てみたら、サハリン北部にナニヲー川がある。それがきっかけで、その川が流れる現在のルポロワ村だったことがわかったのです」

シュービン氏は続けた。

「古い地名をもとに調査を進め、サハリンアイヌの集落遺跡を新たに発見することもできました。林蔵の足跡も大まかですがつきとめられたんです。ただし、彼が第二回目の探検でたどり着いた大陸側の最終地点、デレンの交易所跡については不明です。来年の夏、田上さんたちと調査に出る予定にしています」

サハリンに来る前、わたしも地図を入手して地名対照を行なったことがあった。

林蔵が地図に記したサハリンアイヌの集落名や地名は、第二次世界大戦以前に日本で公刊された「樺太全図」でおよその見当をつけることができる。例えば、林蔵が記したシラヌシ（白主）、クシュンコタン（久春古丹）、ナイブツ（内淵）、マーヌイ（真縫）、シルトル（知取）、タライカ（多来加）などのように、アイヌ語の発音に近い漢字が当てられている。白老(シラオイ)や登別(ノボリベツ)といった北海道の地名と同じだ。かつて日本領だったサハリン南部であれば、林蔵の地図と「樺太全図」を照合させることができる。

地名は歴史を語る。それは、土地にやって来た人々の足跡でもある。林蔵が旅した当時の地名を、縮尺が正確な現代の地図に当てはめることができれば、正確な距離が割り出せる。日程を当てはめて計算をすると、旅の進行ペースがわかる。探検記には書かれていない微妙な心理状態さえ透けて見えてくるのではないか。

林蔵がサハリンアイヌたちと丸木舟のチップに乗り、サハリン島南端のシラヌシを出航したのは、一八〇八（文化五）年四月一七日だった。彼は伝十郎と別れ、島の東岸へと進み始めた。探検後にまとめた報告書『カラフト島見分仕候趣申上候書付』には、行程が細かく書かれている。

林蔵は魚の尾鰭(おびれ)のように湾曲したサハリン南部のアニワ湾岸を、西のシラヌシから北東に進みクシュンコタンをめざした。そこは一八〇六（文化三）年にロシアからの攻撃を受けた日本の会所があった場所だ。クシュンコタンに到着後、彼は東にあるチベシャニまで沿岸を航行し、そこから船を引いて陸行しながら北上。海に出た後、高波により逗留を余儀なくされながらサハリン東岸のナイブツに出た。その後、海上をマーヌイ、シルトルと経てサハリン中部のタライカに到着したのが、シラヌシを出発してからちょうど一カ月後の五月一七日だった。

現代の地図上で確認すると、シラヌシからタライカ湖までの距離はおよそ四四〇キロメートルあり、林蔵は一日平均約一五キロメートルのペースで進んできたことになる。サハリン島を探検した林蔵は船で海上を進むことを基本にしたが、時には船を引いて陸行したり、川を遡上したりした。

サハリンアイヌの暮らしぶり

シュービン氏と面会した後、わたしも林蔵がたどり着いたタライカ湖をめざして北上しようと思った。その湖の一七キロメートルほど西に現在はポロナイスクの町がある（19ページの地図参照）。ユジノサハリンスクから直接列車で行くこともできるが、後に林蔵が北上することになるサハリン西岸の様子も見たかった。そこでわたしはバスで西岸にあるホルムスク（真岡）へ向かい、そこからポロナイスク行きの列車に乗ることにした。ホルムスクは林蔵が第二回目の探検の時に、厳寒期の二カ月を過ごしたトンナイの近くにできた町とされる。トンナイの正確な位置は確かめられないが、ホルムスクに行けばその雰囲気をつかめるのではないか。

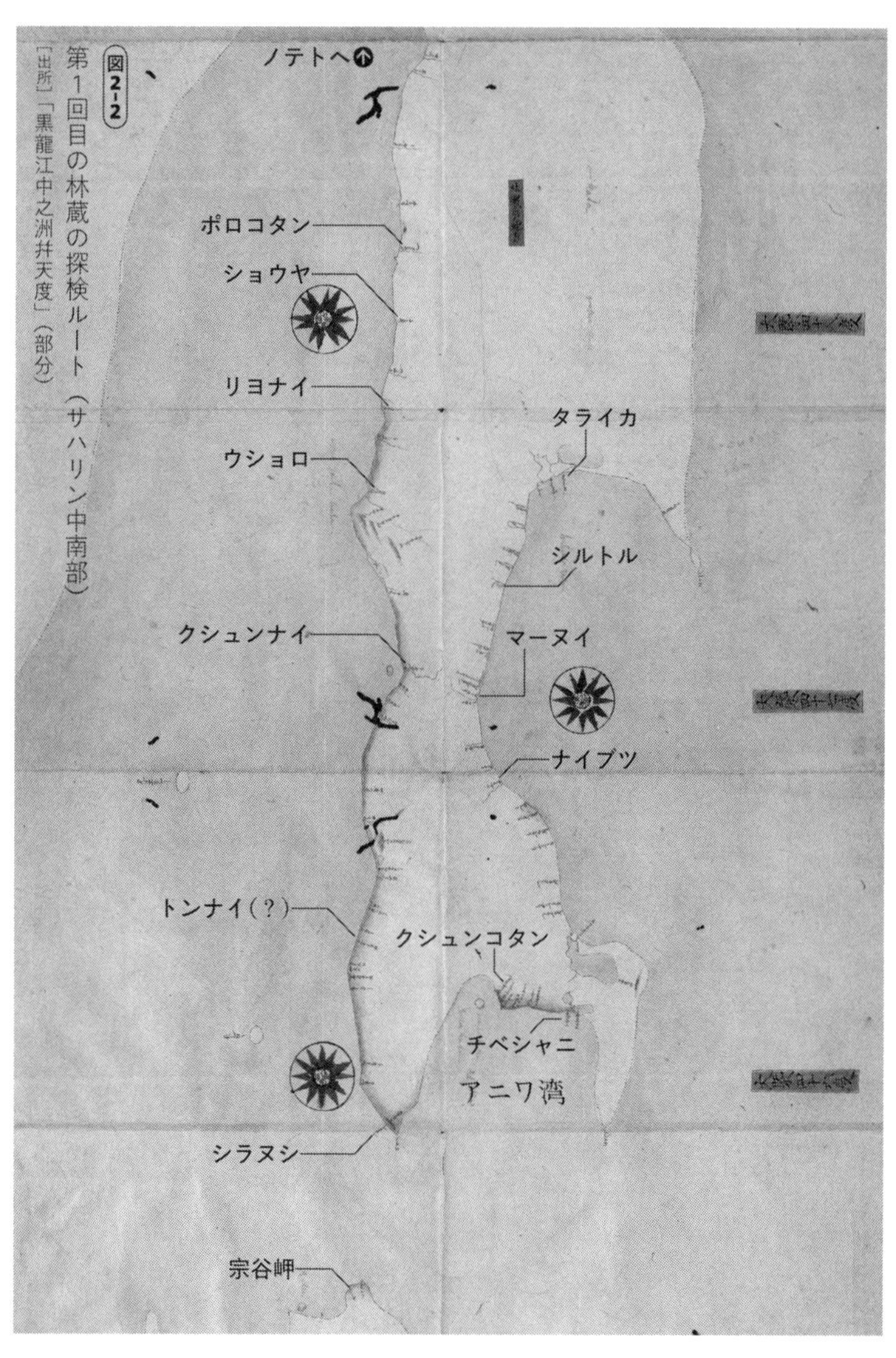

図2-2 第1回目の林蔵の探検ルート(サハリン中南部)
[出所]「黒龍江中之洲并天度」(部分)

ホルムスク行きのバス乗り場はユジノサハリンスク駅前とのことだが、なかなか見つからない。そこで辞書から書き写したロシア語の単語を道行く人に見せて、意思疎通を図る。

「автóбус（バス）билéт（切符）Холмск（ホルムスク）ехать（行く）」

時間はかかったが、何とかチケット売り場に行くことができた。バスは一時間おきに運行しているようだが、そこでも言葉が不自由なために、正しい乗り場や車両にたどり着くまでがひと苦労だ。

一二月二七日。気温は摂氏マイナス一〇度を下回らない。実際にはもっと気温が低くなるものと予想していただけに少々拍子抜けだが、北へ行けばこのままというわけにはいかないだろう。バスは小高い丘が続く荒涼とした風景の中を進み、約二時間でホルムスクに到着した。途中雲行きが怪しくなり、大粒の雨が降り出した。ただ、気温はどんどん下がり、夜半過ぎから雪に変わった。

ホルムスクは日本領時代に真岡と呼ばれ、その頃から栄えた港町だった。当時作られた王子製紙の工場は今でも稼働しているという。名前の通り丘の上にあり、坂道の下の海岸には波が打ち寄せている。どことなく不思議な気分にさせるのが、神社の石段や鳥居など、今なお残る日本領時代の面影だ。サハリン南部は、異国に来たというよりも時間が止まってしまったかつての日本にタイムトリップするような錯覚を抱かせた。

歴史を調べると、真岡は日本人が住み着く前にはエンルモコマフあるいはエンドゥコモと呼ばれる大きなサハリンアイヌ集落だったという。林蔵の時代、島の南部はサハリンアイヌが暮らす土地だった。彼らは北海道のアイヌとは異なる文化を持つ。林蔵は二度の探検中、たくさんのサハリンアイヌに出会い、案内してもらいながら旅を続けた。

林蔵の『北夷分界余話』にはサハリンアイヌの暮らしぶりが克明に記録されている。彼らは狩猟採集民だ。トド、アザラシ、犬、キツネ、カワウソ、テン、トナカイなどの動物、あるいは鮭や鱒（ます）、鰊などの魚を季節ごとに罠や弓、槍で捕らえた。草根や木の実も様々なものを採集し、長い冬を前に乾燥させて貯えた。また、薬になる植物、毒になる植物なども熟知していた。

調理は水煮が多かったようだ。塩味がほとんどついていないものが好まれ、それに食用の海獣油を注いで食べる。植物の中には腹をこわすものもあるが、油をかけると毒素がなくなるという。現代人の味覚からすると、かなり味が薄いものだったのだろう。

動物の毛皮や植物は衣服にもなった。魚皮、ニレ科の落葉高木であるオヒョウを使った樹皮布、あるいはイラクサなどで織った草皮衣（てたらぺ）。寒い冬は獣の毛皮で作った下着や靴、脚絆などで身を覆った。

ちなみに、わたしがサハリン州立郷土史博物館の展示を見ていた時、通訳を通じて学芸員から聞いた話では、動物の毛皮の場合、冬眠をするクマの毛皮よりも、冬眠をしない動物、例えば犬の毛皮の方が暖かいという。動物の生態がその毛皮の機能とも関係しているようだ。

住居については定まったものはなく、冬は地面に穴を掘り、雑草などをかぶせて穴居（けっきょ）する者がいた。身寄りのない者は、自由に他の者と雑居生活を送っていたという。

サハリンアイヌの生活は犬とともにあった。五頭から多くて一〇頭以上の犬が一家で飼われ、成犬、子犬関係なく、人々はまるで親が小児を養育するように犬に接したという。着ている衣の内に犬を入れ、赤子のように背中に負ぶうほどのかわいがりようだ。犬は人間の労働を助け、船や橇（そり）を引き、狩りや漁になくてはならない存在だった。犬肉は食用にもなったというから、単なる愛玩動物とは違うのだろう。

生活に彩りを添えたのは交易だった。サハリンアイヌは、島の北部に暮らし大陸と往来していたニヴフから、中国製の木綿、玉、煙管（キセル）などを手に入れた。また、それらを欲しがる和人からは米、酒、煙草、鍋や釘などの鉄製品を手に入れ、そうした日本製品はニヴフとの交易品にもなった。

誰かが死ぬと、葬式では親族ばかりか、集まった他人までもが号泣した。林蔵は彼らをとても哀情の深い人々だと書いている。

ホルムスクからポロナイスクへ

ホルムスク中心部の北側に自由市場があるというので出かけてみることにした。最初に目についたのは毛皮の帽子や襟巻き。それらに混じるように中国製の派手な色をした木綿の下着や服、子ども服や玩具などが軒先にぶら下がっている。眺めているうちに、林蔵が記録した交易のことが脳裏をよぎった。当時もサハリンは毛皮の産地であり、木綿などの衣類を中国から輸入していた。それらの物品の流通は今でもあまり変わらないようだ。

写真2-2　ホルムスクの自由市場。言葉は通じなくても現地人と気軽にふれあえる場だ。

衣類や雑貨店の隣に食料品の露店が並んでいた。羊肉つくねの串焼き、シシカバブの屋台が営業している。寒さのためか炭火は弱く、凍りついた肉に火がなかなか通らない。魚屋の店先にはワカサギや鱒などが並ぶ。どれも棒のように凍りついていた。買おうとしている人を脇で見ていると、売り子は魚を量りに載せて値段を決めた。氷の重さのせいで冬は値段が割高になるのではないか？　つい余計な心配をしてしまう。

また、露台をひときわ赤く染めているのがキムチだ。頬かむりをした売り子は、朝鮮人の中年女性だった。サハリンには第二次世界大戦中、日本軍から強制的に連行され、その後も帰国できず残留した人もいたという。市場で出会う人の顔は様々だが、北方アジアの顔立ちが目立つ。その中には林蔵が出会ったサハリンアイヌの末裔も混じっているかもしれない。そこにも暗い歴史の影が延びる。一八七五（明治八）年に樺太千島交換条約が締結され、それまで日露間で曖昧だったサハリン全土のロシア帰属が決まった。すると、サハリン南部にいたサハリンアイヌを主体とする二三〇〇人ほどの先住民族のうちサハリンアイヌ八〇〇人以上が北海道に強制的に移住させられた。そして漁民の彼らに農業が強いられ、彼らのあいだで伝染病が蔓延するなどサハリンアイヌたちは苦境に立たされる。一九〇五（明治三八）年、日露戦争の勝利で南樺太が日本領になると、北海道に移住させられていたほとんどのサハリンアイヌはサハリンへ帰郷したという。だが、一九四五（昭和二〇）年の第二次世界大戦で日本が敗戦し、サハリンアイヌには再び「引き揚げ」という名の北海道への強制移住が課された。サハリンの旅には戦争の影が色濃くついてまわる。

市場には客の出足がないわけではないが、活気があるとは言えなかった。ロシアの商店にはいつも独特の沈滞ムードが漂っている。わたしが売り子の一人にカメラを向けると、恥ずかしそうな笑みを浮かべた。笑顔を見れて少しほっとした気分になる。

ホルムスクからポロナイスクへ向けて出発する前日になって、町に二つの駅があることに気がついた。列車が出発するのは、翌朝五時三五分だ。その頃、きっと外はまだ真っ暗だろう。わたしはどちらの駅へ行ったらいいのかを確かめておかなければならない。出国前に旅行代理店から説明がなかったが、前日に気がついたのがせめてもの救いだ。

そこで両方の駅へ出かけてみたが、どちらにも駅舎がない。そこにはただプラットフォームがあるだけだ。わたしは少し焦った。これでは列車のチケットをどこで受け取ったらいいかもわからない。運賃の支払いは日本出国前に済ませてあったが、手元のバウチャー（引換券）でチケットを手に入れない限り、列車には乗れない。

ホテルで相談すると、チケットは退出前にフロントで受け取ることになった。そして出発する駅についても、どちらになるかが判明した。駅はホテルから約三キロメートル離れているので、タクシーの手配も依頼しておく。

翌一二月三〇日。午前四時五〇分、わたしは早めにフロントへ下りた。床に敷いた毛布にくるまって寝ている門番をゆすり起こし、フロント係を呼んでもらう。管理人室から出てきた女性は寝ぼけ眼をこすりながらわたしから部屋の鍵を受け取ると、あっさり「さよなら」と控室に戻ろうとした。

「ビリエート、ビリエート！（切符、切符！）」

わたしがそう叫ぶと、彼女は書類箱の中を面倒くさそうにガサゴソとかき回し始めた。一瞬、言いようのない不安に駆られる。チケットは運よく出てきたが、わたしの運はそこで尽きた。

「タクシーは？」

「わかりませんね」

「呼んでないの？」

「知りませんよ」

不安と焦りと怒りが一気に込み上げてくる。だが、時計が目に入るとドキリとした。すでに五時五分を過ぎている。もうここで押し問答をしている暇はない。わたしは重いバックパックを担いで走り出した。

ロシアの旅は気楽なものとは言い難い。旧ソ連時代からの体質で前金を条件とするシステムのため、旅行者は通常、交通機関や宿などの費用を渡航前に支払わなければならない。完了しないと入国のビザはおりない。一見、合理的に思えるかもしれないが、旅先で面倒なことが持ち上がると、結局、旅行者本人が泣き寝入りをする羽目となる。言葉が理解できたら何とかなるのかもしれないが、わたしには望めない。

懐中電灯を灯すと、路面の雪が氷になったアイスバーンがその光を反射した。わたしは何度か滑って転びそうになったが、氷を避けて走り続けた。歩いていたのでは電車の時間に間に合わない。息は切れ、汗が滲む。

プラットフォームには電車が到着していた。あれだ！　扉が閉じる寸前、わたしは列車に何とか滑り込んだ。走り出した電車がレールの上でガタンガタンと音を立てて揺れ、それに合わせるように心臓はドキドキと脈打った。わたしは電車に乗れた安堵感を胸に、ほの暗い車窓の景色を見つめた。いくつもの雪山や凍結した川が流れていく。明るくなると、停車したどこかの駅からおばちゃんがピロシキを売りに車内にやって来た。わたしはひとつ買ったが、すぐに食べ終えてしまい、もうひとつ買うべきだったと後悔した。

無事ポロナイスク駅に到着すると、車で一〇分ほどのところにあるホテルとは名ばかりの簡易宿舎に落ち着いた。極寒の今、客はわたしの他には誰もいない。お湯を循環させて部屋を温めるセントラルヒーティングなので、夜中暖房が効いている。だが、あまりの寒さのために何度か目を覚ました。

気がつけば一二月三一日の大晦日だ。サハリン全島は寒気団にすっぽりと包まれた。外は雪だろうか。ふと、窓に視線を向ける。ガラスにはクモの巣、あるいはひび割れのような跡がたくさんついているために、外の様子はよく見えない。そう思ったが、近づいてみると窓ガラス全体を覆っていたのは雪の結晶だった。銀線細工のような氷の芸術品を前に、わたしは神秘的な世界にやって来たことを知った。

毛皮の帽子、厚手の下着、セーターや毛織のズボン。それに分厚いウールのコート、手袋、ソールが入った雪用のブーツ。持ってきた服を全て身につけ、外に出た。いくら着込んでも、じっとしていると体の芯まで寒さが凍みてくる。温度計を見ると摂氏マイナス二〇度だ。

テルペーニエ湾に臨むポロナイスクは日本領時代、敷香と呼ばれた。名前にはどことなく北辺のロマンチックな雰囲気が漂う。サハリン南部のシラヌシから東岸を丸木舟（チップ）に乗って北上してきた林蔵は、この地にたどり着いた。わたしはテルペーニエ湾を見てみたいと思い、人通りもまばらな町から徒歩で海岸へと向かった。

海岸線が近づくと、雪に足がとられるようになった。わたしは雪上を歩くためのかんじきをブーツに装着して進むことにした。かんじきとは、雪の中に踏み込まないように履物の下につける輪のような形をした道具だ。手袋を外し、アルミ製のかんじきに手をかけた瞬間、思わずあっと悲鳴を上げた。ドライアイスに触れた時のような激痛が指先に走った。すんでのところで凍結したアルミが掌の皮膚にべったりとついて離れなくなってしまうところだった。素手で触れてはいけないことは重々わかっていたはずだが、寒さのため頭が朦朧としてしまっているのだろうか。

海には霧がかかり、どんよりとしていた。波打ち際は完全に凍結し、半分凍りついた海水が怒濤のごとくぶつかり合い、恐ろしげな音を響かせた（口絵iiページ下参照）。

ウイルタ社会

林蔵はタライカから丸木舟で沿岸を東へと進んだ。そして、北緯四九度付近の北シレトコ岬（北知床岬）から外海に出ると、予想を上回る強い潮流と高波に翻弄された。丸木舟は何度も転覆しそうになり、ついに一歩も進むことができなくなってしまった。東海岸の北上をこれ以上続けることはできそうにない。

伝十郎と事前に打ち合わせた約束では、前進が困難な場合、島を横断して反対側の岸に出ることにしていた。もはや林蔵には引き返すしか選択肢はなかった。

運悪くそこは陸地が東西に大きく広がり、東岸から西岸までおよそ二〇〇キロメートルもある。西海岸に出られるのは、サハリン南部にある東海岸のマーヌイから西海岸のクシュンナイまでの一カ所だけだ。そこは島の東西の距離が二六キロメートルほどに狭まる。

今わたしがいる場所は、林蔵が前進を阻まれ、苦渋の決断を迫られた地だ。わたしは彼の心境に思いを馳せながら、氷結したテルペーニエ湾の沿岸を歩いた。足元からザクザクと大きな音が響く。しゃがみ込んで氷の粒を手に取ってみると、金平糖のような大きさの雪の結晶だ。まるで大粒のダイヤモンドの固まりのように、明るく透明な輝きを発している。

だが、美しさに心を奪われていたのも束の間、わたしは寒さのあまり我に返った。外を歩き始めてからどのくらい経ったのだろう。腕時計をちらりと見ると、時計の針が止まっていた。それは故障知らずの強靭なダイバーズウォッチだったが、寒さのあまり電池の電力が低下してしまったようだ。いや、電池の問題だけではない。ここでは時間さえも凍りついてしまうかのようだ。摂氏マイナス三〇度の海風の中にいるだけで、体は重く、だるくなってくる。

テルペーニエ湾からポロナイスクの町に戻ると、公園で子どもたちが花火をあげて遊んでいた。今日が大晦日だからだろう。そのうちのひとりと目が合い、お決まりの言葉「ズドラーストヴィチェ（こんにちは）」と声をかけたみた。少年は人懐っこい笑みを浮かべながらわたしに何かを話しかけてきたが、残念なことに理解できない。ここは林蔵の時代、ウイルタが暮らす場所だった。わたしが会った少年はウイルタだろうか。

北シレトコ岬付近で東海岸の前進を阻まれてタライカ湖に戻ってきた林蔵は、近くのシー川筋で二日間、ウイルタの村に滞在し、人々の暮らしぶりを観察した。東岸の北上を断念して引き返すことになったにもかかわらず立ち止まって異民族の調査をしていることは注目に値する。西岸を北上している伝十郎に追いつくため先を急ぎたいはずの林蔵だが、任務を確実に遂行している。

林蔵が記録したウイルタ社会を見てみよう。

写真2-3 ポロナイスクの町で出会った少年。

男性はひげを生やしていない者が多いが、少々赤っぽい髪の毛を切ることもしないから粗野な印象だ。逆に、女性は容貌、顔色とも美艶で、毎日顔を洗い、髪を櫛でとかしている。人々はたいていアザラシの毛皮か魚皮を縫い合わせたものを着ている。大陸との交易で得た木綿着を着ている者もまれに見かけるという。女性は肌を露出することを恥じ、衣服の裾は踵（かかと）までと長い。

ウイルタがサハリンの他民族と違う点は、トナカイと暮らすライフスタイルにある。彼らは犬を飼わない。トナカイが犬を恐れるため、犬を飼うサハリンアイヌやニヴフの集落へは近寄らないという。飼育する動物によって民族どうしの境界線が自然に保たれている。

トナカイ遊牧民である彼らは夏から秋までトナカイとともに移動し、冬になって草葉が枯れると、山に入り松の木に絡まる蔓草の松蘿(しょうら)（サルオガセ）をトナカイに食べさせる。定住することはなく季節ごとに、サハリン中部のあちこちを移動しては雑木の仮屋で過ごす（口絵iiiページ中段参照）。

彼らは各地を放浪し、互いに助け合う暮らしの中でアイデンティティを確立した。それは異民族とは結婚しないという排他性にも表れている。あるいは、殺人を犯した者に対して、被害者は原則的に仇(かたき)を討つことをせず、加害者の財産を受け取る程度で許すというから、広い意味でウイルタ社会の全体がひとつの家族のようなものかもしれない。

厳寒の冬、こうして現地を旅しながら林蔵の記録を読んでいると、いったいウイルタたちは野外でどのように寒さをしのいでいたのかと驚いてしまう。苛酷とも言える環境だからこそ、ユニークな共同体が生まれたのだろう。

宿舎に戻ると日が暮れていた。わたしはふと日本のことを思い出した。大晦日の夜、普段なら年越しそばを食べている頃だろうか。

ちょうどその時、管理人の老婦人がやって来た。お盆にはどんぶりいっぱいの温かいペリメーニ（シベリア風水餃子）と黒パンが載っていた。彼女は「よいお年を！」と微笑んでそれをわたしに差し出した。何とも温かい心遣い。望外のもてなしにロシア人に親しみを感じた。

一九九八（平成一〇）年元旦。わたしは管理人にお礼の言葉と、予約をしてあるはずの車の確認をお願いするメモ書きを部屋に残し、外出した。

「Вас с Но́вым го́дом！（新年おめでとうございます）
Пельме́ни, О́чень Вку́сный（ペリメーニ、たいへんおいしかった）
За́втра 02/01, Колесо́, Я Заказа́ть INTOURIST（明日、一月二日　車　わたし　予約する　インツーリスト）」

辞書を参考にしながらわたしが書いたロシア語の羅列は、まるで暗号文に見えるだろう。わたしは明日、その車に乗り、サハリンの北西岸へと向かってみたいと考えていた。サハリンの鉄道は北東部にしか通じていないので、そこへは車で行くしかない。

午後になってホテルに戻ると、わたしのメモを見た管理人がやって来た。確認したところ、車の手配はしていないという。またか……とため息がこぼれる。すでに日本出発前に支払いを済ませているのだから、予約通り車を手配してもらうことにした。

ニヴフたち

ウイルタの調査を終えた林蔵はその後どうしたのか。

伝十郎と合流するためには、西海岸に出なければならない。南東岸のマーヌイまで引き返し、そこから西岸までは約二六キロメートルの陸越えでクシュンナイに出ることができる。林蔵が今いるタライカから、マーヌイ経由で西岸のクシュンナイまでは約三五〇キロメートルもある。林蔵はそのルートを五月二七日から六月四日までの八日間で一気に南下した。平均すると、一日およそ四三キロメートル強。サハリン東岸を北上した時に一日平均一五キロメートルのペースだったことに比べれば、かなりのハイスピードだ。

タライカからマーヌイまでは、北から南へ流れる東サハリン海流の助けもあっただろうし、測量や人々への聴き取りなどで時間を使うこともなかったからかもしれない。それでも三倍近い速度で南下していることから、彼がいかに先を急いでいたかが読み取れる。引き返している間にも、伝十郎はどんどん北へ進んでいるはずなのだ。

北緯四八度の西岸クシュンナイに出た林蔵は再び北上を開始した。報告書には先の行程が次のように書き連ねられていた。

「六月七日　クシュンナイ出船　ヲタシウシ（場所不明）止宿
六月八日　同所出船　ウショロ止宿
六月九日　同所出船　リヨナイ止宿」

いたって淡々とした記録だ。ウショロ（鵜城）はサハリンアイヌ北限の集落であり、ようやく到着したリヨナイは引き返し地点であるタライカとちょうど同じぐらいの緯度に位置する。先を行く伝十郎は今どのあたりだろう？　林蔵は道中、おそらくそのことばかり考えていたに違いない。素っ気ない記録には林蔵の張り詰めたような焦りさえみえる。リヨナイから北緯五〇度線を越えポロコタンへと進み、六月二〇日、ニヴフの集落があるノテトに達した。そこで林蔵はついに五九日ぶりに伝十郎と再会を果たした。

一九九八年一月二日。大寒波が襲ってきた今、林蔵が北進したサハリン西岸をわたしがどこまで行けるかわからないが、進めるところまで進んでみたいと思った。車の手配ができると、運転手とともに吹雪の中、ポロナイスクを発った。

車はまっすぐ北へと延びる一本道を走り始めた。道の両脇には針の山のように天に向かって伸びる白樺の森が続いていた。全てが白銀に閉ざされた世界は息を飲むほど幻想的だ。約四時間走り続け、北へ二五〇キロほどのところにある西岸の港町が見えてきた。アレクサンドロフスク・サハリンスキーだ。

ここはチェーホフが訪れた極寒の流刑地として知られている。戯曲『かもめ』『桜の園』などの作品を残した小説家、劇作家のアントン・チェーホフは日本でもなじみが深い。彼の時代、つまり林蔵が探検をしてからおよそ八〇年後、ここにはロシア人の政治犯を収容する刑務所が置かれていた。刑務所の実態に関心を抱いたチェーホフは一八九〇年、記録文学の『サハリン島』を完成させた。彼はそこでの獄中生活がいかに厳しいかを次のように書いている。

「アレクサンドロフスク管区の年平均温度は、〇・一度即ち、殆んど零度である（中略）年に一八一日は大寒で、一五一日は寒い風が吹きすさぶ。（中略）その影響を受けて、多くの冷淡な人々が更に残忍になり、（中略）よりよき生活に対する期待をも永久に失つてしまつた」（『サハリン島』中村融訳）

チェーホフはわずかながら、林蔵にも触れている。

「彼はサハリンが島であることを証明した第一人者であったのだ」

林蔵が立ち向かった辺境、サハリン北部は、ロシア人さえ恐れおののく流刑地となっていた。しかし、そこにも先住民は存在した。サハリン北部に暮らすニヴフだ。そこを母なる大地、祖先から受け継いだ故郷として、古来、暮らしてきたニヴフとはどんな人たちだったのだろうか。林蔵はニヴフについても記録に残している。

彼らの社会は女尊男卑。たとえ過失であっても女性を殺すことは許されない。中でも尊敬されたのは、裁縫の上手な女性だった。女性たちは皆、競って裁縫をしていたという。

ニヴフの食べ物はサハリンアイヌやウイルタとあまり変わらないが、食べ方が日本人とはだいぶ違うという。飯とおかずを並べて同時に食べるのではなく、皆で一品食べ、終わったら次の一品を別の皿に盛って食べる。スープ、前菜、主菜、デザートを順々に食べる西欧式に近いのだろうか。いずれにしても、一緒に食事をした林蔵は最初、戸惑ったことだろう。彼らは酒も飲んでいた。アルカという焼酎のようなもので、大陸から交易で手に入れたものらしい。

住居は様々なものがあるが、地面に掘った竪穴に建てられた家屋もあった。角材を組んだだけの簡素な作りで、屋根は木の皮で葺かれていた。面白いのは障子があることだ。日本と同様、格子でできているが、障子紙の代わりに魚皮を張ってあるという。なるほど、水には強いだろうし、雨風を防いで暖かいに違いない。

人々は狩猟、漁撈、交易をよくする。犬を大切にするのはサハリンアイヌ以上だ。ウイルタと違って、ニヴフは結婚相手が他民族であっても嫌がらない。その点、結婚に関して排他的なサハリンアイヌやウイルタとは異なっている。交易を積極的に行なっていたために、そのような文化や考え方が根づいたのだろう。

同じ島に住みながら、社会環境によって民族の性格がこうも違うものか。ニヴフはウイルタと比べれば、ずっと社交的な人々だったと言えるかもしれない。反面、男女とも多情で結婚相手をめぐって刃傷沙汰に及ぶこともあったという。もともと気性の激しい人たちなのだろう。林蔵もケンカに巻き込まれなかったかと心配になる。

林蔵の記録は人々をいきいきととらえている。何より、林蔵が北方民族に向けるまなざしが温かい。

不甲斐なさを味わいながら

アレクサンドロフスク・サハリンスキーからさらに北へ。そんなわたしの願いも虚しく、雪が激しくなってきた。運転手が車のヘッドライトを上向きにすると、雪は乱舞する白い羽虫の大群に見えた。悪化の一途をたどる天候では、車でも先へは進めなかった。前途は深い氷雪に閉ざされているという。

われわれは来た道をたどってポロナイスクに戻ることにした。雪が乱舞する車のフロントガラスを見つめていると、催眠術にかけられたような軽い目眩（めまい）を覚える。方向感覚さえ失ってしまいそうだ。エンジンの故障、ガス欠……。対向車も後続車もないこの場所で、もし何かあったらどうなるのだろう。不安がよぎる。外の気温は摂氏マイナス三〇度だ。

車中で林蔵のその後に思いを馳せた。

松田伝十郎と北方西岸のニヴフの集落ノテトで再会を果たした林蔵は、衝撃的な事実を知らされる。伝十郎はサハリンが島であることを確認したというのだ。林蔵が東岸から引き返している間、彼はすでにノテトの北方およそ二四キロメートルの、北緯五二度に近いラッカに到達していた。ラッカは間宮海峡に突き出す岬だ。

ラッカの沿岸付近は浅瀬で海中に昆布が密生しているため、そこから船で北に向かうことは難しい。浜辺では波によって打ち上げられた枯れた昆布が腐ったまま層を成している。足を踏み込むと底なし沼のように沈み込み、徒歩での北進も困難だ。また、湿地帯が広く内陸を覆っているため、内陸にも入り込めない。その一方、ラッカでは対岸にある大陸は間近に迫り、アムール川河口も眺められた。明らかにサハリンは大陸から離れた島だったという。近くの住民に尋ねると、ラッカから六日も北航すればサハリンの最北点を周回して東海岸に出ることができるという。伝十郎はまた、原住民たちがノテトを起点として船に乗り、ラッカから間宮海峡を渡って大陸で中国清朝と朝貢貿易をしていることも確認した。

「カラフト離島に相違なし。大日本の国境を見定めたり」

伝十郎はサハリンが島であり、ラッカが日本の領土の境、つまりそこが（中国清朝との）国境であると結論づけた。それを聞いた林蔵は、自分もラッカに出かけて様子を見極めたいと頼んだ。伝十郎は快く思わなかったに違いない。林蔵の願いを受け入れて、ともに出かけはしたが、伝十郎はラッカから先へ行きたいと望む林蔵にこう言って自身の従者たちと南へ引き返し始めた。

「ここから先へ進めば林蔵の手柄だ」

林蔵は北進したいと思ったが、上記のように、海路でも陸路でも先に進むことができなかった。不甲斐ない気持ちを味わい、日本への帰路についた。

まさかこんな状況に……

わたしは黒い森の向こうが白々と光っているのを見た。ポロナイスクの町の明かりだ。時刻は夜八時半。わたしの旅も今回はここで終わりだ。明日には列車で南方のユジノサハリンスクに戻り、飛行機で帰国の途につく。わたしはアレクサンドロフスク・サハリンスキーまで連れていってくれたドライバーに礼を言って別れ、宿に戻った。

まずは暖かい部屋で食事をしよう。パンや缶詰の買い置きがある。わたしは懐中電灯の明かりを頼りに、宿舎の扉を開き、建物の中に入った。足を踏み入れると底板がミシミシと音を立てた。廊下には冷気がわだかまっていて、足の爪先からも伝わってくる。

わたしは自分の部屋の前に進みドアノブに手をかけた。扉に鍵がかかっている。ロシアでは、宿泊者は外出前に部屋の鍵を鍵当番と呼ばれる人に預ける習わしになっている。はて、昨日までは帰宅時に合わせて鍵を開けてくれていたのだが……。

わたしは再度ドアノブを左右に回し、押したり引いたりしてみた。やはり駄目だ。

まずいことになった。わたしは管理人がどこにいるか把握していない。この近くに住んでいることは間違いなさそうだが、何とかして探し出さなければ、この凍えた廊下でひと晩を過ごす羽目になる。わたしは管理人を探すため外に出た。吹雪が顔面を直撃し、息をするのも苦しい。管理人が住むアパートはどこか。立ち並ぶ集合住宅はどれも同じように見えた。試しにとある扉の呼び鈴を押してみる。ロシア語ができないので英語で「すみません」と話しかけたが、外国人の来訪を不審に感じるのか、門前払いを食らった。コミュニケーションを取ろうにも頼みの綱であるロシア語の辞書は施錠された部屋の中にある。

仕方なく宿舎に戻って廊下に腰を下ろす。外の吹きさらしの氷の中にいるよりはましだが、ここは冷凍庫の中に閉じ込められて、自分が吐き出す白い息が凍りつき重たくのしかかってくるかのようだ。

やがてわたしは空腹感に襲われた。思い返せば朝からろくに食べていない。残念ながら店はもう閉まっているし、買い置きしてある食べ物は全て部屋の中だ。わたしは底冷えする床にへたり込み、途方に暮れた。まさか、自分がこんな状況に陥ろうとは！

分厚い毛のコートとズボン、それにブーツ。外行きの重装備を身につけていても、じっとしていると寒さに押しつぶされてしまいそうだ。体温を上げるため廊下をうろうろと歩き回った。すると窓枠に巻きつけられている針金が目に留まった。うまくすればそれで扉を開けられるかもしれない。暖かい部屋の中を思い浮かべながらわたしは針金を抜き取り、鍵穴に差し込んだ。だが何の手ごたえもない。針金で鍵を開けるなんて、現実はスパイ映画のようにはいかないものだ。

こんなことなら誰かから習っておけばよかった……。だが、誰から!? わたしはしまいに針金を放り投げた。

懐中電灯を消し、再び闇に取り囲まれる。わたしはじっと林蔵のことを考えた。彼は帰国後、再びサハリン島を訪れ、島の西岸南部にあるトンナイで冬季の二カ月ほどを過ごしている。サハリンアイヌの集落であるトンナイには日本人が建てた漁業用の番屋が置かれていた。林蔵がトンナイでどのような日々を送ったのかは『東韃地方紀行』には書かれていない。すきま風が吹き込む冬の番屋は、わたしが今へたり込んでいる廊下よりもずっと寒かったことだろう。

意識が朦朧としてくる。このまま寝てしまえば二度と目覚めることができないのではないか――。身を縮め、コートのポケットにぎゅっと手を突っ込むと、食べかけのチョコレートが入っていた。それはポロナイスクの売店で買ったものだ。ひと口食べてみたが不味かったのでポケットに入れたまま、その存在を忘れていたのだ。今のわたしには救いの神だ。袋から取り出して舐めると、空腹の胃袋がぐるぐると音を立てた。

再び刃のような寒さに耐えられなくなり、廊下をうろうろし始めた。廊下の奥の壁際にテーブルが置かれ、その上に薄汚れたビニールカバーがかけられていた。わたしはそれを強引に剝がして身体に巻きつけた。すると空気の膜ができて、少し暖かくなったような気がした。

わたしは冷気の中、夜明けを待ち続けた。時計を見ると午前三時だ。その後、しばらく朦朧とした後、再び腕時計を見た。まだ三時一五分!

その腕時計は、テルペーニエ湾の岸辺の氷原を歩いた二日前、あまりの寒さのために止まってしまった。温めると電池が復活して事なきを得た。だが、再び厳寒の中に取り残されると時間の進み方がとても遅く感じられ、わたしは腕時計の電池がついに切れてしまったのでないかと疑った。すると、ある妄想が意識の中に立ち上がった。時計の針は午前三時台を指しているが、本当はもう夜明け間近になっているのではないか。だとしたら嬉しい――。時計はひとつしかないから確かめようはない。だが外はまだ暗い。時計の電池はやはり切れていないのだろう。

そしてついに夜が明けた。悪夢のような一夜をどうにか切り抜けたのだ。わたしはその日の午後、ポロナイスク一三時一五分発の列車でユジノサハリンスクに戻り、日本に帰国する飛行機に乗り込む予定になっていた。電車に乗るまでにはだいぶ時間があるように思えるが、それまでに部屋の中から荷物を取り出せるだろうか。管理人がちゃんとやって来るとは限らない。駅まで行くタクシーを予約していたが、これまで車がまともに来たことはない。楽観的になれることは何ひとつなさそうだ。

わたしは開店時間の七時を待って近くの売店に駆け込んだ。商棚に並んでいる唐辛子味の効いた韓国産カップラーメンが目につく。冷え切った体に熱いスープを流し込んだらどんなにおいしいだろう。店員に「お湯をもらえますか?」と尋ねたが、理解してもらえない。仕方なくエビせんべいを二袋買って、宿舎の寒い廊下で一気に平らげた。

早朝の空はどんよりと曇っていたが、やがて八時半頃に太陽が昇って周囲が明るくなった。北緯五〇度に近い冬のポロナイスクでは夜の時間が長く、日の出は遅い。その日、ポロナイスクの駅に向かうためタクシーを予約しているのは一二時三〇分だ。それまでに管理人を探し出さなければならない。わたしは外に出て再び集合住宅に助けを求めたが、反応は昨夜と変わらなかった。

そして時間はあっという間に過ぎ去った。状況が何ひとつ変わらないまま、気がつけば正午を回っている。あとはタクシーが来てくれることを祈るしかない……。

宿舎の外に突っ立って、わたしは道行く車を眺めた。耳が削ぎ落とされそうなくらいの寒さの中にいても、ポケットに突っ込んだ手には脂汗がじっとりと滲んでくる。だが、わたしの祈るような思いが通じたのか、手配しておいた車がやって来た。

運転手は時計を指さして、車に乗れとゼスチャーした。

わたしはそれを拒み、運転手を鍵のかかった部屋の前に連れて行った。すると彼は事の次第を理解したのか、管理人を呼びに集合住宅へ駆けていった。

それから一五分後、運転手は管理人ではなく、部屋の掃除をする鍵当番の中年女性を連れてきた。鍵を閉めた犯人がわかった。わたしはじっと彼女の顔を見つめたが、彼女は自分には何の落ち度もないと言いたげな素っ気ない態度で部屋の鍵を開けた。中に入ると室内の中は暑いぐらいだ。思わずため息がもれる。それでもわたしが彼女に苦言を呈する暇はもうない。

「間に合わなくなるぞ!」

運転手が叫んだ。わたしは部屋にあるバックパックを担ぎ、車に飛び乗った。

凍結した路面の上をタイヤが転がり、車窓に見える白樺の樹氷は次々と背後に流れていった。助手席でわたしは腕時計の針をじっと見つめた。出発時間だ！　駅のホームには列車がまだ停まっている。運転手に十分なお礼を言う暇もなくわたしは猛然と電車の中に駆け込んだ。その瞬間、扉は閉まり列車はガタンという大きな音とともに動き出した。どうにか間に合ったのだ！

わたしは席の番号を確かめて寝台にへたり込んだ。暖房がよく効いた車内は、まさに天国そのものだった。落ち着くと腹が減ってきた。運よく通りかかったワゴン販売の売り子からビールやソーセージなどを買う。それらを奪い取るように大慌てでぐっと呷(あお)り、かぶりついた。小腹が満たされると、酔いと暖かさに誘われるまま眠りに落ちた。

ユジノサハリンスクに無事到着したわたしは、予定通り帰国の途についた。

第二章 失われたデレンを求めて

憧れのデレン

一八〇八（文化五）年閏六月。間宮林蔵は松田伝十郎とともに帰国した。宗谷で二人を迎えたのは、松前奉行川尻春之と吟味役高橋三平だった。伝十郎が二人から労をねぎらわれたのに対し、林蔵にはこのような命令が下された。

「東岸シレトコより奥の方見届ケ来るべし（中略）日和次第渡海いたすべき」（『北夷談』、前出『間宮林蔵』所収）

林蔵は天候が良くなり次第、サハリンへ戻り、未踏だった東海岸を探検せよと命じられたのだ。前回の探検で、林蔵はサハリン南端から東岸を北上し、北緯四九度付近の北シレトコ岬で前途を阻まれ引き返した。確かに未踏部分を残してはきたが、戻った林蔵をすぐに北の僻地へと突っ返すような幕府の命令はどこか解せない。幕府がサハリン東岸にそこまでこだわる理由があったのか？

いや、こだわっているのは幕府ではなく、林蔵のほうのようだった。宗谷に居合わせた普請役元締格河久保忠八郎の文書には、本人自らこう志願したと書かれている。

「カラフト嶋と山丹・満州の地境、しかと見極めず帰ってきたことは残念であり、直ぐさま引き返したい」（『敬斎叢書』、前出『間宮林蔵』所収）

当時、サハリン島のニヴフらは大陸に渡り中国清朝と交易を行なっていた。林蔵はサハリンと大陸のサンタンや満州（中国清朝）との境界を調べることを課題に掲げた。当然そこにはサハリン東岸を踏査しなかった前回の反省も込められていた。

第一回目の旅の報告書を提出すると、林蔵はすぐに出発した。帰国の翌月（七月一三日）にはサハリン南端のシラヌシに着いている。

ところがそこで林蔵は予想外の行動に出た。再探検を申し渡された東岸ではなく、西岸を北上し始めたのだ。島を西側から周回して東岸へ出るつもりだったのかもしれないが、以後の行動をみると、そう単純ではなさそうである。

林蔵は第二回目の探検で西岸を北上し、サハリン最北部のナニヲーにたどり着くものの、そこでサハリンアイヌの従者から前進を拒まれた。彼らはその先の東海岸が危険な海域であるばかりか危害を加える人がいるものと恐れていた。現に、サハリン島に暮らすサハリンアイヌはニヴフやウイルタと互いの境界線を保って生活しており、交易や交流は活発だったとはいえ、異民族の土地に入ることには危険が伴った。

林蔵は引き返して別の従者を見つけようとしたが、思うようにはいかず東海岸行きを断念せざるを得なかった。だが、彼は現地の人たちと船で間宮海峡を越えて大陸へと渡るチャンスを手にし、アムール川中流にある満州仮府デレンを訪れた。そこは中国清朝の役人が周辺民族からクロテンなどの毛皮を朝貢として受け取り、代わりに反物を授ける交易拠点だった。

デレンの位置は現在もなお杳（よう）として知れない。わたしはサハリン州郷土史博物館を訪ねた時、シュービン氏からこう聞かされていた。

「候補地は三ヵ所。ノヴォイリノフカ、ソフィスク、マリーンスコエ（19ページの地図参照）。特にノヴォイリノフカが有力です」

「なぜそこだと？」

シュービン氏はロシア語の文献や英書『サハリン史』（ジョン・ステファンソン著）を挙げた。『サハリン史』には確かに「デレンは現在のノヴォイリノフカ付近」と書いてあるが、詳しい根拠については何も書かれていない。シュービン氏は田上さんとデレン調査をする予定だと言っていたが、理由は不明ながら見送られることになったという。わたしはそれを間宮正孝さんから聞き、「残念だ」と伝えると、彼は茨城の郷土史家である吉澤義一氏を紹介してくれた。吉澤氏はデレンについて現地調査をしたことがあるという。

わたしは病気療養中の彼を自宅に訪ね、書棚に囲まれた書斎に通された。

「デレンはノヴォイリノフカにあったと思うのです」

「どのように調査されたのですか」

「ヘリで出かけたので、わずか数時間の滞在でした。一九九五（平成七）年一〇月のことです。物的証拠は見出せませんでしたが、林蔵が探検中に記した絵図と現地の景観はそっくりでした。間違いないと思っています」

病気の回復を祈り、今後も教えを請うことをお願いしてご自宅を後にした。ところがしばらくして、家族の方から彼の訃報が届いた。病気が重篤だったにもかかわらずわたしと面会し、貴重な話をしてくださったのだ。ノヴォイリノフカをもっと詳しく調べれば、満州仮府の物的証拠を見つけられるに違いない。そう言う彼の言葉がわたしの胸に響いた。わたしはバトンを受け取った走者のように新たな旅を始めなければならないと思った。

まずは地図を調べる。軍事機密とされていたソ連時代の名残で、現在もロシア製地図は入手しにくい。アメリカの航空図やかろうじて入手できたロシア製の地図によると、ノヴォイリノフカは現在のアムール川中流にある。河口からおよそ四〇〇キロメートル遡った川岸だ。わたしはその位置を確かめた。

北緯五一度一〇分、東経一三八度三八分。

調査をじっくりと行なうには、アムール川を自在に行き来できる船がなくてはならないだろう。満州仮府の遺跡を探るとなれば、ロシアの考古学者とチームを組まねばならない。わたしはロシア語で意思の疎通ができないので、せめて英語が理解できる人……。必要な協力者の条件を挙げるほど、実現が難しく感じられる。何よりその地はロシアなのだ。ただの旅行でさえスムーズにいかない国で、まともに探検することができるだろうか……。

そうこうしているうちに時間は経ち、シベリアが遠のいていくように感じられた。

同時進行していた他のプロジェクトにも転機が訪れた。わたしは一三年がかりで追跡していた冒険小説の名作『ロビンソン・クルーソー』のモデル、アレクサンダー・セルカークの住居跡を南米チリ沖の孤島で発見することに成功した。

もちろん、林蔵のことを忘れたわけではなかった。探検は時に一〇年以上もの長い時間を要する。そしてある時、偶然に次の展開が始まることがあるのだ。

探検の再開

思わぬところからきっかけが訪れたのは二〇〇五（平成一七）年の夏だった。郷里にある秋田市立図書館明徳館から、夏休みの子どもたちに探検の話をしてほしいと依頼を受けた。打ち合わせに出かけると、司書の方が一冊の本を差し出した。

「探検といえば、こんな絵本があることを思い出したんです」

それは『まぼろしのデレン』（関屋敏隆著）といい、林蔵が苦労してデレンにたどり着くまでを描いた絵本だった。扉を開くと、かつて見た厳寒のサハリンの光景が脳裏に鮮やかに蘇ってきた。わたしは読みかけになったまま放置されているかのような自分の林蔵追跡、そのストーリーの続きが知りたくなった。旅をすることで展開される、自分だけの物語。ページをめくるためには、旅を続けなければならない。何でもいい。できることから始めよう。

ふと、数年来の知人で、ロシア語を学ぶために極東の町、ウラジオストクに一年間留学したことがある扇谷孝子さんを思い出した。誰か協力してくれそうな人を知っているかもしれない。連絡を取ってみると、ありがたいことに方々に掛け合ってくれて、ウラジオストクにある極東大学大学院で歴史を研究中（当時）の田村愛火（あいか）さんを紹介してくれた。田村さんは科学アカデミー（ロシアの学術研究機関）宛てに趣意書を出して、協力できそうな専門家を探してみてはどうかと提案してくれた。英文で調査の趣旨や意義を書き、数カ月が経った頃、彼女から電子メールが届いた。

「ハバロフスクに、高橋さんの調査されたい事項をよくご存知の先生がいらっしゃいます。船をお持ちでいろいろな場所へ案内できるということです」

メールにはその研究者の名前と簡単なプロフィールやその人からの伝言が書かれていた。ヴァシリエフ・ユーリ・ミハイロビッチ氏。六八歳。科学アカデミー極東支部所属の考古学者で、自ら船を所有し、アムール川での調査経験は豊富。英語はできないが、わたしの調査に前向きに協力したいという。

目的、期間、調査場所、方法などについてメールでやりとりを始めると、船を運航するためのガソリン代や人件費、食費など予想以上に高い見積もりが提示された。実費以外に報酬も含まれているからだろうか……。いや、彼はそれとは別に協力に対する謝礼として、船のディーゼルエンジンとカメラのストロボが欲しいという。そう、探検は情熱だけでは駄目なのだ。時に金品さえ必要になる。頭ではわかってはいるものの、まだ一面識もない人にいきなり船のエンジンを買っていくことなど誰ができよう。ストロボならばと指定されたメーカー名と品番を店に問い合わせたが、かなり高額な品だ。わたしは思わず頭を抱えた。

田村さんに相談すると、高額な物品のリクエストにははっきりとノーと伝えるべきだという。これはビジネスではなく調査なのだ。林蔵の探検を個人で追跡しているわたしには金銭的な後ろ盾はない。かと言って、何か不測の事態が起こった場合、頼れるのは彼しかいない。全てを「ノー」と一刀両断してしまうわけにもいかないのだ。熟慮の末、わたしはストロボを買った。

GPS没収!?

二〇〇六（平成一八）年九月五日。林蔵の第二回目の探検の足跡を追って、新潟空港からロシア極東の町ハバロフスクへと出かけた。約二時間のフライト。ハバロフスクは日本時間に対して一時間進んでいるが、ロシアでは日照時間が長くなる夏季に時間を一時間進めるサマータイムが採用されているため、合計で二時間進ませる。午後五時半に飛び立って、到着したのは午後九時半だ。近いようで、遠い国だと実感する。

暗くなってから外国に着くのはあまりいい気分がしない。闇に迎えられるからだ。そこにどんな不運や凶事が潜んでいるともしれない。

税関の審査が始まると、重苦しい空気がわたしにのしかかってきた。

「GPS（全地球測位システム）！」

空港の税関で提出した申告書にその三文字を見つけると、税関審査員はわたしを呼び止めた。彼は険しい表情でわたしに詰め寄った。

だが、何を言っているのかわからない。蛍光灯の薄暗く青白い光が不安をさらに煽（あお）る。

わたしがロシア語を話せないとわかると、審査員はパスポートを開き、ビザに書かれている招聘者を呼ぶようにとわたしに指示した。困ったことになった。そのヴァシリエフ・ユーリ・ミハイロビッチ氏と、わたしはまだ一度も会ったことがない。顔もわからなければ、この局面で救いの手を差し伸べてくれるかどうかもわからない。いや、出発前にメールで確認したように、本当に空港まで迎えに来てくれていればいいのだが……。

わたしは審査室から外に向かって大声で呼びかけた。

「ヴァシリエフ・ユーリ！」

ゲートの外には出迎えの人たちが集まっていた。彼らは怪訝そうな顔でわたしを見つめた。

反応がないので、再度叫んでみる。

「ヴァシリエフ・ユーリ・ミハイロビッチ！」

すると人ごみの中から、めがねをかけた老紳士が歩み出てきた。

「ユーリさん？」

尋ねると、老紳士は静かに頷いた。ともかく会えてよかった。彼は強張（こわば）った表情で、審査員と話し始めた。

ロシア税関で問題になっているのはやはりＧＰＳであるらしい。

それは、衛星からの電波を受信して自分の位置、つまり緯度と経度を知るための機器だ。日本ではカーナビなどとして日常的に使われ、探検にも欠かせない道具のひとつだが、ロシアに持ち込む場合は特別な許可がいるという。在ハバロフスク日本総領事館のホームページによると、衛星携帯電話やＧＰＳ等の機器は、税関での没収はもとより、刑事事件として拘留、告発される場合もあるという。

持って行くべきか、否か。郷里の秋田で荷造りをしている時、わたしの心は揺れた。余計なトラブルを引き起こす可能性がある物は持参しないに限る。一度は荷から外したが、林蔵の探検したアムール川流域は、今なお詳しい地図さえ手に入れることが難しい地域だ。自分がどこにいるかわからなくなったら、探検などできない。思い悩んだ末、GPSと緊急連絡用の衛星携帯電話を鞄に入れた。そんなわたしの緊張感が伝染したのかもしれない。妻が不安げな視線をわたしに向けた。それに気づいたわたしは彼女に話しかけた。

「一緒に船で旅をすることになっているユーリさんがいるんだ。心配はいらない」

妻にかけた言葉を自分にも言い聞かせた。とはいえ、知人の研究者から紹介され、電子メールでやりとりをしただけの彼とは面識がないばかりか、調査にかかる高額な船代や物品が要求された。彼をどこまで信頼していいのか。本当にうまくやっていけるのか。出かけてみなければ何もわからない。

硬い表情の審査員を前に、わたしは没収も止むなしと半ば腹をくくった。ところが突然、二人は談笑を始め、わたしは放免となった。呆気に取られているとユーリさんが微笑む。

「ヨウコソ　タカハシサン！」

ユーリさんは、片言ながら驚くほど日本語をうまく話した。彼は学会への参加などで四度来日したことがあるという。荷物を持って空港の外に出ると、一台の車が待っていた。乗っていたのはニコライさんとルドミラさん。ユーリさんの古くからの友人だという。車は走り始め、高ぶった緊張感は異国の闇夜へと溶けていった。

アムールノ　オカネ

目が覚めると、そこはロシアの家庭だった。

「ドウゾ　タカハシサン　ロシアノ　アサゴハン」

ユーリさんは寝室にいたわたしを食堂へと招じ入れた。テーブルには黒パン、サラダ、チーズ、ハム、マッシュポテト、白瓜の油炒め、紅茶、飴玉。

「コレハ　ワタシノ　アネサン」

ユーリさんはキッチンにいた姉のニーネイルさんを紹介してくれた。

「ドーブラエ・ウートラ（おはようございます）」

慣れないロシア語で言うと老婦人から笑顔がこぼれた。

キッチンに置かれた箱型のテレビが、天気予報を伝えていた。二〇〇六年九月六日、本日のハバロフスクの天候は晴れ、最高気温一七度、最低気温一〇度。爽快な風が窓から吹き込んでくる。

ロシア家庭での温かいもてなしに緊張はほぐれていくが、わたしはまだ疑心暗鬼だった。提示された高額な調査費用を値引きしてもらえないなら、全てをキャンセルして日本に戻らざるを得ない。事情をうまく理解してもらえるだろうか。朝食後、二人で部屋にこもる。

ノヴォイリノフカで遺跡や遺物を探すという探検の目的、スケジュールや行程などを改めて確認する。ロシア語の辞書や資料を見せながら説明すると、ユーリさんは片言の日本語で答えたり、辞書を開いて単語を指さしたりした。まるで相手の意図をくみ取るゲームみたいなものだ。内容が複雑になると自動翻訳機を使う。会話を打ち込めば瞬時に翻訳されるので一見便利そうだが、ひどい訳文にストレスがたまる。

話が費用のことに及び、わたしはいよいよ核心に触れた。

「見積もりが高すぎるのです。個人では支払えない」

ユーリさんが答えを打ち返してくる。

「ダメ。ガソリン代が高い」

わたしは食い下がった。ガソリン代が高いから値引きできないというが、一リットルあたりどのくらいの値段なのだろう。わたしが値段を尋ねると、ユーリさんはちょっと考えてキーボードを叩いた。

「計算したらこうなったのだ」

値段を聞いたのだが、それに答えず曖昧な返事では納得できるわけがない。

「提示額では出発できない。他に安く済ませられるところがあれば、削りたい」

「ありえない。却下。これは最低限の数字だ。科学アカデミーの上司から批判されながら、君のために調査スケジュールを空けたのだ」

言葉の刺々しさが本心そのままなのか、ロシア語独特の言い回しなのか、交渉スタイルなのか、いや、翻訳機の迷訳のせいなのか。その顔をのぞき込むと、彼はいたって穏やかな表情をしている。さっぱりわからない。会話は平行線をたどり、彼は見積もりの内訳には触れようともしなかった。

わたしにしても、アムール川を自分のボートで旅した経験がないから、明細をもとに値切り交渉することは難しい。そこでわたしはそれ以上詮索することをやめ、バックパックからストロボを取り出し、プレゼントするので全体のコストを軽減してもらえないかと切り出した。これが功を奏した。

「よし、すぐに準備にとりかかろう」

そう言うと、ユーリさんはわたしをみちのく銀行ハバロフスク支店へ連れて行き、そこでわたしは予算内の日本円をロシア通貨に両替した。ところがお金を渡すと彼は酒屋に駆け込み、いきなりウォッカを一〇本買った。ウォッカはアルコール度数が四〇度以上もある強い酒だ。そんなに飲むつもりなのか!? 心配になり顔をじっと見つめると、彼は言う。

「コレハ　アムールノ　オカネ」

お金？　何かと交換するのだろうか。疑わしい気分のままウォッカを抱えて、船着場へと向かう。船はタイプKS－00D－1という材木運搬船で、エンジンを作動させると大きなディーゼル音を上げて、スクリューが水を後ろにかき出した。古いが、パワーはありそうだ。全長一二メートル、幅三・二メートル。船の中央前方に操舵室（そうだ）があり、後部が船室になっている。船室の床に敷いてあるマットをはがし床板を外すとその下は収納庫になっていて、ユーリさんはウォッカの瓶を大切そうにしまい込んだ。わたしはユーリさんを手伝って船着場の倉庫から航行用の道具を運び入れた。

写真3-1 著者の探検船となった木材運搬船。この船を次々と苦難が襲う。

こうして毎日船に通い、準備を進めて四日目。夕方になると、ユーリさんの友人であるニコライさんとルドミラさんが車に食料品を積んでやって来た。ミネラルウォーターの大瓶七本、キャベツ、とうがらし、トマト、ジャガイモ、菓子パン、瓶詰めのジャムや果物、紅茶、煙草、ハム、マーガリン、パン四斤(きん)、にんにく、にんじん、ビーツ、卵。荷を船に移し替えると、ニコライさんはわれわれと握手し、去っていった。

今回旅に出るのはユーリさん、ルドミラさん、わたしの三人。主に食事の支度をしてくれるルドミラさんは、短い髪を茶色く染めているためか、七〇歳という実年齢よりずっと若く見える。

二〇〇六(平成一八)年九月九日、午後四時五五分。ついに林蔵の足跡を追う探検へと乗り出す時がやって来た。船は軽やかに水の上を走り出し、風が頬を撫でる。波立つ大河アムールに空の青さや湧き立つ白い雲が映し出される。風景が動き始めると、一緒に心も転がり出した。

ところが、船は五キロメートルほど先にある別の波止場に停泊すると、動かなくなってしまった。ユーリさんはぼそりと答える。

「ココデ　ガソリンヲ　マンタン」

周辺を見回したが、給油所のようなものはない。

数時間後、波止場にわれわれの船と同規模の客船アメジスト号が入ってきた。がっちりとした体格に立派な口ひげを生やし、いかにも船長という風貌のワシーリ船長がユーリさんの招きに応じて、こちらの船に現れる。すぐに甲板のテーブルでウォッカを開け、ルドミラさんが用意したパン、トマトサラダ、ハムなどで乾杯した。

ウォッカで接待し、ガソリンを手に入れる。その意味がわかった時、すでにわたしは酔っていた。

不思議なことに、アムール川ではたくさんの船が往来しているのに給油所はどこにもない。個人の船で長旅をする場合、通りかかる船から貰い受けなければならないという。これは容易なことではない。相場の倍以上の値段を出すからとでも切り出さない限り、取り合ってはもらえない。だから「難しい話は抜きにして、まあちょっとウォッカでも一杯」と接待するわけだ。

ワシーリ船長を囲む酒宴はあっという間に瓶が空になり、今度はわれわれがアメジスト号に招待された。再びウォッカで乾杯。ロシアでは小さなグラスになみなみと注ぎ、ストレートでぐっと呻る。酔いは一気に回り、盃を重ねるごとに少しずつ気が大きくなっていく。幸い、ワシーリ船長はユーリさんとは顔見知りの仲で、ガソリンならいくらでも売ってあげようとのこと。

ウォッカはアムールではお金。いや、それ以上の力を発揮するのだ。

従者をなだめる日々

翌朝、ガソリンを十分に補給して、いざ出発。しかし今度は船のエンジンがかからない。ユーリさんはエンジンルームに這い込んだきり出てこなくなってしまった。

われわれはハバロフスクからアムール下流にあるキジ湖までの約六五〇キロメートルを船で往復することを計画していた。林蔵はサハリン島から大陸へ渡り、キジ湖を中継してデレンへと向かったので、ちょうどそのルートを逆側から進むことになる。デレンの候補地とされるノヴォイリノフカは、ハバロフスクから約四八〇キロメートル。船はおよそ時速三〇キロメートルだというから、一日に八時間走れば二日でたどり着く計算だ。

しかし、出発からまもなく二四時間経つというのに、まだ五キロしか進んでいない。先が思いやられる。気を揉んでいても仕方がないので、林蔵の第二回目の探検記『東韃地方紀行』を読み返した。

記録は、林蔵が宗谷を出発するところから始まっている。

一八〇九（文化六）年七月。林蔵は宗谷海峡を渡りサハリン島南端のシラヌシに到着すると、すぐに西岸を船で北上した。旅は最初から困難続きだった。前回の従者が苦い体験を村の仲間に吹聴していたため、容易に同行者を見つけることができなかった。日本人の番屋があるトンナイで八日間粘って、ようやく六人のサハリンアイヌを雇い入れることができた。

丸木舟（チップ）に乗りトンナイを八月三日に出発。一五日に島中部のリヨナイに到着すると数十人のサンタンに取り囲まれ、食糧や酒、食器等を略奪されそうになった。リヨナイはウイルタが暮らす地域だが、そこで林蔵と出会ったサンタンとは誰だったのか。サンタンは大陸のアムール川流域に暮らすウリチかナナイの一部と推定されるので、交易などで大陸からやって来た人たちだったのかもしれない。林蔵は逆らわず彼らに米や酒を与え、何とか事なきを得た。ところが、乱暴なサンタン人に恐れをなした従者たちが先へ行きたくないと言い出した。林蔵は酒を振る舞って、気を取り直してもらおうと心を砕く。

この記録を読みながら、ふとウォッカのことを思い出した。われわれもワシーリ船長と盃を交わし、ようやくガソリンを入手できたではないか。旅の流儀は今もどこか似ている。

林蔵はやっとの思いで従者たちをなだめたが、今度は急に海が荒れ始めて、凪ぐまで一〇日間も足止めを食った。

八月二五日にようやく船でリヨナイを出発。九月三日、北方約一二〇キロメートルに位置するトッショウカウに到着。従者たちは再び前途への不安を口にする。そうこうしているうちに大雪に見舞われ、寒さは一段と厳しくなった。食糧も残りわずかで前進どころではなくなり、引き返さざるを得なくなってしまう。

九月一四日にリヨナイにたどり着いた一行はウトニシという首長の家に泊まり、海が凍結して氷上を歩けるようになるのを待つことにした。荒れた海を航海するよりも、足場が固まった氷上のほうがより安全に進めるということだろう。林蔵はウトニシについて『東韃地方紀行』にこう書いている。

「サハリンアイヌでありながら、中国清朝に朝貢し、カーシンタという官位をもらっている。性格は篤実で、林蔵のことをよく憐れみ、装備を保管してくれたばかりか、異民族から狼藉(ろうぜき)を受けた時も守ってくれた。大変懇意にしてもらった人」

リヨナイはウイルタが暮らす地域だったが、サハリンアイヌと旅をしていた林蔵はそこに暮らすサハリンアイヌを頼りにしていたことがわかる。

しかし、いつまで待っても海が氷結しないので、一行はウトニシに船などの装備を預かってもらい、一一月二六日にトンナイまで引き返した。奮闘も空しく、振り出しに戻ってしまったのだ。

約二ヵ月間トンナイに留まって再度出発したのは翌年正月二九日だった。

『東韃地方紀行』には林蔵たちが氷上をどのように進んだのか具体的には書かれていない。荷物を積んだ船を引いて徒歩で進み、航海できそうな所では船に乗ったのだろう。二月二日にウショロ到着。だが、サンタン人がサハリンアイヌを人質にとるという噂が流れており、それを聞いた従者たちは前進を固辞した。そこで同行したいと希望する一人を残し、他の五人はトンナイに戻した。それでもウショロで新たに五人のサハリンアイヌを従者として雇い入れ、どうにか欠員を補えた。

四月九日にノテト到着。ここは第一回目の探検で伝十郎が拠点としていたように、林蔵にとっても馴染みのニヴフがいる集落だ。ここで一ヵ月留まり、海が解氷するのを待って出発した。すると、ウショロで雇った五人の従者が、航海は危険すぎると反発した。林蔵はサンタン船を一艘借り、ニヴフの水先案内役を新たに一人雇い入れるなどして彼らをなだめ、かろうじて旅を続けた。

サンタン船はアムール沿岸に住む少数民族サンタン人（ウリチやナナイの一部）特有のものだ。サハリン南部の華奢(きゃしゃ)な丸木舟では進めないような北部の潮の流れにも耐えられるという。田上俊三さんが復元した、あの鮭の帆船もサンタン船だ。

アムールの旅が始まる

エンジン音が鳴り響き、我に返った。

わたしは『東韃地方紀行』を閉じ、慌てて甲板に出ると、船がようやく動き出していた。振り返れば、その日は時間の過ぎるのがやけに遅く感じられた。昼過ぎ、ユーリさんは修理を中断し、友人のニコライさんを携帯電話で呼んだ。車で部品を買いに行き、新しいものに替えたがエンジンはうんともすんともいわない。いったいいつになったら動き出すのか？　それはポンコツ船に違いない！

しかし、ロシア人はわたしとは同じようには考えないようだ。船も車も部品を取り換え、修理をして使い続ける。ポンコツという言葉などロシアにはないかのようだ。まあ、明日にでも動き出せばいいか……。そう割り切って構えていると、われわれにガソリンを提供してくれたワシーリ船長がアメジスト号でやって来た。彼がエンジンをいじると、われわれの船は何事もなかったかのように動き出した。

時計の針は午後五時を指している。だが、太陽はまだ高い。今度こそ、ついに大河アムールへ。船はそれまでの不調がまるで嘘だったかのように風を切って快調に進み始めた。河岸を覆いつくしている草木も背後に走り去るように見えなくなった。

アムール川は、全長およそ四三五〇キロメートル。日本列島よりも一三〇〇キロメートル以上も長い。モンゴルに発しロシアと中国の国境付近を流れ、ロシアではアムール、中国では黒龍江あるいは黒河と呼ばれる。周辺地域を結ぶ交通路としての役割は大きいが、一〇月から四月頃までは大部分が結氷する。狭いところでも対岸は二キロメートル先。広いところになるとミミズのように地面を這う分流や支川、湿地帯、泥炭地を含め、川幅は一〇キロメートルにも及ぶ。実際の感覚は海にいるかのようだ。わたしは川の流域地図を見ながら、ユーリさんに尋ねる。

「今、どの辺を進んでいるのですか？」

「ワカラナイ　タブン　ムリ」

どこを走っているのかわからないなんて、大丈夫なのだろうか。

そうは思ったが、地図上で位置を確かめるのは確かに不可能に違いない。川は刻々と姿を変える。年ごとに増減する水量は湿地帯を再び川に変えたり、浅瀬の水底を陸地にしたりする。だから、どんなに新しい地図を開いても、示されているのは過去の川の姿であり、現在のものではない。川は流れ、生きている。今われわれはその上にいるのだ。

三時間走り、ハバロフスクの北東約五〇キロメートルにある、ナナイの集落シカチアリャンに着いた。ユーリさんは古代の岩絵が残るという岸に船を近づけた。そこでちょうど帰宅途中の漁師と出会い、魚ときのこをゆずってもらった。われわれは手分けして流木を拾い集め、焚き火を起こした。炎は闇夜の中で揺れ、時折、乾いた薪がパチッ、パチッと音を立てる。ルドミラさんは鍋に湯を沸かし、下処理のためにきのこを入れた。それを懐中電灯で照らしてみると、もうもうと立ち上る湯気の切れ目から茶色いきのこが顔を出した。大きなナラタケのようだ。中に隠れていたたくさんの蟻(あり)が、熱い湯をかぶって慌てて這い出してきた。

やがて遠くの草藪から丸く大きな月が昇ってきた。光はまだ弱く、草木のヴェール越しに神秘的な光を放っている。風はなく、川は物音ひとつしない。美しい夜。大自然の夜には都会の明るく、どこか薄められたような感じの夜とは違う密度がある。

きのこが茹で上がると、ルドミラさんは炭火に鉄板をかけてマカロニを調理した。われわれは月明かりの中でコンビーフ入りのマカロニを頬張った。ついにアムールの旅が始まったのだ。実感がじわじわと湧き起こってくる。

とはいえ、ロマンチックなことばかりではない。

小便のために茂みに入ると、十数匹の蚊に取り囲まれた。手や首筋、耳の裏、急所をめがけて飛来してくるものもいた。危うく粗相してしまいそうになり、ほうほうの体で退却する。茂みは

写真3-2 アムール川の見慣れない魚。淡水魚だが泥臭さはない。

要注意だ！

翌朝、初冬のような冷え込みに身体がぶるりと震えた。燃えさしから火を起こし、暖をとる。ルドミラさんの食事の準備を手伝いながら、わたしは昨日漁師からもらった三匹の魚の名前を尋ねた。彼女は答えた

「サザン　カサットカ　アオハ」

コイやフナ、ナマズの仲間だろう。彼女とも言葉は通じないが、人間は単純なことなら意思の疎通くらいできるものだ。アムールではよく見かける魚だという。ルドミラさんはそれらをスープやフライにしてテーブルに並べた。どれも淡白な白身で泥臭さもない。魚を食べながらユーリさんが言う。

「アムールノミズ　イマモ　ダメ」

昨年は河川汚染のために魚も食べられなかったという。二〇〇五年一一月、中国吉林省の石油化学工場で大規模な爆発事故が発生した。有毒物質を含む汚染水が、松花江上流からアムール川に流れ込んだ。在ハバロフスク日本総領事館は在留邦人に向けて水道水の飲用禁止、飲料水を備蓄すること、川魚を食べないことなどの勧告をしたらしい。それから一年近くが経って危険はなくなったというが、依然、汚染水の影響で死んだり、水面でもがいたりしている小魚を見かける。一見、無垢に見えるアムールの自然も、文明社会が抱える公害問題の渦中にあった。川を拠り所として暮らす人ばかりか、旅人にとっても切実な問題だ。

朝食後、わたしは岸辺の岩絵を見に出かけた。

アムール川流域に暮らすナナイにとって、シカチアリャンは神聖な場所だという。水平線が果てしなく続く大河を船で旅してきた者にとって、ここに転がっている丸い大石は特異なものと映る。太古の人々はそれに神の気配を感じ、石に線刻画を描いたのだろう。彫り込まれた抽象的なシンボルは何を意味するのだろうか。鹿や虎の絵は狩猟の成功ばかりか失敗さえ物語っているようだ。自然への尊敬の念を強く感じさせる。また、渦巻き模様には連続、不死、転生といった生命の神秘や憧れ、それに対する祈りが込められているのかもしれない。

わたしは目の前にあるいくつかの大きな岩のどこに岩絵が彫られているかを探し回った。そして自分だったらここに彫りたいと思う場所に岩絵が見つかると古代人と感性が通じ合ったようでうれしくなる。逆に意外なところに見つけると、自分にはない発想や思想を思わされる。

写真3-3 シカチアリャンで見つけた岩絵。神話の登場人物だろうか。強烈な目力を持つ。

夢中になって茂みに入っていくと、遠くに人の気配を感じた。いや、それは人ではなく、岩から発せられるものだ。よく見ると、石に大きなシャーマンの顔が描かれていた。まるで歌舞伎の助六か京劇の仮面のような雰囲気だ。わたしは吸い寄せられるようにその岩の顔に近づいていった。すると、急に近くの草むらがガサガサと音を立てた。精霊か。いや、クマか！　一瞬、心臓が止まりそうになる。一歩も動けずじっと見つめていると、岩絵のシャーマンそっくりの男がにゅっと姿を現した。出たっ！　わたしは逃げ出そうとした。男はポケットから何かを取り出した。柄に木彫りをほどこしたナイフだ。彼はそれをわたしに差し出し、「買うだろ？」と言わんばかりにニッと笑う。その手に釣竿を持っているところからして、近くに住む漁師らしい。ひげはぼうぼう、顔じゅうに蚊がいっぱい止まっている。怖いもの見たさでその様子を眺めていると、蚊はどうやら新しい獲物が来たと思ったらしく、わたしに向かって一斉に飛来してきた。

うわっ！　わたしは蚊を避けるように後ずさりし、手で追い払いながら、他の岩絵に意識を集中させた。だが、男はしつこくわたしに近づいてきて、絵について説明し始めた。何を言っているかはわからないが、その低くゆったりとした口調は神話の語り部のようで、思わずその抑揚に酔ってしまいそうになる。

ユーリさんがやって来て男を追い払った。わたしは彼が何を言っているのかさえわからないが、どうやら物を売りつけようとしているようだ。男は残念そうにまたポケットのナイフを見せ、わたしにウインクした。わたしは急いで船に戻った。

林蔵が味わった挫折

船が動き始めると、わたしは再び『東韃地方紀行』を開いた。

一進一退を続けながらサハリン西岸を北上していった林蔵は、五月八日に船でノテトを出発し、北へと向かった。一〇日にはイクタマーに到着。従者たちは前途に不安を覚え再び前進を拒んだ。そこで林蔵は案内人のニヴフをもう一人雇って納得させ、一二日早朝、イクタマーを出発。その日のうちにナニヲーに到達した。林蔵はナニヲーについてこう書いている。

「島の北限に近い所で現地人の家がわずかに五、六軒あるばかりだ。ノテトからナニヲーまでは狭い水路（海）がサハリンと大陸を隔て、海流は南に流れていた。ナニヲーから北は果てしない海が広がっている」

サハリンは大陸から離れた島だ！　まさに西欧の探検家が手にできなかった答えを林蔵が手にした瞬間だった。

だが、その記述は何とも素っ気ない。幕府に提出した報告書とはいえ、もっと喜んでもいいのではないか。いや、これまでの経緯からもわかる通り、未踏査の東海岸を前にして、林蔵はナニヲーを到着地とは考えていなかったのだろう。しかも、まだそこはサハリン島の最北端ではない。ナニヲーからさらに北へ。ところが怒濤の如く逆巻く荒波には、堅牢な船として知られるサンタン船も歯が立たなかった。ならば山越えをしてでも……と林蔵は考えたが前途に怯える従者たちはとうとう首を縦に振らなかった。林蔵は仕方なく一行とともにノテトへと引き返した。

本当は林蔵にとって、ナニヲーは敗北の地だったのではないか——。そのような現実を前にわたしはそう考えた。推理も交えながら、林蔵の探検のこれまでを整理してみよう。

第一回探検から帰国し、すぐさまサハリン東海岸への再挑戦を願い出たのは林蔵本人だった。ところが再度出発した彼は東岸ではなく、西岸を北上し始めた。それはなぜか——。

林蔵は初回の経験で、外洋に面した東海岸より、内海である西海岸のほうがはるかに旅がしやすい環境だと知ったからだろう。

だが、とって返すようにサハリンに戻ってきたのは、彼にそうさせた動機があったはずである。それは林蔵が第一回目の探検の最後に味わった悔しさと無関係ではない、と思う。サハリンが離島であると結論づけたのは、先にラッカに到着した松田伝十郎だった。島の北端へ行きもせずにそう断定した伝十郎に、林蔵は内心、納得がいかなかった。踏査を終えて帰路につこうとする伝十郎は「ラッカより一歩でも先に行けば、それは林蔵の手柄だ」と言った。だが、林蔵もラッカからは前進できず、引き返さざるを得なかった。彼を第二回目の探検に向かわせたのは、その時の悔しさだったはずだ。林蔵の意地や、伝十郎への反発もあっただろう。そんな彼は最初からサハリン西岸を進もうと決めていたに違いない。前年に果たせなかったラッカの突破を、第一の目標に掲げていたのだとわたしは思う。

そして、彼はラッカを軽々と通過した。だが、その後たどり着いたナニヲーで困難に直面し、ノテトに引き返さざるを得なくなった。

しかも、食糧は底をつき、魚肉と木の実や根でようやく飢えをしのぐというありさまだ。従者に魚でも釣ろうと持ちかけたが、林蔵が言うことには耳を貸さない。気を取り直してもらうためにプレゼントするはずだった鉄器類も、従者を雇い入れる時などに渡してしまっていたため、手もとに残っていなかった。

気がつけば探検隊は破綻していた。彼は物資や食糧を失ってしまった。サハリンアイヌの従者たちにも気力がなくなっていた。何とも驚くべきことに、サハリン最北部にたどり着いた林蔵は達成感を覚えるどころか、むしろ大きな困難に直面していたのだ。

一緒に旅をしていた従者が帰りたいと言い出した。ここで終わりにすべきか……。いや、林蔵は帰るに帰れなかった。未踏部分を残したまま帰国する伝十郎に反発したのは、他ならぬ林蔵自身ではなかったか。しかも、これは自らが申し出た再挑戦なのだ。

考えてもみれば、歴史とは実に皮肉なものだ。その時すでに林蔵は間宮海峡突破という、世界の探検家が誰一人として成し遂げることができなかった偉業を達成していた。たとえ引き返したとしても、海峡の発見者として歴史にその名を残しただろう。すでに彼はそれほどのことをやってのけていた。

だが、東海岸の踏査を申し渡されていた以上、彼は帰るに帰れなかった。林蔵はノテトに居残ることにした。そしてサハリンアイヌの従者のうちトンナイからずっと一緒だった一人を残し、他の五人を全員ウショロに返した。その他一緒だった二人のニヴフの水先案内役とはすでに解散していたことだろう。

従者の一人を残したのはノテトに住むニヴフの首長、コーニの希望によるものだった。万が一、林蔵が死んだ場合、和人から殺人の嫌疑をかけられてしまうかもしれない。そこでトンナイからずっと一緒だったサハリンアイヌが残ることになったという。

コーニはなぜ林蔵に対してそのようなリクエストをしたのだろうか。『東韃紀行』（南満洲鉄道株式会社大連図書館編、『東韃地方紀行』の異本）にはこのような記述が見える。

「東岸の航行は船が転覆する危険性が高く、（ノテトから）一緒に出かけようと言うものは一人もいなかった」

林蔵は東海岸へ行くための従者探しをコーニにも相談していた。もし林蔵が東海岸行きを強行すれば、命を落とす可能性は高い。サハリンアイヌをひとり村に残させたのは、ノテトの首長コーニが取ったいわばリスクヘッジ（危機管理）だったのだ。

従者に同行を拒まれ、東海岸行きの望みを絶たれた林蔵は探検の目標そのものを見失いかけてしまった。探検記にもその揺れる心を読み取ることができる。

「何としてでも島の周囲を踏査し尽くさねばと思ってここに滞在し、時々コーニに奥地のことを尋ねると、（大陸にある）ロシアとの境界もこの島から遠くないところにあるという。何年かかってでもロシアとの境界を突き止めねばならない」（『東韃地方紀行』）

東海岸を調査するという当初の使命は曖昧となり、探検の目的の重心がロシアとの国境に移ってしまっているようにも思える。

いずれにせよ、同行してくれる従者を見つけられないまま、林蔵は当初のサハリン東岸踏査という目標を断念せざるを得なくなった。林蔵は再び挫折してしまったのだ。

デレン行きという賭け

ところが、その挫折が林蔵を大きく変えていく。

彼はコーニの家に居候を決め、仕事を手伝い始めた。魚を捕ったり狩りをしたり、木こりをしたり、漁網を補修したり。お世話になっているニヴフたちへの恩返しのつもりでもあった。仲良くなると、次第に人々は魚や獣の肉を持ってきてくれるようになった。

だが、地元の人とのやりとりは、ある程度距離を置かないと厄介なことにもなりかねない。林蔵は次のように書いている。

「男性は嫉妬深いので、女性と話をする時などは、まるではれものにさわるように、細心の注意を払う必要があった」(『東韃地方紀行』)

そんなある日、林蔵はコーニが大陸へ出かけようとしていることを耳にする。朝貢のためにクロテンの毛皮を持って満州仮府デレンへ行くというのだ。そこは日本人がいまだ足を踏み入れたことのない未知の世界だ。これは願ってもない大きなチャンスに違いない。彼は自分も一緒に連れて行ってもらえるよう、常日頃から機嫌をとっておいた女どもに、自分の考えをよくわかるように話し、彼女たちからコーニを説得してもらった。その甲斐あって、林蔵はデレンへ行けることになった。

実に見事だ。ニヴフ社会が女尊男卑であると見抜いた林蔵は現地の異文化社会に自分を適応させた。そこには東海岸行きの希望が絶たれた敗者の姿はすでにない。彼が自らの敗北を正面から受け止めたからこそつかみ取ることができた新たな可能性といっていい。林蔵の記録にはコーニへの感謝の気持ちが滲んでいる。

「性格は篤実な人で、よく林蔵を憐れみ、東韃への旅の間、様々な面で助けてくれた」(『東韃地方紀行』)

では当時、デレンに出かけることにはどのような意味があったのだろうか。

一八〇一（享和元）年、林蔵に先立ってサハリンを探検した中村小市郎の『唐太雑記』には、現地の聞き取り調査をもとにしたアムール川の見取り図が収められている。河岸の集落名が記され、デレンと思しき「テレ」という場所は「満州人の来る所。山丹と交易して帰る」と記されている。つまり、林蔵が探検に出る八年前、すでに日本の興味関心はサハリン島からアムール川流域にまで及んでいたことがわかる。

第一回目の探検を終えた林蔵自身も報告書『カラフト島見分仕候趣申上候書付』に、「デイレ（デレンのこと）で交易をしている」と現地で聞いた情報を記している。林蔵はデレンの存在を知っていたのだ。

アムール川流域で地域の人たちに朝貢を要求しているのは中国清朝の役人であることは集めた情報からわかっていた。だが、実際にどのような場所で何が行なわれているか、彼らの影響力がどこまで及んでいるのかなどはっきりとしたことは何もわからない。デレンには他にどのような人たちがやって来るのか。そして南下するロシアの勢力も近くに達しているのか――。

林蔵はデレンへ出かければ、こうした疑問を一気に解決できるはずと考えたのだろう。国の命運を左右する対外関係の実態をつかむ上でデレン行きは、サハリン東岸調査へのこだわりを払拭してもなお余りある大きなチャンスだと言える。

とはいえ、デレン行きは危険な賭けだ。アムール川流域は異国の地だ。現地へ渡れば異民族から怪しまれ、ひどい目に遭わされるかもしれない。それに幕府からは大陸行きの命までは受けていない。鎖国下の日本では、無断で海外へ往来する者に死刑が科せられていた。探検という特殊

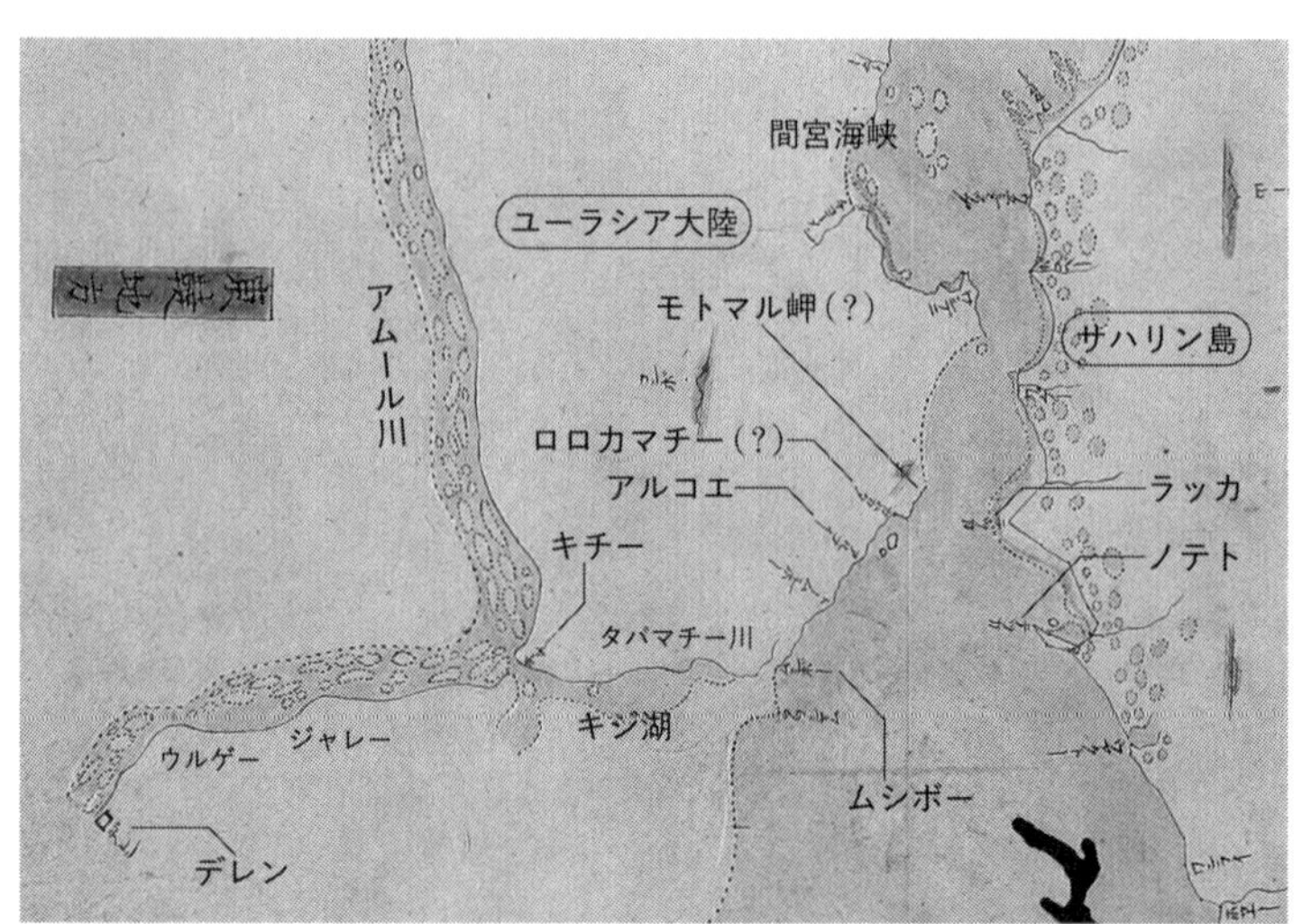

図3-1
第2回目の林蔵の探検ルート
ノテトからデレンまで
[出所]「黒龍江中之洲幷天度」(部分)

な任務とはいえ、処罰を免れないかもしれない。林蔵は一緒に居残っていたトンナイのサハリンアイヌ従者に遺書を託し、決死の覚悟で出発した。

一八〇九(文化六)年六月二六日、ノテトの集落を出た彼らはサハリン島沿岸を約二四キロメートル北上し、ラッカに到着した。そこは大陸側に突き出す岬で、大陸に向けて間宮海峡を越える渡海ポイントになっていた。林蔵が乗り込んだのは長さ約九メートル、幅約一・五メートルのサンタン船だ。船上にはコーニをはじめとする男性四人、ウヤクトウという名の村から来た男性・女性・子どもの三人、合わせて七人の同行者がいた。ところが、波風に翻弄され立ち往生を余儀なくされる。前途の不安を煽るかのように空模様さえ重苦しい。

「暑いさかりだというのにここでは風が冷たい。濃霧のため衣類は雨の中で蓑笠をつけずにいるように湿った。またイチゴという草の実ばかりを食べていたせいか、腹が痛み元気が出ない」(『東韃地方紀行』)

七月二日、濃霧は依然晴れないが、波が穏やかになったので林蔵ら一行はラッカを出発した。そして霧が立ち込める中、海上(間宮海峡)を三里半(約一四キロメートル)ほど西へ進んだところで大陸側にあるモトマル岬(場所不明)が見え、そこから南下してどうにか大陸に接岸した。潮流は急流河川のようだったという。ロロカマチー(場所不明)というところで同行者が鱒をつかまえ、水煮にして食べさせてくれた。

「鱒をたくさん食べ、腹痛もおさまった」(同前)

彼らは村があれば家に泊めてもらい、野宿する時は岸辺に仮小屋を作った。小屋とはいえ、柳の枝を地面に突き刺し、樺の樹皮で作った苫をかぶせただけの粗末なものだ。夜は八人が寄り添ってしゃがむようにその下に腰を下ろした。それでは雨露はしのげても、身動きが全く取れない。また、船が破損しないように、夜が来るたびに船を岸に引き上げなければならなかったが、これは何より手間がかかり大変な作業だった。

七月三日、アルコエからムシボーまで大陸沿岸を船で南下する。一行はムシボーから船を陸揚げし、山道を引いて内陸のタバマチー川をめざした。途中、虫の大群に襲われる。空中に糠(ぬか)か籾(もみ)

殻を撒き散らしたようにカゲロウや蚊が群がってきた。それは人の顔といわず手足といわずまとわりつき我慢ならない。

タバマチー川に通じる道は沿海州や朝鮮方面と満州仮府デレンとを行き来する街道になっており、林蔵が出会ったウデヘ（沿海州北部に住む少数民族）に手持ちの粟を少々贈ると、「とてもうまい」と言って喜んでくれた。そのような何気ないエピソードに、異民族と接する林蔵の興奮が伝わってくるようだ。

夏とは思えないような寒さや濃霧にも翻弄されながら、彼らはようやくキジ湖に到着した。ウリチが住む集落キチーにたどり着いたのは七月七日のこと。現地で通訳をしてくれるチオーという人の家に到着すると、そこで暮らす女性の一人が、コーニの妹だと紹介された。

安心した林蔵は彼女から家の倉庫を借りて、久しぶりに手足を伸ばして寝ようと思った。ところが、船から荷物を取り出していると、林蔵はどこかからやって来た現地人たちに取り囲まれ、知らない家に連れ込まれた。そこでは誰かが林蔵に抱きついてきて、頬ずりをした。懐の中に手を入れてきて、手足をいじくりまわし、唇までなめようとする。しばらくすると、他の者が酒や魚を持ってきてしきりにすすめた。それに知らん顔をしていたら、年寄りがいきなり林蔵の頭を殴り、無理やり酒を飲まそうとする。一緒に旅をしていたラルノという男が助けに来て騒動はおさまった。事情がつかめない林蔵に対し、ラルノは言った。

「彼らが旦那さまを殺そうとしていると聞き、お助けしたのです」

林蔵が受けた仕打ちの真意はよくわからないが、彼は何とか一命を取りとめ、無事チオーの家の倉庫で一夜を過ごすことができた。

キチー集落には交易のために多くの人たちが集まっていた。あちこちで酒盛りが始まり、太鼓を激しく叩き鳴らす音が聞こえた。

川の浅瀬にはまる

二〇〇六（平成一八）年九月一二日。シカチアリャンを出発してから二日過ぎた午後一時三〇分頃のことだ。ドーン。突然の音と衝撃とともに、頭上の棚から紅茶のティーバッグやミネラルウォーターなどとともに、瓶からこぼれた砂糖が滝のように降ってきた。

どうしたんだ！　わたしはパニックで頭が真っ白になった。

慌てて外に出ると、ユーリさんはわたしに沈痛な面持ちで首を横に振った。船が何かに激突したようだ。川の水位は極端に低く、川底が見えている。

「座礁!?」

もし激突したのが岩なら、船底に穴が開いてしまっているかもしれないし、沈没の危険性も高まる。だが、岩ではなく、われわれは見えない川の浅瀬に乗り上げてしまったようだ。幸いなことに船に異常はなさそうだ。

ユーリさんは川に入って水中に棒を差し込み、脱出路になる水深の深い場所を探した。われわれの船の喫水（きっすい）（水面下に沈んでいる船の深さ）は四〇センチメートルあるのに対して、その場の水深

写真3-4 川の浅瀬にはまり、船が立ち往生した。ユーリさんが川に入って脱出路を探す。

はわずか二〇センチメートルしかない。およそのめどが立つと、ユーリさんはエンジンを全開にして船を動かそうとした。わたしが甲板でじっとその様子を見ていると、ルドミラさんが「タカハシ！」と鋭く叫んだ。彼女は長い押し棒（プッシュポール）を指さし、ただ見ていないで手伝えとゼスチャーした。わたしはすぐに棒を手に取り、川底を思い切り押した。

船の総重量は七トンだという。水に浮かんでいれば棒一本でも何とか動かすことができる。デッキに立って船を川に押し出すことが、出航時のわたしの役割だった。しかし、今はどんなに押しても船はびくともしない。スクリューを勢いよく回転させたことで、泥がかき出され、船はさらに砂の中に沈み込んでしまったかのようだ。

状況を見かねたルドミラさんは腰まである長靴をはくと、川の中に飛び込んだ。そしてシャベルで船の下の砂を掘り始めた。その様子をただ呆気にとられて眺めていると、彼女はまたわたしに「タカハシ！」と甲高い声で叫び、棒で地面を押し続けろと言う。

川の浅瀬にはまってから二時間が経過した。だが、船はびくともしない。三人は疲れて、呆然と立ちすくんだ。どこからか鳥の鳴き声が聞こえてくる。見上げると広大無辺の紺碧の空を、秋の鰯雲（いわしぐも）がうっすらと覆っていた。日は照っていたが風が汗ばんだ体を冷やし、エネルギーを奪い取っていく。このまま船が動かなくなったらどうしよう。やがてユーリさんがわたしに呼びかけた。

「タカハシサン　ガソリン　ドウゾ　ソトヘ」

わたしはとっさにその意味を理解できなかったが、どうやら船の浮力を上げるために、ガソリン缶を船の外へ下ろせということのようだ。船には四〇リットル缶が四つ、三〇リットル缶がひとつ、それに二〇〇リットルのドラム缶がひとつ積まれていた。ドラム缶は重くて持ち上がらないので、運び出せる分をひとつずつロープで縛って川に下ろした。終わるとユーリさんは再びエンジンを全開にした。わたしは棒に全体重をかけて歯を食いしばり、ルドミラさんも川の中で船を押した。

すると、船がカクンと傾いて浮き上がった。やった！　三人とも無邪気な笑顔で笑い合い、脱出を喜んだ。

支川や分流を進めば、本流を行くよりも近道ができる場所がある。だが、そこでは水深が浅い川底につかまる可能性が高くなる。ガソリンを節約したいわれわれには難しい選択だ。

デレンの賑わい

一八〇九（文化六）年七月八日。人々から乱暴を受けたキチーの集落を後にして、林蔵たちはキジ湖からアムール川に入った。「聞きしに勝る大河」と書く、林蔵の興奮が伝わってくる。

川を遡り始めて三日目の七月一〇日。ジャレーという集落に着くと、訪れた首長の家でコメと粟のおかゆをご馳走になった。林蔵はお礼にヤスリ一枚を贈ろうとしたが、彼は嬉しそうな顔ひとつ見せない。林蔵が訪れた他の集落ではめぼしい物を持っていないかとしつこく尋ねられるくらいなのだが、林蔵は「これほど欲のない人は後にも先にも誰もいなかった」（『東韃地方紀行』）と書いている。

川を遡り、少数民族ナナイの村ウルゲーに到着。そこは五葉松の大木で作られる船の産地として知られ、訪れる者はたいがい獣皮などと物々交換して船を手に入れていた。林蔵たちも二艘手に入れ、悠然と川を進んでいく。めざすデレンまではあと四里（約一六キロメートル）だ。

一八〇九（文化六）年七月一一日。林蔵がデレンに到着すると、コーニは満州仮府の官吏に彼のことを報告した。

「同行者に日本人が一人います」

林蔵は官吏たちが寝泊まりしている船に呼び出された。その船の大きさは横幅一丈（約三メートル）、長さ七、八間（一三〜一四メートル）ある。窓がついた船室の中央に机が置かれ、床の上には木綿の敷物が敷いてあった。

そこには三人の官吏がおり、彼らは細かい薄織の絹や緞子（どんす）のような厚い絹織物を使って作られた衣服を身につけ、頭には紅糸と金の輪飾りがついた籐笠をかぶっていた。林蔵によれば、彼らの身なりは長崎の出島にやって来る中国人と変わりがなかったという。

上級官吏が林蔵に名刺を渡した。

「正紅旗満州世襲佐領（さりょう）　姓舒（ジョ）名托精阿（ハンスイガ）」

正紅旗とは中国清朝で支配階級にある満州人が所属した社会組織、軍事組織のことで、佐領とは兵役の選抜や戸籍管理等、行政に関わる監督責任者を指す。その姓名に『東韃地方紀行』では「ハンスイガ」とルビが振られているが彼の名前は正確にはジョ・トジンガと言った。

林蔵が漢字を理解していることを知ると、彼らは林蔵に「貴殿は中国人であろう」と親しげに声をかけた。

表敬訪問が済んで外に出ると、林蔵は見かけない存在だったためか現地人から怪しまれ、キチーの時に受けた以上の乱暴を受けた。それを心配した清朝の官吏が林蔵に、自分たちの船で寝泊まりをしたらどうかと声をかけてくれるほどだった。

それ以後、林蔵は官吏の船に招待されるようになり、たびたびご馳走になった。アルカという

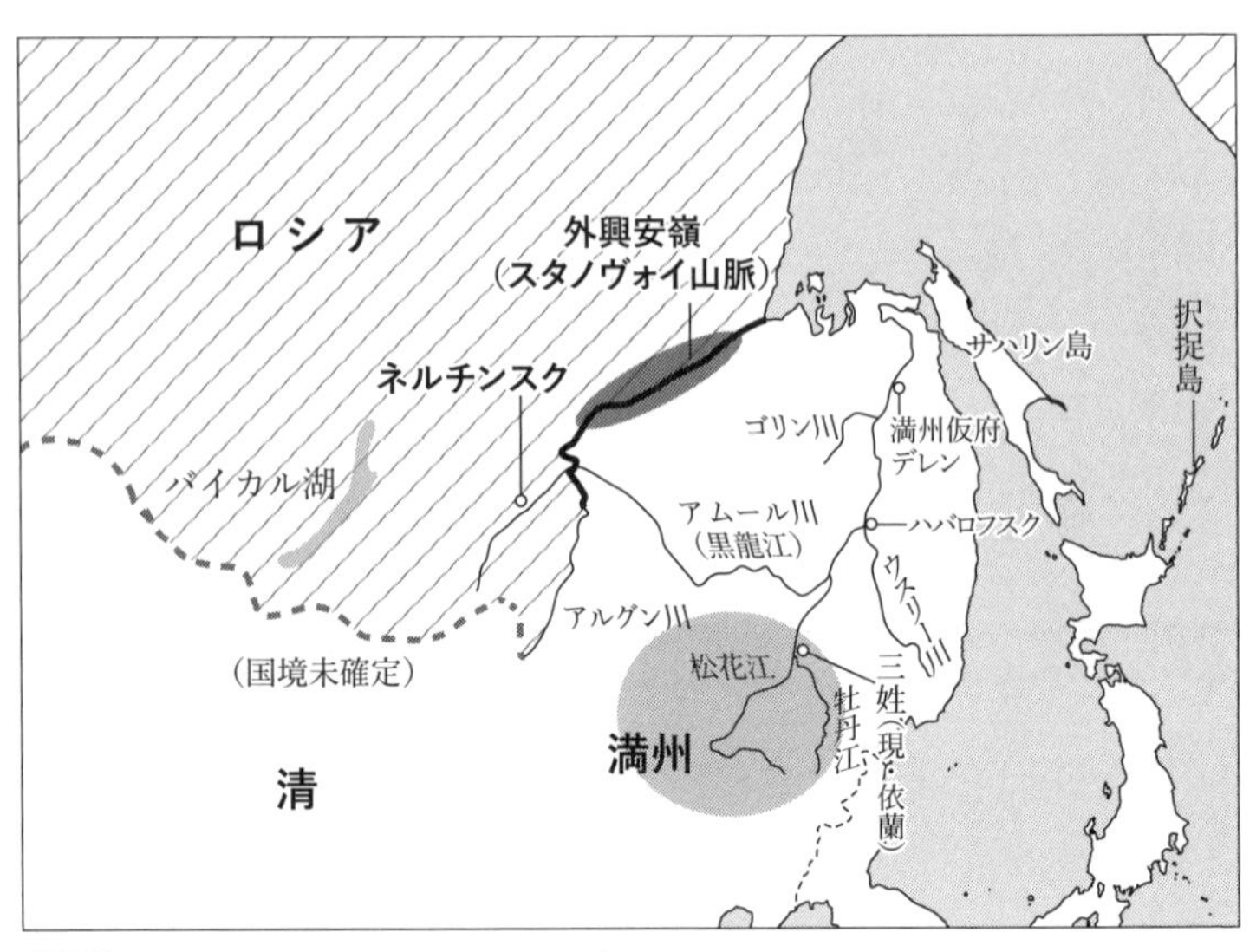

図3-2 林蔵がデレンを訪れた頃の北東アジア

焼酎のような酒に、豚、鳥、卵、川魚、野菜。白く透き通ったそうめんのような春雨。

コミュニケーションは筆談で行なわれた。林蔵が仮府の地名を尋ねると、官吏の一人は「徳楞哩名」（デレンという土地）と書いてよこした。また、ロシアとの国境を尋ねると、「ロシアは中国の属国である」との答えが返ってきた。

ロシアと中国の国境について、林蔵がどの程度把握できたのかはわからないが、ロシアと清は一六八九年のネルチンスク条約によって、両国の国境をアルグン川と外興安嶺（がいこうあんれい）に画定していた。当時、アムール川下流は清朝に属していた。

林蔵が出会った官吏はどんな人たちだったのだろう。『清朝のアムール政策と少数民族』（松浦茂著）によると、彼らは三姓（現在の黒竜江省依蘭県付近）の朝貢業務を管轄する副都統衙門（遼寧省大連市）から派遣されてきていた。三姓はアムール川の支川である松花江と、そこに注ぐ牡丹江の合流点に位置している。

派遣されてきた三人の名は、トジンガ（托精阿）、ボルフンガ（撥勒渾阿）、フェルヘンゲ（伏勒恒阿）といった。トジンガは三人の中で位が最も高く、周辺民族から受け取った二一〇〇枚以上のテン皮を北京の内務府に届けたこともある。ボルフンガは当時、三六歳だったようだ。また、フェルヘンゲはすぐに免職となったため記録が残されていない。

満州仮府は夏にだけ設けられる交易所で、清朝の官吏が出張してくるのは六月頃から初秋までに限られていた。敷地は一四〜一五間（約二五〜二七メートル）四方に、丸太を二重に打ち込んだ柵で囲われていたという。丸太の長さは不ぞろいで、幹に穴を開け、横木を通しただけというとても簡素な作りだ。仮府は周囲にめぐらせたその柵の中にあった（口絵ivページ上参照）。

官吏は上級官吏三人を筆頭に、中級官吏が五〇〜六〇人、下級官吏は現地採用の者もいたため何人いるかはわからない。中国人は周辺諸民族の首長を第一身分ハラ・イ・ダや第二身分ガシャン・ダに任命し、年貢として要求したクロテンの毛皮をここで受け取った。

訪れた人はまず官吏の船に表敬に出かけ、酒と三〜四合の粟を振る舞われる。それから仮府での儀式に参列する。三人の上級官吏の前に出て、かぶっている笠をとり、地面にひざまずいて、三回平身低頭するのが慣わしだった。そして、貢物であるクロテンの毛皮をうやうやしく奉った。毛皮と交換に彼らには布地の巻物などが恩賞として与えられた。ハラ・イ・ダには綿布七尋（約一二メートル）、ガシャン・ダには四尋（約七メートル）の緞子、他の者には木綿や櫛、縫い針、鎖、袱紗、紅絹などが配られた。

儀式は形式ばっているが、終わってしまえばいたって気ままだった。人々は路上で官吏に会っても挨拶をせず、物をもらってもお礼をしない。上級官吏は供を従えることもなく、扇子を手に騒々しい人混みの中を行ったり来たりしている。中級以下の官吏は現地人と親しげに接し、草の上に寝転んで物々交換の交渉をしたり、煙管をくわえたまま仮府の外を歩き回ったり、飲み食いをしたりしていた。

敷地には交易所が三カ所設けられ、人々は自由に物々交換していた。仮府の外には仮小屋が立ち並び、六〇〇人ほどがひしめき合っていたという。たいがい皆、毛皮を脇の下に挟んで交易所にやって来て、酒、煙草、布地、鉄器などと交換した。毛皮の所有者は「もっと高価な品でないと交換しない」と出し惜しみをし、それを欲しがる人の中には自分の服を脱ぎ、「これもつけるから」と懇願する者もいたという。

群衆の騒々しさはたとえようもなかった。ある者が「獣皮が奪われた」と大騒ぎしたかと思えば、別の者は「獣皮を誰かに切り取られた」と大声を出す。欲しいものが手に入らないと喧嘩が始まり殴り合ったり、走り出して転んだり。布地を手に入れ嬉々として帰っていく者がいる一方で、いったん交換した木綿を酒に換えてくれと叫ぶ者もいる。喧嘩をやめさせるために誰かが撞木を叩いたかと思えば、今度は「官品が盗まれた」と銅鑼が打ち鳴らされる。門が閉じられそうになると人々は柵をよじ登り、その上に這い上がって外に出た。まさに狂乱怒濤。今は辺鄙な大河流域に、かつてそれほど人々の活気みなぎる場所があったことに驚かされる。できることなら自分もそんな世界を実際に見てみたい――。

ノヴォイリノフカの風景

二〇〇六（平成一八）年九月一二日。ようやく川の浅瀬から脱出したわれわれも先を急ぐ。

夜にはハバロフスクの北東約三五〇キロメートルにあるコムソモリスク・ナ・アムーレに到着した。船着場から歩いて一〇分のところにガソリンスタンドがあり、荷車にガソリン缶を積んで何度か往復した。川の浅瀬から抜け出すためにガソリンを無駄に消費してしまったので補充しなければならない。夜道は街灯さえない暗がりだ。一〇〇キログラムにもなる荷車を引っ張って、足元がぬかるんだ坂道を上り下りした。

われわれは再び川を下って進んだ。翌日の昼頃、ユーリさんがわたしに向かって叫んだ。

「タカハシサン　アソコ　ノヴォイリノフカ」

わたしは甲板から身を乗り出し、川の南岸を見つめた。川に突き出した岬にある村が見えてきた。ハバロフスクから北東におよそ四八〇キロメートルの距離を進み、四日がかりでついにノヴォイリノフカに到着したのだ。

旅に出かける前、わたしは様々な地図や史料にあたり、デレンの位置が現在のノヴォイリノフカに相当するのか検証を行なった。

一九一九（大正八）年、現地調査を行なった民族学者の鳥居龍蔵（りゅうぞう）はデレンにも関心を寄せた。

著書『人類学及人種学上より見たる北東亜細亜』にはこう書いている。

「デレンは（中略）黒龍江とゴリン河の合流地点より少し下流の黒龍江右岸で、ここに満州の役所があったのである」

ノヴォイリノフカはアムール川の上流から下流に向かって眺めた時、右岸（南岸）に位置しており、ゴリン川との位置関係も含め鳥居龍蔵の指摘と合致する。

また、日露戦争（一九〇四年）を前にして、日本軍が密かに作ったシベリア内陸の地図に、デレンという地名があることがわかった。

わたしは国立国会図書館の地図室へ行き、一八九七（明治三〇）年、旧陸軍参謀本部陸地測量部によって作られた「東亜輿地図」を手に取った。その中に現在のアムール川中流にある都市ソフィスク付近を掲載した「索匪斯克(ソヒースク)図」があり、北緯五一度一五分周辺に「ドイレン」という地名が見えた。位置的にもノヴォイリノフカと重なる。

かつてサハリン州立郷土史博物館シュービン氏を訪ねた時、ナニヲーの位置を確認したのは同名の川の存在がきっかけだったという。デレンの手がかりも地名に含まれている可能性は十分ある。現在のアムール川には同じように林蔵が記録した地名と似たものは残っていないだろうか。

林蔵の里程記を見ると、下流から順に集落名が並んでいる。ウルゲー、カルゲー、ピチー、デレン。この地名が現代の地図上にもまだ残っていないだろうか。

ノヴォイリノフカから約一五キロメートル北東に川を下ったところに「カルギ」という地名がある。林蔵が残した里程記を確かめるとデレンの下流に「カルゲー」という地名が出てくる。その位置関係からするとデレンの位置は現在のノヴォイリノフカに該当しそうだ。デレンとノヴォイリノフカの関係をさらに詳しく調べていく。

ロシアで手に入れた一〇万分の一ロシア製地形図（一九九四年発行）を確かめてみる。ノヴォイリノフカはアムール川の南岸に位置している。その集落からアムール川に向かって東側に大きな島が見える。地図に示されたロシア語のキリル文字を確かめると次のように書かれていた。

Дыринский

島の名前はディリンスキーだ（図3-3上）。ロシアでは語尾が「スキー」で終わる名前を耳にする。例えばチャイコフスキーものそのひとつだが、スキーとは「〇〇の」という意味の形容詞だ。ディリンスキーは「ディリンの」という意味になり「ディリンの島」と解釈できる。何よりディリンという言葉はデレンを想起させる。

林蔵の資料『満江分図書』（北海道立文書館蔵）と比較してみる（図3-3下）。それは彼が船上からアムール川流域を観察し、川岸や河口の様子をスケッチし、それに目測した距離を記録したものだ。いわば測量の野帳にあたる。

それによると、デレンは二重囲みの四角形で表され「満州仮府デレン」と文字が添えられている。この絵地図は上方向が南となり、デレンは川の南岸に位置している。デレンからアムール川の本流を望むと、東側に大きな島が浮かんでいる。

図3-3に示した二つの地図から、ノヴォイリノフカと満州仮府デレンの共通点が浮かび上がる。

図3-3 デレンの位置を検証する1

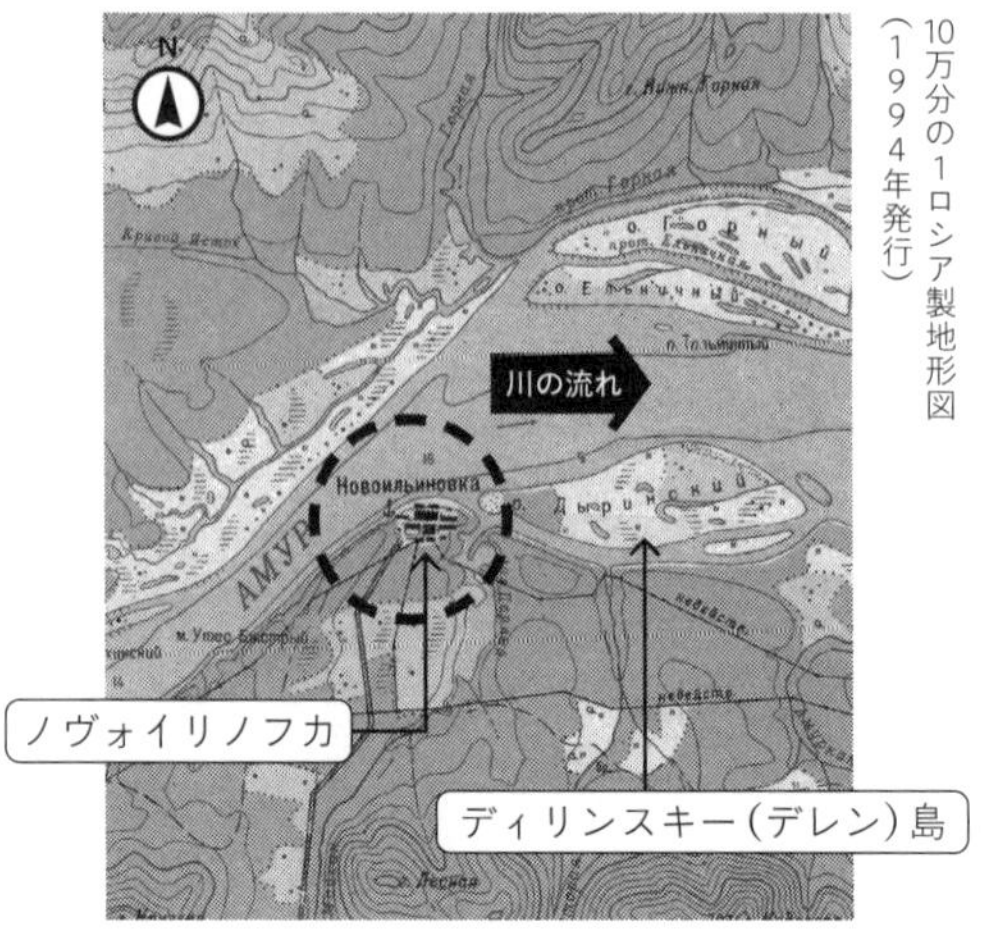

10万分の1ロシア製地形図（1994年発行）

［出所］『満江分図書』（北海道立文書館蔵）

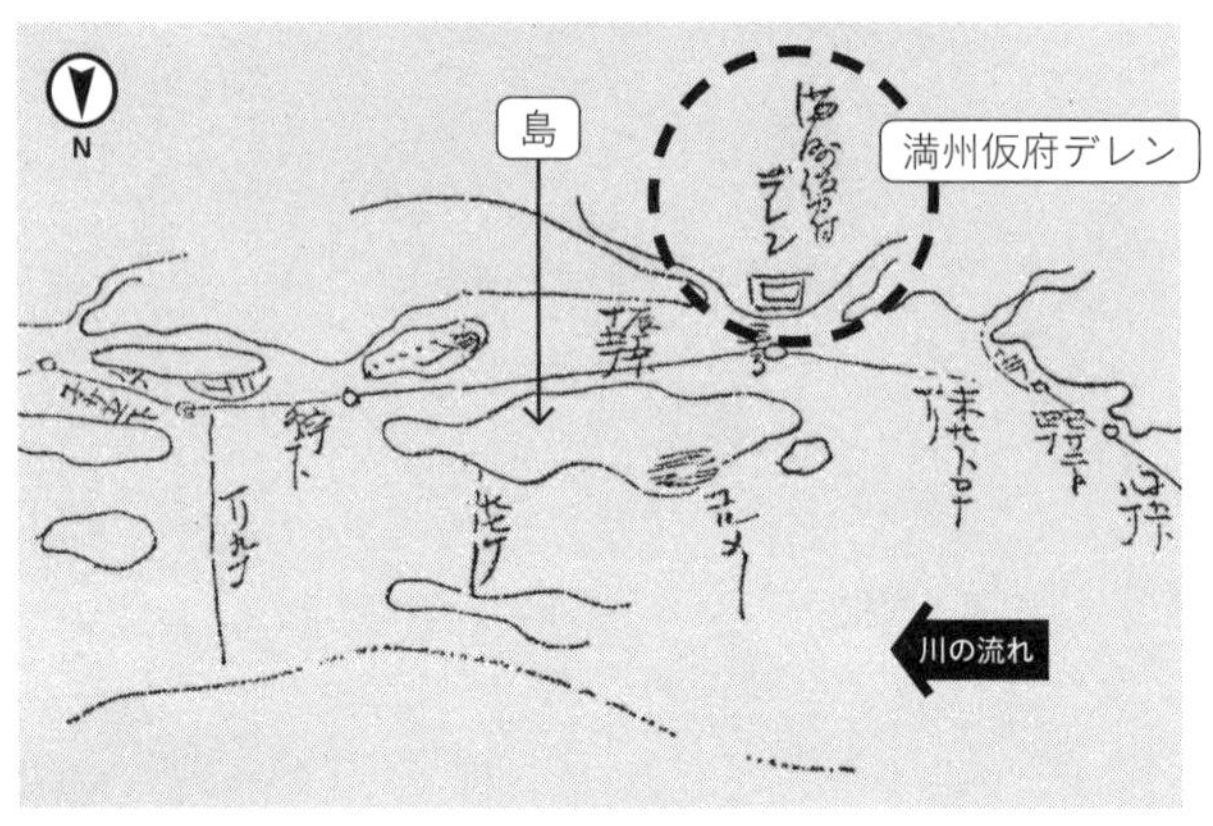

満州仮府デレンとノヴォイリノフカの共通点
1…アムール川の南岸に位置している
2…アムール川本流に向かうと東側に大きな島が浮かんでいる
3…満州仮府デレンとディリンスキー島という名称

○アムール川の南岸に位置している
○アムール川に向かって東側に大きな島が浮かんでいる
○満州仮府デレンとディリンスキー島という名前（の類似性）

次に、実際の現場写真と林蔵の風景画を比較してみる（図3-4）。写真はノヴォイリノフカからアムール川を見た風景だ。川の南岸から北の方向にあたる。ノヴォイリノフカに立ったわたしが最初に探したのはディリンスキー島だ。それは川に向かって東側にあり、先端が岬のように細長く延びている。そして背後には対岸の山並みが見える。

これを林蔵が『東韃地方紀行』に収めた風景画「同前河岸北望」（デレンより北の川岸を望んだ様子）と比較してみる。写真と同様、風景画は川の南岸から北の方向を見た様子だ。林蔵たちが乗ってきた船だろうか、河岸にはサンタン船が停泊している。その沖合いに二つの島が見える。『東韃地方紀行』には、それらの島が「川の流れに包み込まれているように見える」と書かれているので、浅瀬に土砂が堆積した程度のものだったようだ。注目すべきは、その二つの島の沖合に、先端が岬のように細長く延びる陸地が描かれていることだ。それは写真にあるディリンスキー島の見え方とそっくりだ。川に向かって東側にあるという位置関係も共通している。さらに、岬のような陸地の背後に山並みが描かれ、それは写真に写る対岸の山並みと似た印象がある。

細部に相違点はあるが、林蔵が見た風景は、現在のノヴォイリノフカに残されていると感じた。

図3-4 デレンの位置を検証する2

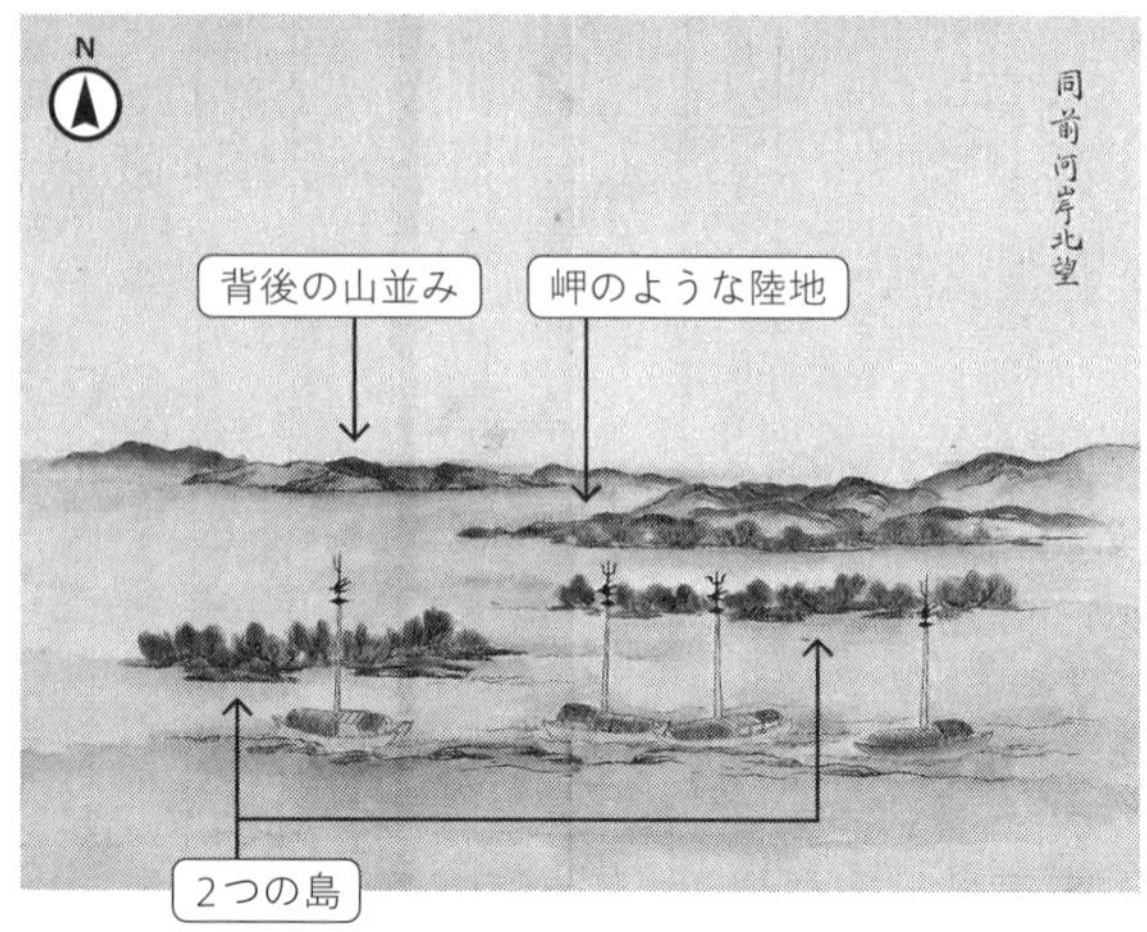

デレンから見た対岸の風景
〔出所〕「同前河岸北望」(『東韃地方紀行』所収、国立公文書館蔵)

ノヴォイリノフカから見た対岸の風景 2006年

証拠品発見！

われわれは船をデレン島（ディリンの島）の対岸に停泊させ、ノヴォイリノフカ周辺を調べてみることにした。河岸を歩いていると、一瞬、何かがキラリと光った。

何だろう。石ではない。金属？

歩み寄って拾い上げると、陶器の破片だ。見たところ現代の食器などではなさそうだ。わたしはすぐ船に戻り、ユーリさんに見せた。

「オー　マンチュー（満州）！」

いつもは冷静な彼も、大声でこう叫んだ。

「タカハシサン　アッパレデス。コレハ　ミズサシ　マンチュー（満州）ノ　ツボ！」

その破片はいびつな五角形をしており、長さ一二・五センチメートル、厚さ一・六センチメートル。赤みを帯びた茶色い釉薬（うわぐすり）がかけられている。その特徴からも、それが壺の一部だと推測ができる。ユーリさんは陶片の湾曲を調べて計算し、直径三六センチメートルだったことをつきとめた。

彼はそれが明らかに中国人の遺物であり、林蔵のいた時代に使われた可能性もあるという。「デレンの遺跡はすぐ近くにある」。見つけた陶片にそう教えられているかのようだ。ユーリさんは船長としてはいささか覚束ないところがあるが、考古学者としての目は確かだ。

写真3-5 ノヴォイリノフカで見つけた陶器の破片。

　翌朝、岸辺の奥に広がる茂みに入ってみた。何よりの気がかりは蚊だ。虫除けスプレーを随所にふりかけ、ネットつきの帽子、手袋、厚手のズボンで完全防備する。案の定、茂みに入る前からわたしの周りを数十匹の蚊が取り囲んだ。帽子に蚊よけのネットがついているとはいえ、目の前の網に止まった多くの蚊によって視界が邪魔されるのは気分が良くない。

　それでも未知のフィールドを前にすると、背筋が震えるほどの高揚感で蚊のことはどうでもよくなる。わたしはガサガサと音を立てながら茂みに分け入っていった。やがて木立の中に白い物体が見えてきた。コンテナかトレーラーハウスだ。そう遠くない昔、誰かが住んでいた小屋だろう。開拓者か猟人。小屋周辺には踏み跡が残っていた。

林の奥で気持ちのいい白樺林を見つけた。幹がけっこう太いものもある。木立の間をすり抜けて歩いていくと、地面が四角く窪んでいるところに行き着いた。

わたしはすぐにそれが遺跡だと気づいた。巻尺を持っていなかったので、周囲の長さを歩数で計測してみる。横が一九歩、縦は一三歩だ。一歩の歩幅を〇・八メートルとすれば、横一五メートル、縦一〇メートルほどの区画となる。地面に残された住居跡らしき痕跡はもうひとつあり、最初に見つけたものよりはひと回り小さいものだった。

また、その近くには一直線の溝跡が走っていた。わたしは満州仮府に関する記述を思い出した。その建物はおよそ二五メートル四方に柱の杭を打ち立てていたというから、このような遺構が残っていてもいいだろう。溝跡の端から端までの歩数を数えると三〇歩ある。およそ二四メートルとなりサイズ感は当てはまる。

ユーリさんにも見てもらおう。場所を見失わないように気をつけながら引き返した。

彼もちょうど付近の調査から帰ったところで、ポケットから何かを取り出し、自慢げにわたしに見せた。

「コレモ　マンチュー　ミズサシ」

黄色い陶器の欠片（かけら）だ。河岸で見つけたのだという。

「オー　アッパレ！」

わたしは興奮のあまり彼にそう声をかけた。

手に取ってよく見ると、昨日わたしが見つけた陶片より小さく繊細な印象を受ける。瓶のようなものだろう。明らかに中国製の陶器だ。

わたしは白樺林の中で見つけた遺跡と遺構の場所へユーリさんを案内した。

ユーリさんはすぐに反応した。

「コレハ　ムラ　ムカシノイエ」

彼はそれがウリチかナナイの古い集落跡ではないか、という。廃屋となったトレーラーハウスの存在から、近くに最近まで人が住んでいたことがわかるが、竪穴遺跡は明らかにそれ以前のものだ。

ユーリさんによれば、遺跡の上に生えている白樺は幹の太さから、古いもので推定樹齢およそ一五〇年。

人が去った後、周囲が白樺林になったとすれば、村は一八五〇年代くらいまでは存続していたのかもしれない。林蔵がデレンにやって来てから半世紀くらい後のことだ。

一八五四年、ロシアの民族学者らがノヴォイリノフカを訪れ、ドゥイレン集落の存在を記録している。

「ドゥイレン集落のすぐ下流でアムール川の主流があまり大きくない島にぶつかって二つに分かれる」（「アムール川流域民族誌（三）」北方産業研究所編訳）

図3-5 住居跡らしき地面の窪み

図3-6 溝跡らしき窪み

ここに出てくる島が現在ノヴォイリノフカ沖にあるデレン島のことなら、わたしがたどり着いた遺跡はドゥイレンの集落だったという可能性は十分ある。

また、同じ頃アムール川を調査したロシアの民族学者シュレンクは『アムール民族誌』の中で、当時の状況を書き残している。ロシア語文献のため、田村愛火さんに翻訳を協力していただいた。

「間宮林蔵が書いた仮府の痕跡は、今はどこにも残っていない。だが、その場所は正確に位置づけることができる。かつて賑わいを見せた拠点は、現在ドゥイラ村があるアムール右岸（南岸）のちょっとした高台にあった。ここはウリチの国であるが、村はナナイのものである」

ドゥイレン、ドゥイラなど表記は一定ではないが、ノヴォイリノフカ近辺にはそのような名前の集落があったようだ。林蔵の時代からおよそ四〇年後、すでに満州仮府デレンの遺跡は存在せず、ナナイの村になっていたという。遺跡や遺物はすでに地中深くに埋もれてしまっていたのだろう。ウリチの地域にナナイが集落を作った理由は不明だが、異民族間の交流があったことがうかがえる。

満州仮府にやって来た中国人の存在を感じさせる陶器。デレンの位置を示すかのようなドゥイレン集落の存在。今回、わたしは史料や地図をもとにした現場検証により、それらの満州仮府デレンにつながりそうな手がかりを手にした。

静かな白樺林の中に陽だまりが転がっていた。川から一陣の風が吹き、枝葉がぶつかり合うとザワザワと音がする。わたしはそっと目を閉じた。耳を澄ませば木々のざわめきに混じって、かつてのデレンの喧騒、人々の歓声が聞こえてくるようだった。

第四章
アムール漂流

下流へ漕ぎ出す

ノヴォイリノフカでの調査を終えると、突然、ユーリさんがこう言い出した。

「ガソリン　ムズカシイ　オワリ　カエル」

この先、他の船と出合う機会はますます減るだろう。ガソリンを手に入れることは一層難しくなる。当初の予定ではさらに下流まで出かけることにしていたが、ユーリさんはもう終わりにして引き返したいと言う。季節はもう秋。ガソリンのために立ち往生しているうちに、川が凍結してしまう恐れもあるからだ。

デレン探しに関しては次につながりそうな手がかりをつかむことができた。確かに大きな目標は達成できたが、旅をここで終わりにすることはできない。もう一カ所、わたしにはどうしても訪ねなければならない場所があった。

出発前に日本で手にした論文「アムール河下流域のアイヌ系ウリチの存在について」（中村齋著）によれば、ノヴォイリノフカの北東およそ一八五キロメートル下流にある村ブラバには、かつて蝦夷地から来たアイヌが移り住み、今なおその末裔が暮らしているという。ブラバは林蔵も訪れたキジ湖に近い。両者に接点があったかもしれない。

ブラバまではあと少しのところまで来ているのだ。チャンスを逃したら、彼らに会う機会はもうないかもしれない。どうしても行ってみたい。

懇願すると、ユーリさんは渋い顔をしながらようやく願いを聞き入れてくれた。しかし、ちゃんと会えるだろうか。情報元の論文が書かれてから一五年近くも経っている。到着したら、誰か現地のことに詳しい人をつかまえなければならない。わたしがそんな不安を口にすると、ユーリさんはこう答えた。

「アサメシマエ」

ロシア人の意外な返答に、思わず拍子抜けしてしまいそうになる。

「トモダチ　アリマス」

ブラバには友人がいるので調査に協力してもらえるだろうという。

林蔵が七日間の滞在を終え、デレンを後にしたのは一八〇九（文化六）年七月一七日だった。夏でも寒く陰鬱な場所だが、満州仮府で出会った人々は活気に溢れ、たくましかった。お世話になった清の官吏に挨拶に出かけると、彼らも別れを惜しんで粟と酒を贈ってくれた。見送りに来てくれた人たちに手を振り、林蔵たちはアムール川下流へと漕ぎ出した。船には交易品が山と積み込まれていたが、流れに従い、櫂(かい)を漕ぐ人たちの手は軽やかだ。

夕方、ジャレーに到着した。夕食の粟を炊いていると、無数の白い蝶々が飛来して釜の中に落ちてしまった。虫を捨てたが、食べられる分はわずかになってしまった。仕方がなく眠りにつこうとしたが、樺の樹皮の苫を全て船荷の覆いとして使ってしまっていた。いつものように夜露をしのぐ仮小屋が作れないので、茣蓙(ござ)一枚で野宿した。

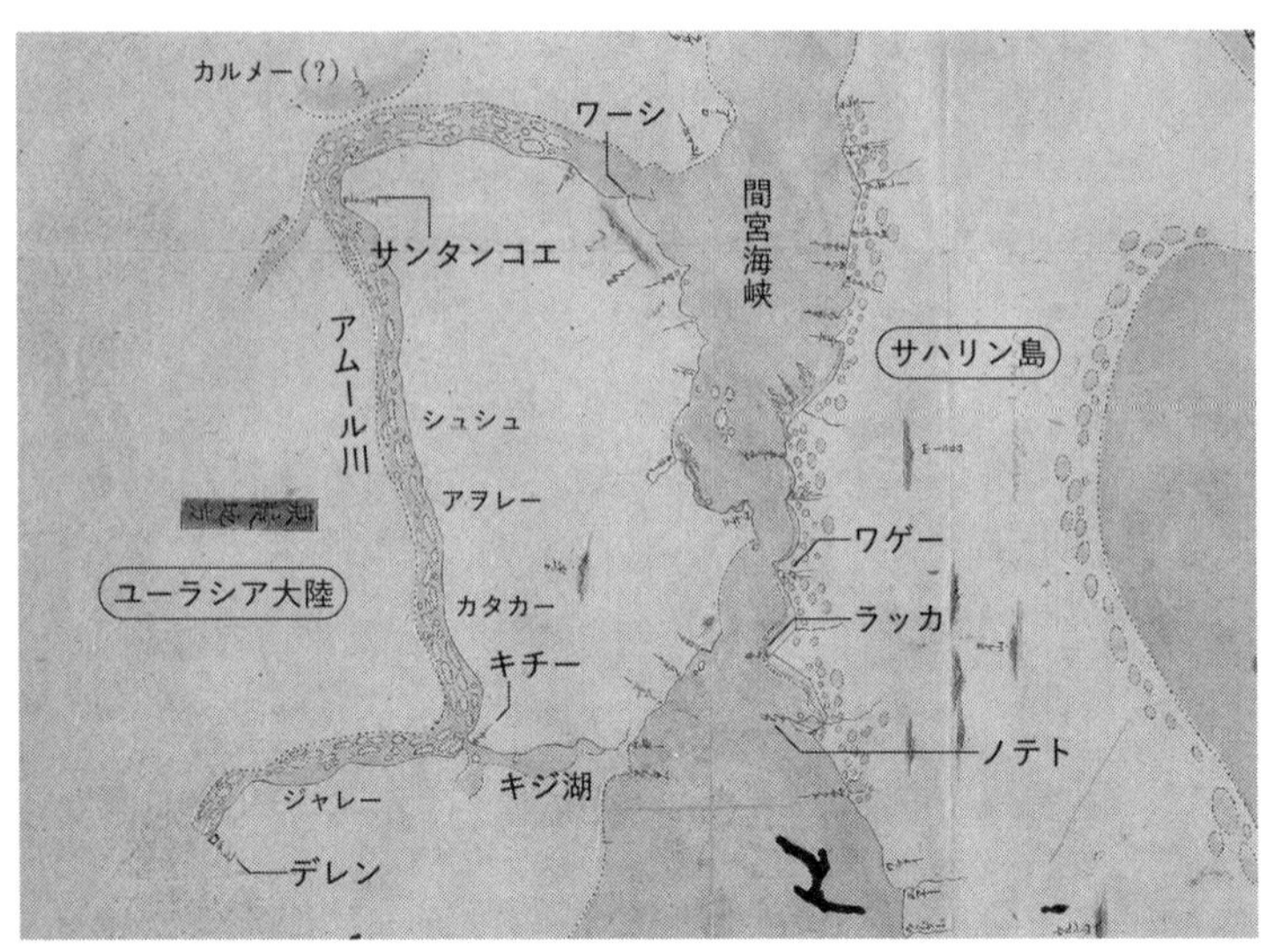

図4-1 第2回目の林蔵の探検ルート デレンからノテトまで
[出所]「黒龍江中之洲幷天度」(部分)

翌一八日、キチーに到着。以前お世話になった現地の通訳者チオーの家を訪ねると、上等のお茶や米、酒や肴で夜が更けるまで歓待してくれた。林蔵は着ていた襦袢(じゅばん)を脱ぐと、斧とともに彼に贈ってお礼をした。

林蔵にとってキチーは現地人から襲われた苦い思い出の場所だったが、もう彼に乱暴をしようという者はいなかった。現地の人々と交流するうちに、林蔵はすっかり異国の社会に溶け込んでいたのだ。

キチーからサハリン島までの帰路は、林蔵の希望でアムール川をそのまま下り、河口に出るルートをとることになった。一行はアムール川を下り、カタカー、アヲレーなどを通過して七月二二日にシュシュという集落に着いた。林蔵はそこで鮭漁を観察する。川に杭を打ち、網を張る定置網漁法だ。人々は獲れたばかりの鮭を林蔵にも食べさせてくれた。

林蔵はアムール河下流でも現地の人々や、その暮らしぶりに注目した。流域に暮らしているのは北からニヴフ、ウチリ、ナナイだが、他の異民族やロシアから来るという山賊の情報にも関心を寄せている。

サンタンコエに到着すると、山の上に二つの石碑が立っていた。船がその手前に差しかかると、一緒に旅していた人々は米や粟、草の実などのお供えを川に投げ込んで拝み始めた。そこがどんな場所で石碑には何が書かれていたのかなど、林蔵の記録には何も書かれていない。

ところが二〇〇七（平成一九）年、その碑文を墨で写し取った拓本が北海道の函館市中央図書館に所蔵されていることが明らかとなった。北海道新聞（二〇〇七年一〇月二八日）によれば、一五世紀初頭、中国の明は現在のティル（林蔵がたどり着いたサンタンコエ）にアムール川周辺一帯を治めるための役所（奴児干都司）を設け、敷地内に永寧寺を建てた。寺に設置された石碑には、建立のいきさつや明朝による住民支配の様子が書かれていたという。拓本は後にウラジオストクの博物館に移設された石碑から取られたものだという。

いずれにせよ、林蔵が来る四〇〇年も前から、アムール川には中国人が来ていたのだ。もし彼が碑文を読んで書きとめていたら、デレンの見聞とあわせ、当時の日本人の極東に関する知識はさらに深まったに違いない。探検記の空白を埋めるような発見がウラジオストクであり、林蔵が目にした石碑の拓本が函館の図書館に眠っていたというのは興味深い。

林蔵はサンタンコエを過ぎると二六日、カルメーに到着した。そこでも集落の代表者の家に泊まり、おいしい酒や料理で手厚いもてなしを受けた。カルメーを出発後、彼は白い鯨をたくさん見たと書いている。アムール川の川幅は河口で一五〜二〇キロメートルと広く、クジラがいてもおかしくなさそうだが、稀に川を遡ることがあるベルーガと呼ばれるシロイルカだったのかもしれない。

二八日、彼らはアムール川河口にあたるワーシで野宿をした。ぬかるんだ地面の上に柳の枝を敷きつめ、獣皮をかけて寝るはめになったが、目覚めると周囲が水浸しになっていた。知らない間に川が大幅に増水したのだ。改めて川旅の恐ろしさを味わう。

厳しい自然環境にもめげず進んでいく林蔵の原動力は何なのだろう。見たこともないアムール川下流の自然や民族、文化。水平線の先に何があるか知りたいという純粋な好奇心は、あらゆる困難をも凌駕するのだ。

アムールの秋の味覚

二〇〇六（平成一八）年九月一五日。われわれはノヴォイリノフカを出発し、五五キロメートルほど下流にあるツメルマーノフカで停泊した。集落に来たならガソリンを補給したい。そう思い方々にあたってみたが、誰一人として譲ってくれそうな人はいなかった。

明日になれば誰かを見つけられるだろうか。せめて風呂にでも入って気分転換しようと、夕食後、ユーリさんはバケツに湯を沸かし、普段はキッチンや食堂でもある船の後甲板をビニールシートで覆った。

「コレガ　アムールノ　オフロ！」

熱いお湯を水で冷ましながら、髪と身体を洗い流す。時折、シートの隙間から冷たい風が吹き込んでくるが、ゆらゆら揺れる川と一体になれるような風呂は何とも心地よい。その日の夜はぐっすりと眠れた。

翌日は昼過ぎ、下流のカリノフカに向けて出発した。四五キロメートルほどの距離を約二時間で到着。ガソリンを温存させるために速度を抑え気味に走っても、水流に乗ってスムーズに進める。岸辺にはたくさんの漁民が出て、獲れたばかりの鮭を捌(さば)いていた。ユーリさんによれば、村の住民はウリチとナナイが半々とのこと。とはいえわたしには見分けがつかない。彼らの顔つきは日本人ともよく似ている。

作業は活気に満ち溢れていた。ある人が鮭のオスとメスを仕分けると、尻尾をつかんでそれぞれを左右に放り投げた。メスを受け取った別の人が大きな腹をぎゅっと押すと、赤いビー玉のような卵が飛び出す。

「あっ！　イクラだ」

興奮気味に日本語で声を上げると、作業中の女性が微笑みながらロシア語で答えた。

「イークラ！」

写真4-1 カリノフカの鮭漁。
大漁の川岸には活気が溢れる。

思わずわれわれは顔を見合わせた。ロシアでは鮭に限らず、魚卵全般をイークラと言うらしい。日本語のイクラはロシア語が語源なのだ。言葉がよく通じなくとも、好物の名前を呼び合えば心が通じ合うような気がするから不思議だ。

脇でしばらく観察した後、われわれはナナイの漁師から七〇センチメートル以上もある鮭を二匹売ってもらった。持ち上げるとズシリと重い。

地元の人にガソリンを手に入れたいと話しかけたが、無理そうなので、われわれは一〇キロメートルほど下流のソフィスクへ移動した。着岸すると、ユーリさんはさっそく集落ヘガソリンを探しに出かけた。今晩はここに停泊することにし、わたしはルドミラさんと夕食の下ごしらえに取りかかった。

まずは鮭を三枚に下ろす。腹を割くと、中からイクラがたくさん出てきた。「イークラ！」と言っては喜び合いながら、われわれは互いに舌なめずりをした。

鮭を切り身にし終えると、今度はニンジン、ジャガイモなどとともに肉挽き器にかける。やってみるとかなりの重労働だ。肉はぷりぷりと柔らかいが、鮭一匹分を挽き肉にすると大きな盥（たらい）が満杯になった。ルドミラさんがそれを手でこねて丸めている間、わたしは岸辺に出た。

火起こしはわたしの役目だ。乾いて平坦な場所に流木を拾い集めると、ユーリさんに教わった通り、白樺の樹皮にマッチで火をつけた。白樺は油分が多くてよく燃えるので、焚きつけにちょうどいい。それを火床（ひどこ）の中心に置き、枯葉や小枝を加えながら少しずつ大きくしていく。着火するまで、油断がならない。機嫌を損ねた子どもを笑わせるような作業だ。ある程度燃えてきたら乾いた流木をくべ、帽子で扇いで風を送りながら火を回した。一〇分ぐらいで炎が大きく上がった。

ルドミラさんは鮭の切り身や余った頭、骨を抱えてやって来た。バケツに湯を沸かし、野菜と一緒に煮込む。スープができると、今度は油をたらした鉄板を炭火にかけ、鮭の挽き肉を並べた。じっと見つめているうちに、ジュウジュウと音がし、うまそうな匂いが漂い始める。ひっくり返すと、表面はキツネ色にカリッと焼き上がっている。思わず腹がグウッと鳴った。ひとつくらいこっそり食べてしまいたい衝動に駆られたが、ここはじっと我慢だ。ところがルドミラさんはそ

写真4-2 これぞ特製炭火焼きサーモン・ハンバーグ！

んなわたしをよそに、小さな固まりをポイッと口に放り込んだ。

「ハラショー！（おいしい！）」

羨ましそうに眺めていると、彼女はかけらを分けてくれた。

「アチチッ」

手でつまむと、あまりの熱さに声を上げたが、そのまま頬張る。

外はカリッとしているが、中身はやわらかく、何より脂がのっている。

「オー、ハラショー！（いける！）」

パチパチと油がはじける鉄板を見つめていると、もうひとかけら食べたくなって、腹がまたグウッと鳴った。

料理ができあがる頃、ユーリさんが戻ってきた。残念ながらガソリンは探せなかったという。せめてうまいものでも食べて元気をつけよう。

今日の晩ご飯は鮭づくし。バケツで豪快に煮込んだ石狩鍋アムール風と、特製炭火焼きサーモン・ハンバーグ。もちろんイクラも欠かせない。ロシアではパンにバターをたっぷりと塗り、イクラを山盛りにしてかぶりつく。何とも贅沢。これぞアムールの秋の味覚だ。

林蔵も道中、鮭漁を見て、鮭を食べた。二〇〇年経っても、アムールで暮らす人々の営みや自然の恵みは変わらないのだ。

大自然との闘い

食事を終える頃、空に美しい虹がかかった。やがて遠雷の轟き(とどろき)が聞こえてくる。見上げると、雲間に青空がのぞいている。どこか遠いところでは嵐なのだろうか。

そう思う間もなく、カゲロウが大量発生した。白いカゲロウはまるで雪が降り積もったかのように川面を白く覆った。林蔵の記録の中で、粟の鍋に落ちた「白い蝶々」とはたぶんこのカゲロウのことだ。われわれはすぐに鍋の蓋を閉じたので、かろうじて中身の食べ物を台無しにせずに済んだ。カゲロウに混じって、蚊の大群も押し寄せてきた。食器を片づけている間に手首や耳、まぶたの上まで刺された。これではたまらない。

「フネノナカへ」

一斉に船室に退散する。大量のカゲロウや蚊は、いったいどこからやって来るのか。不思議で仕方がないが、気がつけばそれらは皆、嵐の予兆だったのだ。みるみるうちに空は鉛色の雲で覆われ、大粒の雨が降り始めた。船室のトタン屋根を激しく打ち、ユーリさんから何か話しかけられてもよく聞こえない。風が強まると雨は横殴りとなって窓を叩き、雷も鳴り始めた。わたしはじっとベッドに縮こまる。

畳一畳ほどの船の簡易ベッドは、お世辞にも寝心地がいいとは言えない。わたしには二段ベッドの上段をあてがわれていたが、転落を恐れて寝返りも打てず、目覚めると毎朝、背筋や首筋が痛くなっていた。早い時間から狭いベッドでじっとしていなければならないのは何とも憂鬱だ。だが、物憂い気分は雷雨によって不安や恐怖に取って代わられた。

青白い閃光が一瞬、船内を照らし出す。船室の窓際にかけられていた作業着の影が幽霊のように壁に照らし出された。ひと呼吸おいて、雷鳴が響く。まるで空が真っ二つに引き裂かれてしまったかのようだ。すぐにドスンと地響きが伝わり、棚に並べられていたグラスがカチャカチャとぶつかり合った。雷はどこかに落ちたらしい。稲妻と雷鳴の間隔はどんどん狭くなり、雷はついにわれわれの頭上で炸裂した。

船に落雷したらどうしよう。いや、船から逃げ出しても、どこにも隠れる場所はない。大空の下で大河に浮かぶわれわれの船は翻弄される一枚の木の葉も同然だ。心臓の鼓動は速くなり、額と掌にはじっとりと冷や汗が滲んでくる。祈るような気持ちで寝袋の中に頭を突っ込んでいると、嵐は二時間ほどでピタリとやんだ。

顔を外に出し息をつく。ようやく安心して眠ることができるだろう。

ところが、今度はベッドの下からルドミラさんの鼾（いびき）が聞こえてきた。わたしは暗がりの中でため息をついた。

一夜明け、小便を我慢できなくなって船を出た。昨夜はトイレにも行けなかった。岩陰で事に及ぼうとすると、八、九匹の蚊が顔めがけて飛んできた。両手がふさがっているので息で吹き飛ばした。それに反応した彼らは闘争心をむき出しにし、わたしに集中攻撃をしかけてきた。羽音が他の蚊を呼び寄せるのか、蚊はみるみるうちに増えて蚊柱が立った。こうなると息で吹き飛ばすこともできない。それればかりかわたしは息を吸った拍子に蚊を一緒に飲み込んでしまった。咳をしても、蚊は喉の奥に引っかかったまま取れない。

茂みの中で下半身を露出しなければならない大便となると、さらに覚悟が必要だ。あらかじめ露出する部分に虫よけパウダーを塗り、事を至極早めにし終えなければならない。虫よけパウダーの効き目は蚊の大群を前にしては何とも頼りない。

大量の蚊ばかりか、排泄中に野犬が近づいてきたこともあった。犬は茂みの中にしゃがんでいるわたしの背後から音もなく近づき、突然、大きくハアハアと息を吐きながら、露出しているわたしの臀部(でんぶ)に迫ってきた。驚いたわたしは立ち上がり、手で犬を追い払おうとしたが、犬はしつこく迫ってくる。齧(かじ)られてしまったら駆け込める病院は近くにはない。わたしは速やかにその場を離れた。すると犬はわたしの排泄物をペロリと平らげ、それで満足したとみえてどこかに姿を消した。自分の排泄物によってわたしは一命を取りとめることができたのかもしれない。だが、自分の身体から放出された排泄物が食べられている様子を見ると、自分が犬に食われてしまったかのような虚無感に襲われた。排泄中は無防備になるため危険が伴う。

わたしはソフィスクを一刻も早く発ちたいと願ったが、ガソリンが手に入れられないので身動きが取れない。ユーリさんは再び集落へ行き、譲ってもらえそうな人を探した。彼がさえない顔で戻ってくると、わたしは何の手立てもなく、岸辺でただじっとしていることに業を煮やしユーリさんに詰め寄った。

「先へ行かないのですか?」

「ガソリン　ナイ」

「ここは蚊が多すぎる」

「ドコモ　オナジ」

彼はボソリと言って、読みかけの推理小説を開いた。これまでに何度も繰り返し読んでいるのだろう、表紙はボロボロで色褪せていた。

昼過ぎ、ユーリさんは川岸を散歩していた人を船に連れて来た。どうやらガソリンを譲ってくれそうな地元の人がいそうだとのこと。さっそくウォッカの瓶を開け、サーモン・ハンバーグ、石狩鍋、それにたっぷりのイクラでもてなす。太ったその人はニコニコと機嫌よく、ウォッカの盃を速いペースで傾けた。

接待の甲斐あって、夜まで待てば口をきいてもらえることになった。それはいいとして、昼からウォッカを飲んだわたしは頭痛がした。饗応が終わり船室のベッドの上に横になっていると、隣に停泊した船の中から犬がやって来た。いつまでも狭い所に閉じこもっていると気分も滅入ってくる。わたしは防虫ネットをかぶり犬と一緒に河原を散歩した。周囲をひと回りしても、時計の針はあまり進んでいない。

夜九時三〇分、ユーリさんが非常用の発炎筒を花火のように景気よく上げると、その合図に従うように小型トラックがやって来た。手持ちのガソリン缶を渡すと、どこかで満タンにして四〇分ぐらいで戻ってきた。船に給油し、また運ぶという繰り返しだ。作業が終わったのは深夜二時近くだった。

「ボリショエ　スパシーボ（大変ありがとうございました）」

ユーリさんは卑屈にへつらい、暗がりで業者に金を手渡した。怪しい取引のようだ。

ガソリンを買うのにこれだけ苦労をし、平身低頭しなければならないとは——。持てる者と持たざる者。ガソリンを握っている者は強い。持たざる者は手に入れることに何日も費やし、頭を下げ続け、空しく路頭に迷わねばならない。不安や憤りを抱えながらの生活。何とストレスがたまることだろう。ガソリンスタンドがあちこちにある日本では考えられない。いや、これを未開地のできごとだと笑っていられるだろうか。ガソリンは地球から枯渇しつつある。日本だって無関係のはずがない。むしろこれがわれわれの未来図なのかもしれない。

大陸に移住したアイヌ

二〇〇六（平成一八）年九月一八日、われわれはアムール川を下り、キジ湖をめざした。ブラバまでの六五キロほどを二時間半で進み、無事に到着した。

あらかじめ携帯電話で知らせていたので、ユーリさんの友人イワン・パーブラビッチさんが船着場で出迎えてくれた。ウリチである彼は人懐っこい笑顔を見せた。

イワンさんはわれわれを自宅のアトリエに案内した。彼は白樺の薄い材木にレリーフ画を彫るアーティストだという。壁に飾られた、世界樹やフクロウなどの伝統柄や神話をモチーフにした作品を見た後、わたしはブラバにいるアイヌの末裔クイサリ氏について尋ねてみた。

「クイサリという苗字の人を知っていますか？」

「クイサリさんは何人もいます」

「アイヌの血を引くと聞いてやって来たのですが」

「だったらウリチ芸術学校の校長ユーリ・クイサリさんに会ったらいい」

話をしている間に、イワンさんの奥さんが昼食を用意してくれた。やはり食卓に上るのは鮭だ。スープとパン、それにイクラ。

食事を終え、われわれはウリチ芸術学校を訪ねた。木造校舎の正面玄関は伝統柄の彫り物で飾られていた。二階に小さな博物館があり、クイサリさんが待っていた。日本のどこかで見かけたような顔立ちで、言葉が通じないのが不思議に思えるくらいだ。彼はこの地にやって来たアイヌの末裔だという。

「この場所に蝦夷地のアイヌがやって来たというのは驚きです」

わたしはそう言ってクイサリさんに話しかけた。

「わたしたちの祖先は、蝦夷地からアムールに移り住みました」

写真4-3
アイヌの末裔、ブラバ村のクイサリさん（左）と。

クイサリさんはそう答え、手にしていた巻物を開いた。丁寧に張り合わせた模造紙には、文字と線が交差するようにびっしりと書き込まれている。よく見ると系図だ。それは蝦夷地からサハリンを経て、アムール川沿いのブラバにたどり着いたアイヌ系ウリチの系譜で、その始祖の名前を探すと、クイサリ・セキンと書かれていた。

「伝えられるところによれば、セキンは背が高く、大きな目と波のような眉毛、口もとにはあごひげをたくわえていたと言います」

わたしは、始祖セキンが林蔵の時代と重なる人かもしれないと期待しながら尋ねた。

「クイサリさんは始祖から何代目ですか？」

「四代目です」

例えば子どもを産む母親の年齢を三〇歳と見積もっても、親子四代で一二〇年。現代から二〇〇年前の林蔵の時代までは遡れそうにない。旅のきっかけとなった論文を開いてみると、セキンの生年は不詳としながら、始祖の年代を一八五〇年頃と想定しているから、やはり林蔵の時代からは半世紀ほど遅いことになる。

それでもクイサリ一族の足どりが林蔵の歩みと重なっていることは確かだ。それは蝦夷地からサハリン島を経てアムール川流域へとつながるサンタン交易のルートでもある。サンタン交易とは江戸時代にアムール川流域とサハリン島の間で行なわれていた交易で、林蔵がデレンで目にした中国清朝との朝貢貿易がそれにあたる。中国から運ばれる絹やガラス製品などが、サハリン島で産する動物の毛皮などと交換されて蝦夷地にももたらされた。わたしはクイサリさんに尋ねた。

「セキンも交易のために蝦夷地から大陸へ？」

「いや、言い伝えでは逃げてきたとされます。しかし、よくわからない」

クイサリさんの「逃げてきた」という証言に対し、論文には実態を知るヒントが示されていた。サハリン島と大陸の間で交易が行なわれていたのは一八五〇年代までだ。その後、蝦夷地やサハリン島には日本やロシアの影響が及んで原住民への弾圧が強まる中で、アイヌも自由を奪われてしまう。クイサリ・セキンの大陸移住が故郷蝦夷地からの逃避行だったとすれば、まさにそんな時代背景にも当てはまりそうだ。たどり着いたアムール川流域でアイヌを受け入れたのは現地ウリチの人々だった。しかし、彼らもロシアの同化政策によって、言葉や文化の放棄を求められていった。ではなぜウリチはアイヌを受け入れたのだろうか。

わたしは交易による代々にわたって築かれてきた人と人のつながりが基礎にあったのではないかと考えた。交易は時代や個人の関係を超えて、民族同士の友好の輪を育んでいたに違いない。

クイサリさんはわたしに博物館の展示室を案内してくれた。一族伝来のアイヌの織物、琥珀玉の耳飾り、日本製の藍染の木綿地などそれらはアイヌ文化の品々だ。海を渡ってやって来たそれらの物は、人々の友好ばかりか波瀾に満ちた境遇さえも雄弁に物語る。

展示室の中に、大きな壺が置かれていた。赤みを帯びた茶色い釉薬がかかっているが、狭い底の部分は釉薬が塗られず素焼きのままだ。わたしはそれを見た瞬間、ノヴォイリノフカで採取した陶片を思い出した。その陶片は釉薬と素焼きの部分に分かれ、それらの色味は今、わたしの目の前にある壺とそっくりだ。考古学者のユーリさんはわたしが拾った陶片を見て「マンチューのツボ」と言っていた。その壺とはこのようなものを指すのだろうか。

他の展示品を見ていたユーリさんを呼んで、尋ねてみた。するとユーリさんは興奮気味に言う。

「タカハシサン、コレガ　マンチューノ　ツボ！」

クイサリさんによれば、ブラバの博物館に置かれている壺は中国からもたらされたもので、年代的には一八世紀から一九世紀のものだという。

『北方から来た交易民』（前出）によれば、当時中国からアムール川流域やサハリン島にもたらされたものは「絹製品、緞子の官服、綿織物、木綿の衣服、米、酒、豆類、粉といった食料品、鉄鍋などの鉄製品、ガラスの装身具、金属装身具、陶磁器、漆器、金属酒器」などであったという。

ユーリさんが言うように、壺は中国からアムール川流域にもたらされたものだった。また、上

図4-2
陶片と壺を比較する

ノヴォイリノフカで
見つかった陶片

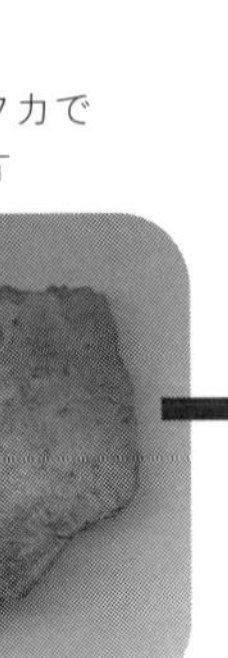

ブラバの博物館にある
中国製の壺

記の交易品を見ると、米や酒などの食料品を運ぶ際にも、そのような壺が利用されていたものと考えられる。

わたしがノヴォイリノフカで見つけた壺の欠片は間違いなく中国から運ばれてきたものであることが確かめられた。わたしはまた一歩、デレンに近づけたと感じた。

ブラバでは現在、芸術学校などを中心に、先住民としてのアイデンティティを取り戻そうという活動が続けられているという。わたしはクイサリさんと握手をして別れた。

アムール川流域に暮らすアイヌの末裔は、残念ながら林蔵との直接的な接点はなかったようだ。だが、蝦夷地とサハリン、そして大陸の間で人と物が活発に往来し、蝦夷地からユーラシア大陸に渡ったアイヌが本当にいたことが確かめられたのは収穫だった。北方にはスケールの大きな交易路が開け、人々が活発に往来していた時代があったのだ。

イワンさんの家で夕食をご馳走になり、お風呂を使わせてもらった。シベリアではログハウス内をサウナのようにストーブで熱し、椅子に腰掛けながらお湯で身体を洗い流す。久しぶりの熱い風呂に心身ともにさっぱりとした。

外に出ると満天の星。瞬く星影を頼りに船へと戻った。大きく低空にかかった北斗七星に手が届きそうだ。

林蔵を導いた北斗七星

一八〇九（文化六）年八月、林蔵の旅も終わりが近づいていた。

二日、アムール川河口に近いワーシを船で出発し、海岸を南下する。

七日、海峡を渡ってサハリン島のワゲーに上陸。さらに南下を続けてラッカを通過し、翌八日、ついに出発地のノテトに帰着した。出迎えたのは懐かしい顔、顔、顔。出発の際に残していったサハリンアイヌの従者も林蔵の帰りを待っていた。二人は抱き合って、互いの無事と再会を喜び合った。

林蔵がノテトを去るのは同月一一日。彼は旅をともにしたコーニをはじめ、皆に感謝の言葉を述べた。船は舳先を南の日本へと向けた。

暗くなるといつものように夜空には大きな北斗七星がかかった。わたしはそれらを前にふと考

写真4-4 北斗七星の星影はアムール川に落ちていた。

えた。林蔵を北へと導いたのは、その七つの星だ。振り返れば、林蔵が探検で出会ったのは大地に生きる北の七族でもあった。北海道のアイヌ、サハリンアイヌ、ウイルタ、ニヴフ、ウリチ、ナナイ、ウデヘ。夜空に輝く星々のように、様々な民族が暮らす北の大地で身近に接した彼らは、林蔵にとってまさに輝ける北の七つの星だったに違いない。

世界地図に名を残すことになった間宮海峡の発見。無論、それは疑いもなく輝かしい功績だ。しかし、彼の探検に迫り意義を問おうとすると、その「間宮林蔵＝間宮海峡の発見者」という常識が死角となって見えなくなる部分があることに気づかされる。ナニヲー到達が褒めそやされる一方、使命だった東海岸へ行けなかった事情はどちらかというと曖昧に扱われてしまったからだ。わたしはそこに大きな落とし穴があるように感じていた。

教科書的な常識にとらわれず、状況を冷静に見つめ直してみると、林蔵にとってナニヲーは通過点のひとつに過ぎず、栄光の地ではない。いやむしろ、探検隊が破綻し、撤退を余儀なくされた敗北の地だったと見るべきだ。同時に、それが林蔵に大きなターニングポイントをもたらす。探検を不朽のものとしたのは、むしろその時の挫折だった。

彼は諦めることなく這い上がっていく。悔しさをバネにしてノテトの首長コーニの下で仕事を積極的に手伝い、現地社会に溶け込んでいった。

デレンへの旅を可能にしたのは、現地の人々からの惜しみない協力だった。異なる言葉や文化を持つ人々が彼に力を貸したのは、林蔵が彼らに歩み寄り現地社会に溶け込んだからである。それは間宮海峡発見の壮挙にも重なる。彼が狭く浅い海峡を突破できたのは、現地人と現地のサンタン船で旅をしたからであり、大型船でやって来る欧州の探検家にはそれがなかった。

現地の人と歩む。そこに成功の秘密と計り知れない意義がある。林蔵の北方民族との交流は今なお光彩を放ち続けている。

曳船を待つ

林蔵を追跡したわれわれの旅も目的を果たし、帰路につく。

九月一九日。アイヌの末裔と出会ったブラバから起点のハバロフスクまではおよそ六五〇キロメートルになる。船はエンジンを全開にして走ったが、のろのろとしか進まず、ガソリン計の針はみるみるうちに〝空〟のほうに傾いてしまった。川の遡航(そこう)は想像以上に大変だ。

翌二〇日、ソフィスクにたどり着いたところでユーリさんが辞書の中の単語をわたしに差し示した。その訳語を見ると「曳船(えいこう)」という意味だ。ガソリン不足やエンジン不調のため、今後は船に曳航してもらってハバロフスクまで戻ろうということらしい。自力では進めないのか……と、不安を感じつつも、船のことは彼に任せるしかない。

ソフィスクの船着場に停泊し、われわれは曳航してくれそうな船を探した。車で言えばヒッチハイクみたいなことだが、確率はたぶんそれより低いだろう。しばらくして二艘の小型船が近くを通りかかった。われわれは全速力であとを追いかけ、ルドミラさんが甲板に出て白旗を振った。それに気がついた船員が顔を出した。

「どこまで行くのですか？　曳船してほしいんです！」

ルドミラさんがそう話しかけたが、二言、三言、言葉を交わしただけで、あっさりと断られてしまった。曳船はガソリンを譲ってもらうこと以上に難しそうだ。

二艘の船を追いかけて上流へと走らせてしまったので、仕方なく先のツメルマーノフカまで自力で進んだ。船着場には大きな材木船が停泊していた。希望が持てるかもしれない。ユーリさんはすぐに出かけていったが、五分もしないうちに戻ってきた。残念ながらそれは反対側の河口へと下る船で、行き先は「サカイミナト（鳥取の境港）」だという。アムール川に来たわたしはそれまで、日本からとても遠い場所に来たような感覚に陥っていたが、日本は案外近い所にあるのだと知らされる。

日本行きの材木船が去ると、船の往来はなくなった。ただじっと待つことほど辛いことはない。あの船に乗り込めば日本に帰れたはずなのに……と郷愁の念さえ立ち上がる。心ならずもわれわれはほぼ丸二日、何をすることもなくツメルマーノフカに留まり続けることになった。

「前へ進むべきではないか」

当てもなくじっと待ち続けるぐらいなら前進したほうがよい。三日目となり、わたしはユーリさんに詰め寄った。

「ガソリン　ナイ」

相変わらずその一点張りだが、ユーリさんは朝晩すっかり冷え込むようになったことが気にかかるらしい。秋になると川の凍結を待たず大型船の運航は冬期休業となる。ここ二日間、船影を見ないのは、そのせいかもしれない。不安と焦りに追い立てられるように、われわれは先へ進むことにした。

ところが、船がまた川の浅瀬に激突、乗り上げてしまった。何ということだ。じっとしていたほうがよかったということなのか！

もう愚痴をこぼしてもいられない。われわれは前回同様、ガソリン缶を下ろし、シャベルで船底の泥をかき出した。考えられることを全て試みたが、船は根を下ろした大木のように微動だにしない。

やがてユーリさんは何かを思いついたらしく、腰まである長靴をはき、斧を持って近くの茂みへと入っていった。そして長さ三メートル、直径二〇センチメートルほどもある木を切り倒した。その丸太を船の底に差し込み、梃子（てこ）の原理で船を動かそうということらしい。そんなにうまい具合にいくだろうか。

われわれは丸太を垂直に立てて、船底と川底の間にゆっくりと差し込んだ。川に立つユーリさんの合図で、わたしとルドミラさんが丸太を手で引っ張った。何度かやったがうまくいかない。そこで今度は、丸太を川底に対して斜めに差し込み、丸太にくくりつけたロープを引いてみた。丸太は大きくしなったが、船は微動だにしない。そのまま無理に力を入れれば船が壊れてしまうかもしれないし、怪我をするかもしれない。取り返しのつかないことにならないよう、慎重に、少しずつ位置を変えながら引っ張り続けた。すると、ついに船がゆっくりと動き始め、水面に浮かんだ。やった！　丸太で七トンもある船を川底からほじくり出すことに成功したのだ。

脱出後、われわれはゆっくりと船を進め、夕方までに何とかヤーゴドンビーに到着した。船着場には大型船が停泊していた。情報収集から戻ってきたユーリさんの話を聞いてわたしは驚いた。その大型船もガス欠となり、曳航船が来るのを待っているところだという。大型タンカーでさえガス欠になるとは！

それでもなぜか彼の表情は明るかった。その船の目的地がハバロフスクだと知った彼はここぞとばかりに船員と話をつけ、救いの船が来たらわれわれも一緒に曳航してもらえるよう話をつけてきたという。

「イッショニ　ハバロフスクヘ　カエル」
ありがたい。われわれは元気を取り戻し、ボルシチを作って食べ、救いの船が来るという深夜を待つことにした。

普段、日が暮れれば寝るしかないわれわれだったが、その夜は星明かりの下、暗い水平線をじっと見続けた。深夜、日付が変わるちょっと前に、煌々（こうこう）とライトを照らしながら巨大な貨物船が近づいてきた。まるでどこかの星から飛来した宇宙船のようだ。曳船は珍しいことではないらしく、船同士を結びつける準備は手際よく進められた。

ところが、いつまで経ってもわれわれに声がかからない。ユーリさんは不安な表情で出かけていったが、すぐに戻ってきた。どうやら迎えに来た船の船長が「何の義理もない」とわれわれの希望を一蹴したという。やがて二隻の大型船は港を出ていってしまった。

裏切られた！　怒りの持って行き場がない。こうなればただ、ふて寝するしかない。

翌日、近くを歩いて電力会社を見つけた。ありがたいことにガソリンを譲ってもらえるというので、われわれは空になったガソリン缶を五つ荷車に載せて持って出かけた。ところが期待に反し、もらえたのは一缶のたった三分の二だけ。この分量では、どこにも行けやしないではないか。わたしは馬鹿にされたような気持ちになったが、これが現実なのだ。

落胆したわれわれに追い打ちをかけるように、急に冷雨が降り出した。鉛のような雨粒が空のガソリン缶を叩く。カツン、カツンという音が心にまで穴を開けてしまいそうだ。気温が一気に下がって吐く息は白くなった。船の薪ストーブに火をつけると少し救われる思いがした。だが他に何もすることがないまま、ただじっと一日をやり過ごす。

翌朝、三人で今後のことを話し合った。われわれは曳船を諦めた。ぐずぐずしていたら雪が降り出してしまう。

「マエヘ　ススム　コムソモリスクデ　ガソリン」

一番近くにある給油所はコムソモリスク・ナ・アムーレだ。そこまでは一二〇キロメートルあまり。流れが穏やかな分流を選び、ガソリンを温存しながら進めば手持ちの分量でも行き着けるはずだという。ただし、浅瀬につかまることだけは避けねばならない。われわれは手もとに残っていたわずかのガソリンを全て船に給油すると出発した。

流れの速い本流を避け、分流を選びながら前進していく。分流に入り込んではみたものの、底が浅くなっているため引き返したこともあった。それでも、われわれは夕方にはどうにかコムソモリスク・ナ・アムーレに到着した。夜遅くまでかかってガソリンスタンドと船を何往復もして給油を終えた。重労働だったが、これで明朝すぐに出発できる。もうハバロフスクまでガソリンは心配はいらないはずだ。

ところが目が覚めると、濃霧がわれわれの行く手を阻んでいた。わずか一メートル先も見えないホワイトアウトだ。ここで不用意に船を先に進めれば、川の浅瀬につかまる可能性は高くなる。祈るような気持ちで霧が晴れるのを待つ。

絶体絶命のエンジン故障

午前一〇時、われわれは霧が完全に晴れるのを待ちきれず出発した。ところが三時間半ほど走ったところで、ユーリさんは船を緊急停止させた。エンジンの熱が異常に高くなっているという。エンジンルームを開いた途端、内側にこもっていた熱とガソリン臭が立ち上ってきた。ガソリンは黒く煤けてどろどろになり、辺りに噴きこぼれている。フィルターが詰まってしまったらしい。

わたしは不安になって尋ねた。

「替えのフィルターはあるのですか？」

「ナイ」

「じゃあ、どうするのですか！」

「ナオス」

「直す!?」

船のエンジンが故障すると、事態は悪いほうへと向かい始めた。飲料水が底をつきかけているという。

「イケヲ　サガシテ　ミズヲ　モッテキテ」

アムール川の水は有毒物質に汚染されているため飲むことができない。そのため安全な水を池から運んできてほしいということらしい。水を採取する前に、池に川の水が流れ込んでいないことを確かめるようにと念を押された。

　ユーリさんはわたしにそう伝えると地図を開いた。

「イマ　タブン　ココ」

　その地図を見てわたしは愕然とした。アムール川本流の周りには分流や支流が入り乱れ、大小無数の池や沼、湿地帯がパッチワークのように敷き詰められている。まるで大洪水が起きた後の世界を見るようだ。ユーリさんが指し示すわれわれの現在地はそのど真ん中だった。近くにイノケンチェフカという集落はあるが、大きな島の向こう側だ。

　わたしは腰までの長靴をはき、防虫ネットをかぶると、バックパックに空のポリタンクやペットボトルを入れて出発した。地図によれば、川岸からさほど遠くないところに池があるらしい。自分の背丈よりもはるかに高い草をかき分け、茂みの奥へと進む。草地とはいえ平坦ではなく凸凹があって歩きづらい。また、ところどころぬかるんでいるため、足を取られて何度か転びそうになった。案の定、蚊も大群で攻めてきた。

　しばらく進んで池を見つけた。周囲をひと回りして注意深く観察してみたが、川が流れ込んでいる様子はない。この池なら水は安全だろう。ところが、ポリタンクに水を入れようとして水面に近づくと、池の辺りにはそれとはわからないように湿地帯が広がっていて、底なし沼のようになっていた。両足が泥にはまりかけたので、わたしは慌てて身を翻して難を逃れた。池とはいえ、水際がそのような具合だから、水を採取するのも容易ではない。腹ばいになって持ってきたポリタンクやペットボトルに水を入れた。濁った水しか採れないが、濾して煮沸すれば飲めるだろう。

何とか水を確保して船に戻ると、ユーリさんの表情が明るい。彼は友人のニコライさんと携帯電話で話し、新しいエンジンのフィルターをハバロフスクから届けてくれることになったという。彼はわれわれが出発した直後にも、船の部品を手に入れるために協力してくれたことがあったが、ハバロフスクから約一六〇キロメートルも離れたこの場所に届けてくれるというのだから、感謝してもしきれない。部品を交換すれば今度こそ船は快調に進めるだろう。

夕方、ニコライさんがボートでやって来た。ハバロフスクから車で数時間がかりで近くの村までたどり着き、漁師に話をつけてやって来たという。

「コレデ　ダイジョウブ」

「今度はハバロフスクで会おう」

そう言うと、ニコライさんは再びボートに乗って帰っていった。

さて、われわれも出発。ところがしばらくしてユーリさんは、船から異常な音が響くことに気がついた。エンジンルームを開け、あっと声を上げる。最悪だ。黒く煤けたガソリンが止めどなく噴出し続けている。ユーリさんはエンジンを止め、ニコライさんをつかまえようと携帯電話を手にしたが、電波が途切れてつながらなかった。

われわれがいる場所は携帯電話の電波の圏内と圏外、その縁に位置しているようだ。近くにあるイノケンチェフカの集落から電波が届く時もあるが、ほとんどの場合、携帯電話は圏外になっている。

気がつけば周囲は暗くなり、とっぷりと日が暮れてしまっていた。ありあわせの食べものを胃て眠れなくなるほどだ。

に詰め込み、早々にベッドに横になる。気温はだいぶ下がり、寝袋の上に毛布をかけないと寒くて眠れなくなるほどだ。

翌二七日。ユーリさんはわれわれに船のエンジンはもはや修理不能だと告げた。

大型船が川の向こう岸を通りかかるのを見つけたルドミラさんは、操舵室の屋根に上がって白旗を振った。わたしも「オーイ！」と大声を張り上げる。

だが、船は無視するかのように、素通りして行ってしまった。われわれの存在に気がついていないのだろうか？　あるいは悪戯だとでも思っているのか？　わたしはユーリさんに尋ねた。

「無線機はないのですか？」

「コワレタ」

「それでは発炎筒は？」

「ナイ」

無線機は数年前に壊れたきりだし、発炎筒はこの前ガソリンの取引をする時、合図のために使い果たしてしまったという。通信手段が途絶えてしまえば、大河の真っ只中で遭難したも同然だ。ここで待っていても誰かが救ってくれる保証はない。

考えてみれば不思議な話だ。目の前を船が通り過ぎる、集落も近くにある。差し迫る危険がないわれわれは遭難者であろうはずはない。

携帯電話の電波が届く時は、昨日ニコライさんが来てくれたように、近くの集落から漁船をチャーターして救援物資を届けることも可能だ。ところが電波が通じない時は、そこは文明とは切り離されたワイルドな世界に早変わりしてしまう。携帯電話の電波がほとんど圏外になり、エンジンが壊れた船で川を漂うしかなければ、やはりわれわれは漂流者以外の何者でもないのだ。

わたしはようやくアムール川がどういう場所かわかりかけてきた。ここは便利と不便、安全と危険、文明と僻地、その両極端が隣り合わせに存在している摩訶不思議な場所なのだ。

遠くに大型船を見つけると、ルドミラさんは船の天井に駆け上がり、白旗を振った。だが、反

写真4-5
操舵室の屋根に上り大型船に白旗を振るルドミラさん。

応はまるでない。これではやはり、われわれは漂流者だ。

　そのような奇妙な境遇に加え、ユーリさんはたまに胸を押さえて、苦しそうな表情を浮かべ出した。

「どうしたのですか？」

　わたしの質問に彼は、実は最近、心筋梗塞のバイパス手術を受けたばかりなのだと答えた。この期に及んでそれを聞かされると、わたしもショックを隠しきれない。

　やがて彼は船倉の奥に這い込んで、銃を取り出してきた。何を考えているのだ！　わたしは蒼ざめた。

　よく見ると、それは空気銃のようだ。だが、銃は銃。ユーリさんは船が近づいたら合図のため発砲するのだというが、さすがにそれには抵抗を感じ、わたしは反対した。注意を促すための発砲とはいえ、攻撃だと誤解されたらどうするのか？　相手だって船室に何を持っているかわからないではないか。

　わたしは、二人が持つ携帯電話の電波が通じないことを確認すると、日本から持って来た虎の子の衛星携帯電話をバッグから取り出した。それをユーリさんに渡し、ニコライさんやアメジスト号のワシーリ船長など、助けてくれそうな人に電話をかけるようお願いした。

　衛星携帯電話は大気圏外を飛ぶ衛星を介して通話するため、地球上どこでも使えるはずの電話機だが、ロシアではなぜか手こずった。国や地域、あるいは受ける電話会社によって、番号の前につけたり、省いたりする数字が異なるのだ。また、運よくつながっても、すぐに切れてしまう。

これは衛星携帯電話の不具合というよりも、電話を受ける側の携帯電話の電波状況の不安定さに左右されているようだ。かけ直し続けているうち、電池は減っていく。文明の最先端の機器を手に、言いようのない空虚さを覚える。それでもわたしは衛星携帯電話に一縷の望みを託していた。つながりにくいからといって諦めてはならない。

だが、衛星携帯電話でも思うようにはいかず、われわれは事態を自力で打開するしかないという結論になった。

ユーリさんは地図をわたしに示し、意を決したように言った。

「ココニ　イク」

彼は対岸にあるイノケンチェフカを指している。そこはわれわれがいる川の北側から直線距離にしてわずか五キロメートルほどだが、大きな島を隔てた反対側の南岸にある。

でもどうやって？

「テデ　コグ」

ユーリさんは綿密な計画を練った。われわれは七トンの船を、島を隔てた向こう側にあるイノケンチェフカまで無事に進めなければならない。島は南北二・五キロメートルほども陸地が続くため、現在地からイノケンチェフカの集落は視認できない。当然のことながら、エンジンが壊れた船は上流から下流へ漂うことしかできない。ユーリさんの作戦はAとBの二段階に分かれる。

A　川の流れに逆行しながら、船をできるだけ上流に運ぶ。

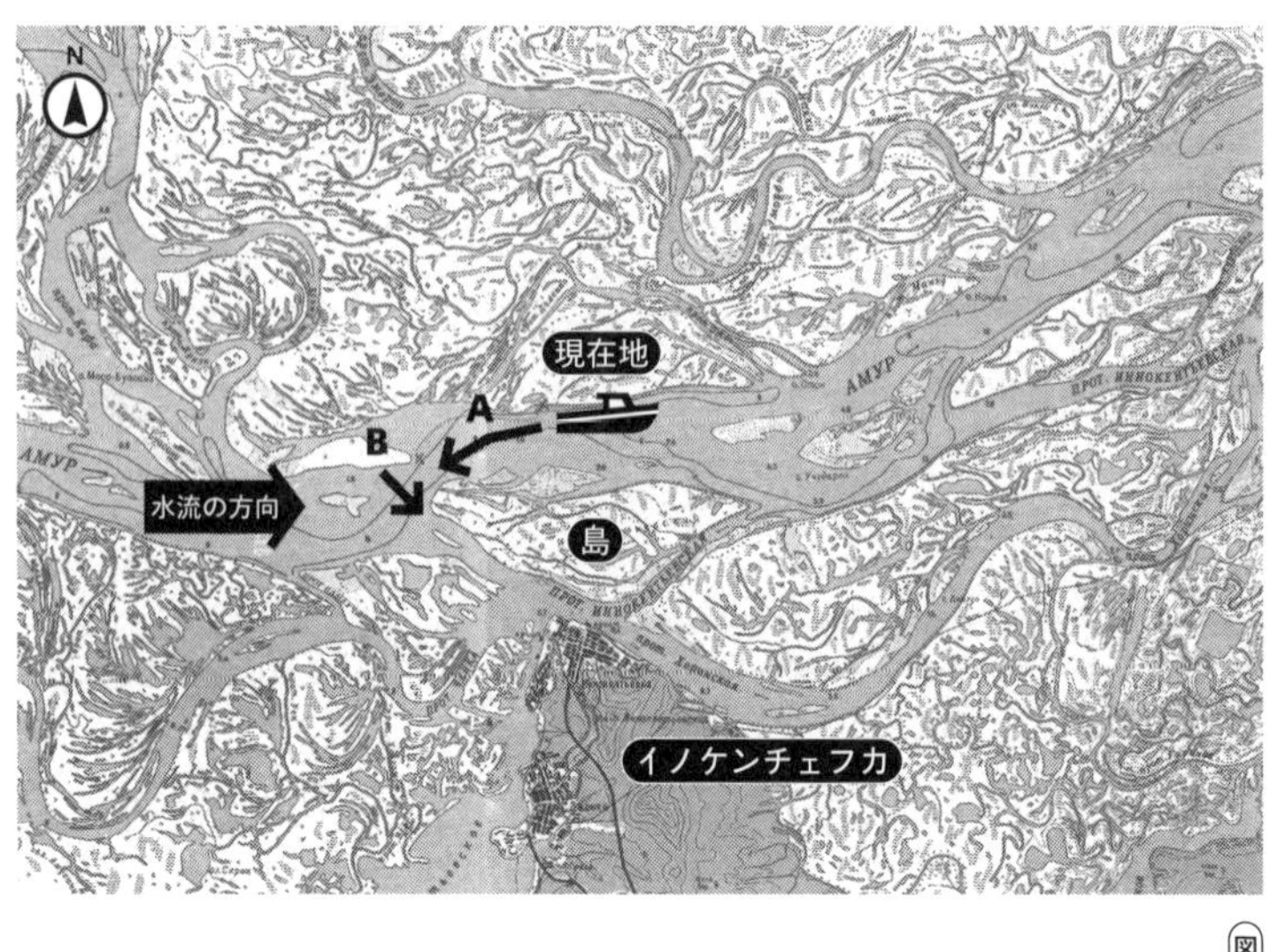

図4-3 脱出計画
［出所］ロシア製地形図（同前）

B　船を川の流れに乗せて舵を取りながら漕ぎ、島の反対側にあるイノケンチェフカへ。

川の流れは時速五キロメートルだ。だが、場所によっては速いところも、遅いところもあるだろう。もし、急流につかまってどこかに流されたり、川の浅瀬にはまってしまったら、一巻の終わりだ。最悪は沈没だってあり得る。危険な賭けだが、それ以外に自力でその場から脱出する方法はないのだ。

われわれは覚悟を決め、行動に移った。まずは作戦A。船を上流へと運ぶ。ユーリさんが岸に上陸してロープで船を引き、船上のルドミラさんとわたしが押し棒で川底を押した。

逆行する水流の抵抗を感じつつも、船は川をゆっくりと遡った。

だが、そのうち水深が深くなり、押し棒が川底に届かなくなった。船に戻ってきたユーリさんは非常用ゴムボートに空気を入れて膨らませた。その作業を終えるとわたしに「コレハ　タカハシサンノ　ドウグ」と言って、シャベルを手渡した。押し棒が使えないので、船を漕ぐ櫂の代わりにこれを使えということらしい。船にある一本の櫂をルドミラさんが使い、わたしはシャベルで船を進める。

ユーリさんは準備を整えてゴムボートに乗り、本船につないだロープを伸ばしながら先へと漕いでいった。その姿はまるで特殊部隊の兵士のようだが、現に彼は若い頃、海軍に所属していたという。彼は上流の岸辺に上陸するとロープを引き、手を上げてわれわれに合図した。

ルドミラさんとわたしは櫂で船を漕ぎ始める。船はゆっくりと前に進み始めた。鉄のシャベルは重く、漕ぐたびにわたしは歯を食いしばった。中腰のまま力仕事を続けているせいか、腰に負担がかかってくる。だが、ここで手を休めたら船は元いた場所に押し流されてしまうだろう。

われわれの船が近づくと、ユーリさんはロープを引いて川岸を歩き始めた。地面はぬかるみ、彼は何度もバランスを崩して倒れた。そのようなことを繰り返し、気がつけば二時間が経過した。進んだ距離はようやく二キロメートル。流れに逆らっているためか、へとへとに疲れた。われわれはひと休みして昼食をとった。

その間、わたしは衛星携帯電話の電源をつけ、再びユーリさんに電話をかけてもらった。すると、ワシーリ船長とうまく電話がつながった。ユーリさんが早口で窮状を訴えると、船長は今わ

写真4-6 脱出作戦を始める。川の流れに逆らい7トンの船を上流へと運ぶ。

れわれがめざしているイノケンチェフカに自分の叔父が住んでいると言った。だが、今後の段取りをしゃべろうとした時、通話が途切れてつながらなくなった。ため息が漏れる。われわれは長引いた休憩を終え、脱出作戦を再開することにした。

ユーリさんが立案した脱出計画のうち、午前中だけで作戦Aは半分ぐらいしか遂行できていない。われわれは船をさらに上流へと運ぶ必要があった。

ところが、この先の沿岸はぬかるんだ場所が続いているため、これまでのように岸からロープで補助することはできそうにない。そこで今度は三人が船上で櫂を漕ぐ。ユーリさんもシャベルを手にした。もし急流につかまれば船はどこかに流されてしまうだろう。とても危険な難所だ。重いシャベルを持ち替えた時、わたしはそれを川に落としそうになった。ここで大切な櫂を失ったら、替えはもうない。そうなったらさらに窮地に立たされることになる。わたしより年齢が三〇歳ほど上の二人はとても大変そうだ。そんな必死の行軍を尻目に、時折、鮭が水面に飛び上がり、パシャリと音を立てた。

われわれは粉骨砕身、二時間漕ぎ続けてさらに二キロメートル上流まで船を進めた。わたしはシャベルを投げ出して、甲板に大の字に仰向けになった。気がつけば夕闇が迫っている。このまま今晩もここで闇夜の中に没していくのか……。

ワシーリ船長に再び衛星携帯による電話連絡を試みたが、電波が通じない。電話機の電源を消す前、ふとわたしは日本にいる妻のことを思った。今頃、どうしているだろうか。電話をしてみようと思ったが、ここで窮状を訴えたところで、事態は何も打開しない。しかも救出を求めるためには衛星携帯電話の電池や通話可能時間を温存しておかなければならない。わたしは躊躇(ためら)ったが、電話機のダイヤルを押した。せめて一分。いや、三〇秒。

電話に出た妻はわたしが置かれている状況を聞き、驚いていた。しかし、留守中の近況を伝えてくれて、「祈っている」という言葉で電話が切れた。何気ない日常の話をしてくれたことがわたしには力になったが、彼女は今頃きっと不安で居たたまれなくなっているに違いない。

暗い夜空を見上げると、北斗七星が瞬き始めた。

ハバロフスクの町の灯

午後八時、われわれはろうそくの火を見つめながら今後のことを話し合った。今日は川の沿岸を四キロメートルほど上流まで遡った。明日はいよいよアムール川の流れに身を任せながら船を漕ぎ、対岸の集落をめざすことになる。川の流れにうまく乗れればいいが、運任せの危険な挑戦であることに変わりはない。天候や風向きなども味方につけないといけないだろう。

覚悟を決めたちょうどその時、遠くからボートのエンジン音が聞こえてきた。外から誰かが叫ぶ声がする。

「おーい、誰かいるか?」

慌てて外に出ると、懐中電灯を手にした男がこちらを照らしていた。

「ここだ、ここにいるぞ」

そう返事したユーリさんを見て男は言った。

「ワシーリから聞いたんだ」

やって来たのは、ワシーリ船長の叔父さんだった。

その日の昼、ユーリさんとの電話が途切れたワシーリ船長は、心配してイノケンチェフカにいる叔父のサーシャ・ラパーヒンさんに連絡をしてくれた。偶然、近くの町に親戚がいることも幸いしたが、こうやって船で捜索に出てきてくれなければ、われわれはどうなっていたかわからない。飲料水はすでに底をつきかけていたし、食料も残りわずかだった。ラパーヒンさんの小船に曳航され、われわれの船も動き始めた。彼はわれわれにペットボトル入りのビールを投げてよこした。ぐっと呷ると、気が抜けたビールの味も格別うまく感じられる。わたしは夜風を切りながら進む船上の感覚に安堵と開放感を感じた。

われわれは無事にイノケンチェフカの港にたどり着き、上陸した。改めてほっと胸を撫で下ろす。ラパーヒンさんは港から歩いてすぐのところにある自分の家にわれわれを招き、熱い風呂をすすめてくれた。奥さんが急ごしらえしたご馳走と何杯ものウォッカで夜遅くまで無事を喜び、労をねぎらってくれた。

翌日、船の技師を呼んでエンジンを見てもらう。部品の一部が磨耗していたが、それを新しいものに替えるとエンジンはそれまでのことがまるで嘘のように快調な音を上げた。準備を整え、イノケンチェフカを出発する時がきた。われわれは港に見送りに来てくれたラパーヒンさんの姿が見えなくなるまで手を振った。

ハバロフスクの夜景が水平線上に見えてきたのはそれから二日後のことだ。夜の町は眩しいくらいに輝いて見えた。

振り返れば、復路は散々な旅路だった。蚊の大群、押し寄せる寒気、ガソリン不足。船のエンジンは壊れ、飲料水もなくなりかけ、しまいには七トンの船をシャベルで漕ぐ羽目にもなった。

船出したハバロフスクの船着場が見えてくると、これでもう何も心配する必要はないのだと胸を撫で下ろした。港ではニコライさんがウォッカを持って出迎えてくれた。船室で瓶を開け、四

写真4-7　ユーリさん、ルドミラさんと三人で。

人で乾杯する。エンジンのフィルターを届けてくれた後の顛末を詳しく聞くと、ニコライさんは悔しがった。わたしは最後にここでこうして皆と笑顔で過ごせることが嬉しかった。

　翌日、船の後片づけなどが一段落つくと、ユーリさんはパソコンに向かい、翻訳機に文字を打ち込み、わたしに見せた。それは追加請求だった。買うことになった船の部品、ニコライさんが車と船で運送するためにかかった費用やガソリン代。救出してくれたラパーヒンさんへの謝礼や経費など、足し上げるとその金額になるという。常識的に考えて、船の管理は船長である彼の責任であり義務のはずだ。壊れた船の部品までなぜ払う必要があるのか。

パソコンの翻訳機を介してやりとりが続いたが、議論は平行線をたどるだけで、お互い感情的になりかけてしまった。そこでわたしは自分ができること、したいことをユーリさんに伝えた。

「助けにやって来てくれたニコライさんやラパーヒンさんにはわたしからもかかった経費ばかりか、謝礼をしなければならないと思っている。ここは追加額を折半しようではないか」

するとと妥協案に、ようやくユーリさんも納得した。

二〇〇六(平成一七)年一〇月二日、わたしはユーリさん、ルドミラさんと笑顔で別れ、日本に帰国した。

第五章
持ち去られた古地図

伊能忠敬の期待

一八〇九（文化六）年九月、林蔵はサハリン島、東韃地方への探検を終え、宗谷に帰り着いた。苦難に満ちた越冬生活のため、指はことごとく凍傷にかかり、その形が変わっていたとさえ言われる。

彼は帰国の翌年、幕府に地図と探検記を献上し報告を行なった。前出のとおり、現在、東京の国立公文書館に保管されている「北蝦夷島地図」や『北夷分界余話』『東韃地方紀行』などがそれにあたるとされる。

報告に対して、幕府からは老中牧野忠精（ただきよ）より格別の御沙汰があり、褒美や特別手当が与えられた。一説には病気にかかり、退職を願い出たところ一生無役とされたとも伝えられる。

帰国から二年後、林蔵は松前奉行支配調役下役格に昇進した。これまでの踏査や測量の腕を評価され、蝦夷地の地図作りが任務として与えられたのだ。その出発前、林蔵は江戸にいた伊能忠敬を訪ね、緯度の測定法について教えを受けた。忠敬は日本全土の実測地図「大日本沿海輿地（よち）全図」を完成させるべく東奔西走を続けていたが、その時は九州へ出発する直前だった。

二人が初めて会ったのは、林蔵が村上島之允の従者となって赴任した蝦夷地だった。あれから一〇年。当時二〇歳そこそこだった青年はたくましく成長していた。忠敬は林蔵が蝦夷地測量を完成させてくれることを期待した。それまで忠敬が行なってきた蝦夷地での測量は一八〇〇（寛政一二）年に行なった太平洋に面した南岸だけだった。忠敬は残るオホーツク海岸と日本海岸の測量を計画したが、予算の関係で実現できなかった。日本全国を網羅した地図を完成させるには、手つかずのまま残る蝦夷地の北岸を測量しなければならない。現地の寒さに耐えて仕事を完成させることができるのは、彼しかいないだろう。林蔵に白羽の矢が立てられたのだ。

従来、林蔵が測量したのは忠敬がやり残した日本海沿岸とオホーツク海沿岸と考えられていた。ところが伊能図等の調査を行なう伊能忠敬研究会（東京都）は、完成した伊能図の蝦夷地の地図は全域が間宮林蔵の測量データに基づいている可能性を指摘した。忠敬が測量した蝦夷地南岸の地図は二〇年後に完成した伊能図と海岸線の距離にずれがあることがわかった。忠敬は林蔵の能力を評価して、蝦夷地南部の再測量を依頼したのではないかという（「伊能忠敬の地図　間宮林蔵が北海道全域を測量か」日本経済新聞デジタル版　二〇一四年八月一八日）。

忠敬は林蔵の求めに応じ、一筆書き贈った。

「古人は言う。世に非常の人があって、非常の功がある。非常の功は成しがたいが、非常の人はもっと得がたい。（中略）幕府はそんな林蔵の功績を偉として、さらに蝦夷地へ入り、測量することを命じた。（中略）彼は余（忠敬）について測極量地の術を学んだ。彼と親しむこと師父のようである。（中略）行け、倫宗。その職をよくおさめ、非常の功をなし、お国のために資するのだ」（「間宮倫宗に贈る序」、『地学雑誌』一八九号所収　東京地学協会）

漢文で書かれたこの一文は、蝦夷地へ測量に向かう林蔵へのいわば激励メッセージだ。林蔵より三五歳年上だった忠敬は、年齢的にも父親のような存在と言っていいだろう。

大きな仕事を前に蝦夷地へ渡った林蔵だったが、思いがけない事件が起こった。一八一一（文化八）年、ロシア軍艦ディアナ号が国後島に来航し、駐在していた日本の守備隊によって捕らえられた。艦長ゴロヴニンをはじめ乗組員は、松前に身柄を移され、取り調べを受けることになった。

四年前、ロシア人から択捉島の会所を襲撃された幕府は、彼に来航の目的をただした。当時、現場で襲撃を受けた経験を持つ林蔵も、赴任地松前に到着するとゴロヴニンのもとに出かけた。そして尋問だけでなく、自らのサハリン島などへの探検や択捉襲撃事件の際の武勇伝を語って聞かせ、また、ロシア人からは経度の測量法を聞き出そうとした。林蔵は忠敬から緯度の測定法を学んでいたが、経度の計測法についても会得したいと考えていたのだろう。しつこく迫ってくる林蔵のことをゴロヴニンは後に『日本幽囚記』（井上満訳）の中で「われわれの大敵」と書いている。

それでも幕府は、ゴロヴニンに日本を攻撃する意思がないことを確かめた。さらに、かつての襲撃は海賊の仕業であり、ロシア政府とは何ら関係がなかったという釈明を受け、一行を釈放することにした。

林蔵はその決定に反対だったようだが、事件が解決すると蝦夷地での測量を始めた。そして一八一三（文化一〇）年頃から一八一七（文化一四）年まで、四年ほどの歳月をかけて蝦夷地沿岸全域を網羅し、伊能図のための蝦夷地測量を終えた。林蔵はその後、蝦夷地内陸の測量を続け、地図制作の作業にかけた年数は八年ほどに及ぶ。残念ながら、その時の実測野帳はすでに失われ、林蔵が蝦夷地でどんな日々を送ったのかを知ることはできない。

彼が江戸へ戻ってきたのは四三歳になる一八二二（文政五）年だった。ゴロヴニン事件の円満解決を発端にロシアと友好関係が築かれたこともあり、松前奉行は一八二一年に廃止された。蝦夷地沿岸の測量を終え、内陸部に取りかかっていた林蔵も江戸に転勤となった。そして普請役に昇格し、異国船や密貿易などの調査を新たな任務として与えられた。普請役は主に土木工事を司る役職だが、それらの仕事で各地を回ることから、異国船や密貿易の調査に関わることもあったようだ。

隠密となった林蔵の後半生には謎めいたイメージがつきまとう。いや、イメージばかりではなく、現実に暗い影を落とすできごとが起こった。

シーボルト事件

林蔵が蝦夷地から江戸へと転勤になった翌年の一八二三（文政六）年。長崎出島のオランダ商館に医官フィリップ・フランツ・フォン・シーボルトが到着した。日本に関する総合的研究を内々の使命として与えられていた彼にとって、蝦夷地以北の地理は大きな関心事のひとつだった。サハリンは島なのか、半島なのか。欧州各国の探検家がその謎に挑んだが、いまだに様子がつかめていなかった。

ところが、来日したシーボルトは、間宮林蔵がすでに踏査を成功させていることを聞き知った。

しかも、地図まで完成させているという。

一八二六（文政九）年、シーボルトは江戸参府し、書物奉行兼天文方の高橋景保と会った。景保が管理に関わっていた江戸城の紅葉山文庫には、徳川家康の蔵書を基礎に歴代将軍が集めた和漢古書が収められており、幕府に献上された林蔵の北方図や探検記も保管されていた。シーボルトは五月七日、景保と会った時のできごとを『江戸参府紀行』（『日本』所収　シーボルト著）にこう記している。

「（景保は）蝦夷・樺太のすばらしい地図を私に見せた。サンガル海峡を津軽海峡と呼んでいる。樺太とアムール河の河口の間は間宮の瀬戸という。私は高橋を通じ（中略）間宮林蔵の日記、樺太の記述をもらう約束をとりかわす」

当時、鎖国下にあった日本にとって国土の地図は最高機密であり禁制品だった。外国人との受け渡しが発覚すれば重罪人として処罰を受けることは免れない。なぜ景保はシーボルトにそれらを見せるだけではなく、与えることまで約束したのだろう。

景保の心を動かしたのは、一冊の探検記だったとされる。彼はシーボルトが持っていた文献の中に、ロシア人探検家クルーゼンシュテルンの『世界周航記』を見つけると、たまらなく欲しくなった。

幕府から日本版世界地図の制作を命じられていた景保は、「日本辺界略図」（一八〇九年）、「新訂万国全図」（一八一〇年）などの日本近海図や世界全図を編纂していた。しかし、それらには満足のいかない部分があった。「日本辺界略図」ではサハリン島の北西から北東部の沿岸が破線になっている。他の場所は実線で示され、地名がびっしりと並んでいるので、なおさら目立つ。

そんな景保はクルーゼンシュテルンの本を見て、自分の地図の空白域は、すでにそのロシア人によって測量されていることを知った。それを手に入れれば自分の地図を完成させられる。さらに、ロシア人の北東アジアに関する知識や関心の度合いを察することで、幕府の上層部に国防上極めて重要な提言もできるに違いない。シーボルトと景保、二人の利害は一致し、様々な地図や書籍の交換をめぐり、やりとりが続いた。

また、近年の研究成果から、シーボルトに接触した景保にはもうひとつの強い動機があったこ

写真5-1 オランダに立つシーボルト像。1823年に長崎に来たシーボルトは、シーボルト事件で国外追放になる1829年までの6年間、日本に滞在した。

とが明らかになりつつある。「江戸滞在中のオランダ商館長ドゥ・ステュルレルとシーボルトの関係（一）（二）」（梶輝行著）によれば、景保はシーボルトに伊能忠敬の実測をもとにした伊能図（小図）を渡し、それをオランダ本国に持ち帰って銅版画で五〇枚印刷してほしいと依頼していた。梶氏はその理由について、伊能忠敬から引き継いだ「大日本沿海輿地全図」を完成させるため銅版印刷の地図として仕上げることをめざしていたのではないかと推察している。

伊能忠敬が日本全国での実測をもとに完成させた「大日本沿海輿地全図」は総称して伊能図と呼ばれ、大図、中図、小図に分類される。伊能図の中図と小図は「大日本沿海輿地全図」（大図）を縮小したものだ。大図の完成をみることなく死去した忠敬の後を引き継いだのが高橋景保だった。彼は日本よりもはるかに進んでいる欧州（オランダ）の地図制作技術によって伊能図を国際的な水準に適う（かな）ものとして完成させたいと考えていたのかもしれない。彼がその印刷を五〇枚依頼したのは、伊能図の成果を政治や国防などに活用する狙いもあったはずだ。地図は国家機密だったが、本来それは秘蔵するものではなく、国土の最新情報として活用するべきものであった。

そんな一八二八（文政一一）年三月、シーボルトから景保のもとに小包が届けられた。中には、林蔵宛ての小包が入っていたので、景保はすぐにそれを林蔵に転送した。ところが、小包を受け取った林蔵は意外な行動に出た。未開封のままそれを勘定奉行村垣定行（むらがきさだゆき）に届け出たのだ。奉行は幕府当局に提出し、役人立ち会いのもと開いてみることになった。すると、進物の更紗（さらさ）とオランダ語の手紙が出てきた。

無断で外国人と手紙や物品の贈答をすることは禁じられていたので、林蔵宛ての小包はシーボルトに返却された。それは幕府がシーボルトと景保との関係に注目するきっかけとなった。御庭番、御目付、御小人目付などが景保の動向に目を光らせ、内偵へと動き出した。

シーボルト事件の発覚については従来、シーボルトの船が台風のために難破し、海外持ち出し禁止の品が見つかったことがきっかけとされてきた。だが、実際のところその事実はなかったらしい。「蘭船コルネリウス・ハウトマン号とシーボルト事件」(梶輝行著)によれば、当時、シーボルトが乗る予定のその船には安定性を保つため、重しとして銅が約三〇〇トン積まれていた。また、彼の船荷が関係当局によって臨検された記録もないという。

シーボルト事件発覚のきっかけは、やはり林蔵の行動にあったことになる。捜査が進むにつれ、景保とシーボルトとのただならぬ関係が明らかになり、景保は捕らえられ、自宅から証拠品が押収された。尋問が始まり、彼はシーボルトから欧州の書籍や地図を受け取る代わりに、日本の地図を渡したことを白状した。

景保の自白をもとに、長崎奉行はシーボルトからかろうじて何枚かの地図を没収した。他にも隠し持っていることが疑われたが、シーボルトは曖昧な答弁を繰り返し、受け取った資料や関係者の名前を明かすことを拒み続けた。そして、事件発覚からちょうど一年後の一八二九(文政一二)年九月、シーボルトに国外退去、再渡来禁止が申し渡された。彼は同年一二月、日本を後にした。

翌年三月、景保に判決が下された。その前年にすでに彼は病のため獄中死しており、その亡骸は塩漬けにされたまま沙汰が下るのを待っていたが、言い渡されたのは死罪だった。

また、景保の配下にあたる天文方の役人やシーボルトと直接関わっていたオランダ通事（通訳）たちなど、貴重書類がシーボルトの手に渡るよう協力をしたとされる人たちも処分を受けた。処罰の対象者は増え続け、遠島、禁固、追放、改易、押込（おしこめ）（外出禁止）、手鎖などの刑罰を科せられた者は五〇人以上に拡大し、未曽有の弾圧事件へと発展した。

密告の真相

国外退去を命じられて帰国したシーボルトは、林蔵についてこのように記している。

「もっとも彼は、われわれの日本滞在の最後の——あの不幸な年に起こった、日本政府側からわれわれに対する審問の契機を作った人物ではある」（前出『日本』）

シーボルトが林蔵を事件発覚の張本人と考えたように、以後、林蔵は蘭学者や通事たちから恨まれた。小包を勘定奉行に届けなければ事件は発覚しなかったに違いないからだ。

林蔵は本当に密告者だったのだろうか。シーボルトと林蔵に面識があったかどうかが検証の鍵となる。『間宮林蔵』（前出）によれば、シーボルトと林蔵の関係を語った史料には、シーボルトが林蔵に三度対面を申し込んだが断られたというものから、反対に二人は懇（ねんご）ろに交わりを結んでいたという正反対のものまである。

ところが近年、オランダのハーグ国立公文書館で一通の手紙が見つかった。それは林蔵が景保から受け取り、中身を見ないで奉行へ届けた手紙だという。『文政十一年のスパイ合戦』（秦新二著）にその内容が転載されている。

「拝啓

江戸滞在中はたった一度しかあなた（林蔵）と親交を深めあう幸運に恵まれず、また後になってあなたの業績を数多く耳にし、たいへん残念に思っております。そこで今、ささやかな敬意の証をお送りしないではおれず、ここに贈り物として、花柄入りの布を同封させていただきます。私が無事オランダに戻った時には、諸外国の貴重な地図をお送りいたします。

敬具

フォン・シーボルト博士

蝦夷より持ち帰られた植物を乾燥させました折には、お送りいただけるとたいへん光栄です」

これによれば、林蔵はシーボルトと一度だけ江戸で面会していたことになる。わたしが注目したのは、シーボルトが「後になってあたなの業績を数多く耳にし、たいへん残念に思っております」と書いている点だ。シーボルトが林蔵と会った時、サハリン島などの話をしていないことが察せられる。林蔵とシーボルトは面識があるという程度だったことがわかる。林蔵の行動がシーボルト事件の発端になったことは確かだが、シーボルトと林蔵の関係をみる限り、密告者と責められるほど林蔵がシーボルトの行為を把握していたとは思えない。

林蔵がシーボルト事件の密告者と疑われるもうひとつの理由は、高橋景保との関係だ。二人は不仲だったという証言がある。水戸藩士で画家だった立原杏所（たちはらきょうしょ）が一八二八（文政一一）年に書いた書簡には次のようにある。

「高橋元来間宮ヘハ不和ニ付」（『楓軒年録』第三三冊、前出『間宮林蔵』所収）

もし事件の背景に林蔵と景保の不和があったとするなら、どのような事情だったのだろうか。景保との接点は林蔵が北方探検をしていた時に始まる。

林蔵が第一回の探検から帰国した頃、松前奉行に高橋景保から手紙が届いた。

日本版世界地図の制作にあたっていた景保はサハリンをどう描くべきか頭を痛めていた。サハリンについては、それが島か、大陸かという問題だけではなく、カラフトと同一の島かどうかという点も曖昧なまま残されていた。そこで松前藩に手紙を出し、サハリンとカラフトが同じ島かどうか、心当たりがある人はいないかと尋ねてきたのだ。

松前奉行はちょうどサハリンから帰って来たばかりの林蔵に手紙を渡し、返答するようにと命じた。彼は自分の見分をもとに「お尋ねの通り」と、サハリンとカラフトが同一の島だと伝えた。林蔵の返答に自信を深めた景保は、制作中だった日本近海の地図「日本辺界略図」にサハリンをひとつの島として描き入れた。そして、林蔵が足を踏み入れていない北西から北東岸は破線で描き、空白のまま残した。

そのように二人の間には北方地理に関するやりとりがあり、そこに何かの相違や対立が生じてシーボルト事件の引き金になったのではないかと考えられてきた。ところが二人の関係について、日本の国防のあり方をめぐって相違があったという指摘がある。

シーボルト事件が発覚する三年前の一八二五（文政八）年、幕府は異国船打払令を発令した。北太平洋に来ていた英国船が相次いで日本に来航し、それらの船員が無断で上陸する事件が続いた。宝島（現・鹿児島県）では銃撃戦によって英国人一人が命を落とす惨事を引き起こした。そのような時代背景のもと、林蔵は幕府から房総御備場掛手付に任じられた。彼は御備場と呼ばれた砲台を管轄する官吏の補佐として、異国船打払令発布後の各地における異国船渡来の調査にあたっていた。それに対し、景保は玉込めしない空砲の打払を立案するなど、異国に対してはあくまでも穏便なスタンスだった。

高橋景保の裁判に関して、江戸町奉行の筒井政憲が評定所に用意した判決の伺書がある。「異国船に対し、近年いろいろな命令が出ているが、日本で要害防衛強化が図られている時期にこうした行為（景保が行なった地図の外国流出）は勤務上も非常に不届きである。……いずれにしても死刑は逃れ難い」（『御仕置類例集』一八三〇〔天保元〕年正月）

『日本近世の歴史五　開国前夜の世界』（前出）は「間宮林蔵からみれば、高橋景保の行為はまさに「要害防衛強化」を阻害するものに他ならなかった」とシーボルト事件の基底に異国船打払令をめぐる意見の相違があったことを指摘している。

異国船打払令が施行されていた時代、景保が日本全国を網羅した伊能図をシーボルトに手渡したことは国家に対する反逆行為とみなされても仕方がなかった。異国船打払令を軸にするとシーボルト事件の構図がよりはっきりしてくる。

シーボルト事件には当時の日本の国境（領土の境界）の防衛が絡んでいそうだ。林蔵がシーボルト事件の発覚に関与したことで、禁制品である地図の一部が海外流出することを水際で阻止できた。諸外国に日本の地図が流出すれば、異国船の来航を許し、日本の国境が脅かされる。シーボルト事件も視点を変えれば、日本の防衛問題ととらえることができる。

オランダで見つかった林蔵の地図

二〇〇六（平成一八）年一一月。シベリアから帰国した翌月、わたしはオランダへと飛んだ。首都アムステルダムからオランダ南西部ゾイト・ホラント州のライデンへと電車で向かう。およそ四〇分してライデンの町が近づくと、秋色に染まる田園風景が車窓に広がった。

町にはライン川の支川が流れ、水路には風車が立ち並んでいる。それはもはや稼働していないようだが、何よりもオランダに来たことを実感させる。

ライデンといえば、一七世紀を代表する画家レンブラントの出身地として知られるが、彼が生まれた当時から、そこはオランダ屈指の大学街だった。一五七五年の創立以来、ライデン大学は神学、医学、東洋学などで名高い。その図書館に間宮林蔵自筆の地図が所蔵されているという。

カウンターで地図閲覧の希望を伝えると、受付の人が端末での検索方法を教えてくれた。

モニターに「黒龍江」「間宮」「地図」など、思いつくままにキーワードを入力してみたが、何もヒットしない。仕方なく問い合わせ窓口へと出かけ、司書に相談した。ところが、なかなか希望が伝わらない。

「で、結局は、何をご覧になりたいのです。タイトルは？」

堂々たる体躯（たいく）の司書に聞かれ、わたしは躊躇った。

「黒龍江中之洲　并(ならびに)天度(てんど)」。今ここでその地図の名前を告げたところで、ますます混乱するだけではないか。司書が面倒くさく感じ、ここにはないと匙(さじ)を投げられたら元も子もない。わたしはその一枚の古地図を見るためにやって来たのだ。

他に説明のしようもなく、わたしは手帳にメモしていたそのタイトルを彼に見せた。漢字がズラリと並ぶ地図の正式名を見せると、案の定、彼は目を丸くした。

そこでタイトルをローマ字書きして読み上げる。

写真5-2　ライデン大学図書館

「コクリュウコウ　ナカノス　ナラビニ　テンド」

「……」

司書はあごひげに手を当てたまま、じっと動かなくなった。ふと、わたしは地図の写真を持っていることを思い出した。鞄から取り出して見せると、司書の表情が明るくなった。

「ああ、これはたぶん貴重書閲覧室だよ。貴重書は端末検索できないから」

彼に案内されて階上の閲覧室に行き、そのカウンターにいた女性の司書に相談すると、やがてどこからか日本語の本を持ってきた。

一九九〇（平成二）年に長崎県立美術博物館（現・長崎県美術館）で行なわれた特別企画展「ヨーロッパに眠る日本の宝　シーボルト・コレクション」の図録（シーボルトカウンシル編）だ。ページをめくると、目当ての地図が載っていた。

その図録をもとに、わたしはリクエストしたい地図の閲覧を請求した。

手もとに地図が届くのを待ちながら、図録の解説に目を通す。林蔵の地図はライデン大学図書館の書庫に収められたまま、二〇年ほど前まではほとんど忘れられた存在だったという。発見当初は林蔵のものだとは考えられていなかったが、日本に現存する地図などと比較分析、筆跡鑑定が行なわれた結果、本人自筆の地図であることが判明した。そんな研究者のため息にも似たプロセスは「パズルを解くようだった」と書かれている。

わたしがこれから手にしようとする地図は、江戸後期にシーボルトが日本から持ち出したものだ。裏を返せば、林蔵と間宮海峡の名を一躍世界的に知らしめることになった地図の原画と言ってもいいだろう。

待つこと一五分。わたしが請求した地図を手に女性司書がやって来た。

「これですね」

薄紅色の表紙中央には「黒龍江中之洲幷天度」と墨書きされている（次ページの写真5－3参照）。それは予想以上に軽く、小さい。日本で厳しい追及の網を逃れ、シーボルトがかろうじて国外に運び出すことに成功した一枚だと思うと、胸中には歴史に直接触れる興奮が立ち上がってきた。

わたしはそれを閲覧台の上に置き、折り畳まれた地図をそっと開いた。縦三二・二センチメートル、横七二センチメートル。目の前に、シベリアを蛇行するアムール川とサハリン島が姿を現した。

タイトルによれば、黒龍江、つまりアムール川の中流域の地図ということになるが、実際にはサハリン島までが収められている。地図は全体的に配色のバランスが取れていて美しい。海は薄青く、山々は茶色に色づけされ、集落の名前がカタカナで並んでいる。方位を示すマークは鮮やかな青と赤、また、緯度と地方名は黄色く塗られてコントラストが利いている。これは『北夷分界余話』に収められている地図と同じだ。『北夷分界余話』は林蔵が探検後にまとめた報告書なので、そこに掲載された地図と同じオランダにある地図も同時期（一八一〇年頃）の制作とみて間違いない。島や大陸の海岸線は、林蔵が足を運んだところは実線、未踏部分は破線で区別され、サハリン島北西から北東沿岸にかけては空白のまま残されている。

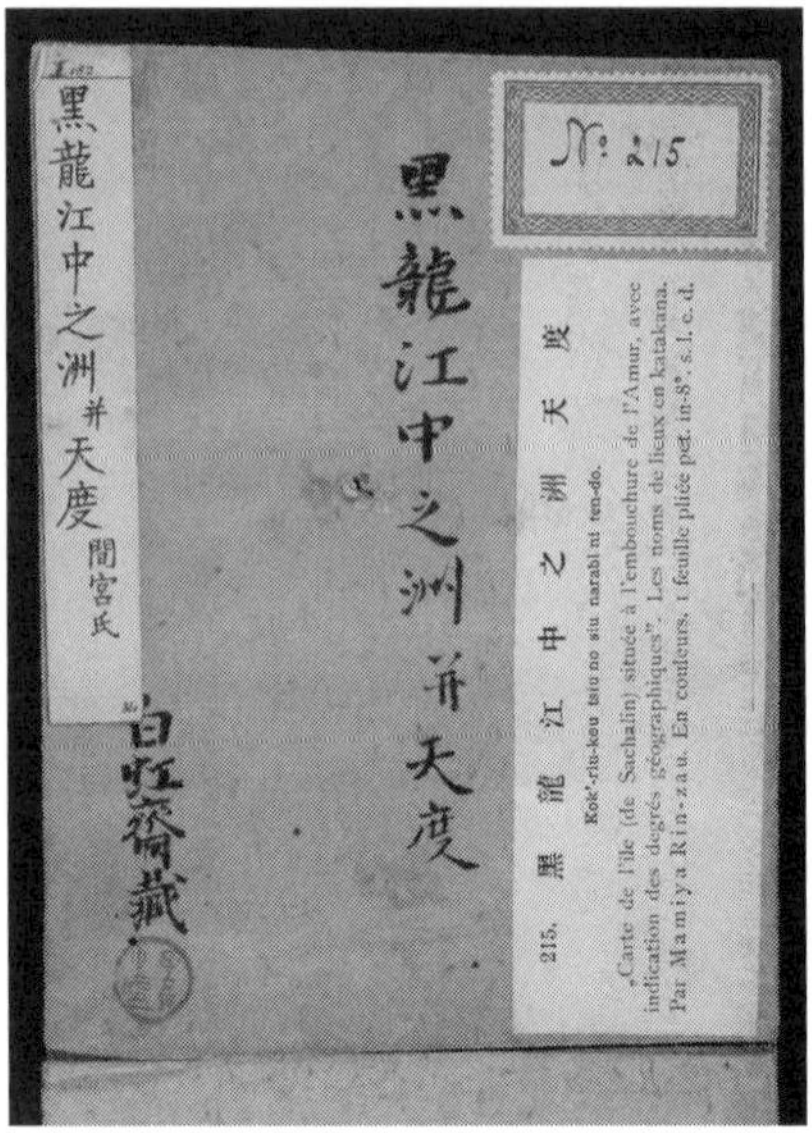

写真5-3 「黒龍江中之洲幷天度」の表紙。記された雅号や印影の文字からもとの所収者が最上徳内であったことがわかる。

［出所］ライデン大学図書館蔵

最上徳内の関与

オランダのライデン大学図書館で手にした「黒龍江中之洲幷天度」。地図の左下には意外な人物の書き込みがある。

「間宮氏之所筆尤精好可称矣」（間宮氏の筆によるものは最も精密で好ましい）

この地図が間宮林蔵の地図であることを証する極書（きわめがき）（鑑定証明）の左脇には「最上徳内」とい

う署名が見えた（口絵viiページの地図の左上の角参照）。調べてみると表紙にも徳内の所有物であることを示す彼の「白虹斎（はっこうさい）」という雅名や「子員」と彫られた印影が残る。明らかにこれは徳内が所蔵していた地図だ。

最上徳内は林蔵にとっては、探検界の大先輩にあたる。もともとサハリン探検に出る予定だった徳内の代わりに、林蔵が出かけることになったという経緯もあった。そんな関係から、林蔵は帰国後、この地図を持って徳内のところに報告に出かけたのかもしれない。あるいは徳内の求めに応じて手渡したのかもしれない。それにしても、徳内が持っていた林蔵の地図がなぜオランダにあるのだろう。

最上徳内は江戸でシーボルトと頻繁に会っていた。シーボルトの『江戸参府紀行』（前出『日本』所収）によれば、一八二六（文政九）年四月一六日には次のような記録が見える。

「本当にこの一六日はとくに幸運な日（中略）彼（最上徳内）は絶対に秘密を厳守するという約束で、蝦夷の海と樺太島の略図が描いてある二枚の画布をわれわれに貸してくれた。しばらくの間利用できるようにというのである。まことに貴重な宝ではあるまいか」

本書の原文はドイツ語で書かれているが、上記の部分はラテン語で記されていた。なぜシーボルトがこの部分をラテン語で書いたのか。その理由は定かではない。『日本』の編者は「他人に読まれるのを恐れたためであろう」と記している。わたしは、シーボルトが地図をやりとりすることの危険性を十分理解していたことはもちろん、最上徳内が絡んでいたことを隠そうとしたからではないかと思った。ラテン語は古代ローマで用いられた言語であり、理解できる人が少ないとシーボルトは考えたのかもしれない。

なぜ徳内はシーボルトに禁制品の地図を渡したのか。『文政十一年のスパイ合戦』（前出）は「シーボルトがこの発見をヨーロッパの学会に二人の名前（徳内と林蔵）で発表しようと提案したからであろう」と推論している。

シーボルトが帰国後『日本』の付図として印刷した「カラフト島およびアムール河口の図」には、「最上徳内および間宮林蔵の原図による」と記されている。そこには確かに三枚の地図が並べて掲載されており、一枚は林蔵の「黒龍江中之洲幷天度」だ。『日本北辺の探検と地図の歴史』（秋月俊幸著）によれば、他の二枚の地図は徳内の「蝦夷北島之北浜」と「蝦夷北島之南浜」で構成されたものだという。シーボルトが発表したサハリン島付近の地図は徳内と林蔵の地図をもとに作られたものだったのだ。

オランダに現存する地図から、シーボルト事件の裏で暗躍していた最上徳内の姿が浮かび上がる。異国船打払令の徹底に尽力していた林蔵にとって、国外への地図の流出は由々しき事態であった。そして実際に手渡した者は高橋景保ひとりではなかった。林蔵にとってもう一人の敵が、あろうことに身内の探検家だったとは――。オランダで手にした一枚の地図には、意外なドラマが潜んでいた。

林蔵の評価のゆくえ

一八三〇（天保元）年、帰国したシーボルトはロシアの探検家クルーゼンシュテルンを訪ね、日本から密かに持ち出した地図の一枚「黒龍江中之洲幷天度」を見せた。

クルーゼンシュテルンは、林蔵が探検に出る二年前の一八〇六年にサハリン北部を探検した。彼は西岸を航行できなかったことから、そこが大陸と陸続きの半島であると判断していた。ところが、林蔵の地図ではサハリンが島として描かれていると知ったクルーゼンシュテルンは、思わず驚きの声を上げた。その時のことを、シーボルトは嬉々としてこう記している。

「われわれが彼の前に日本の原地図を出すと、一目見て、『これは日本人の勝ちだ！』と叫んだのだった」（前出『日本』）

それはシーボルトが命がけで日本から持ち出したものの価値を示すばかりか、林蔵の探検が世界で評価された瞬間でもあった。

一八五一（嘉永四）年、シーボルトは『日本』に添付した地図の中で、シベリア大陸とサハリン島の間の海峡を「Str. Mamia（seto）1808」、マミヤノセトと紹介した。そこは島と大陸の陸地が接近する南北およそ五六キロメートルの海峡のうち最も接近する地点で、東西の幅はわずか七・三キロメートルしかない。

世界地図にその名を残した林蔵の偉業が、西欧から逆輸入されて日本に伝わると林蔵は再び脚光を浴び、英雄視された。そして一九〇四（明治三七）年、林蔵に宮内省（現・宮内庁）から正五位が追贈された。その年、日露戦争が始まっていたのは偶然の一致ではないだろう。シベリアに単身雄飛した林蔵の姿は、時代が求める英雄像そのものだった。また、第二次世界大戦中の一九三九（昭和一四）年に使用されていた文部省『尋常科用小学国語読本』でも林蔵の探検が読み物となり、彼の業績は国威宣揚の手本として子どもたちに教え込まれた。

ところが、第二次大戦の終戦とともに、全てが一変する。サハリン全土はロシア領とされ、「間宮海峡」の名は「タタール海峡」や「ネヴェリスコイ海峡」へと変えられた。日本はともかく、欧米の世界地図から間宮海峡の名前は消えてしまった。

林蔵の晩年

ライデン大学図書館で調査を終えたわたしにはもう一カ所訪ねてみたい場所があった。その「シーボルトハウス」には、シーボルトが日本から持ち帰った様々な品が展示されている。シーボルトは帰国後、ライデンに落ち着いて『日本』の執筆に取りかかった。歴史や地理、神話、経済、文化など幅広いテーマに及ぶ総合的な日本研究の集大成だ。一八三二年から一九年もの歳月をかけて出版された書籍は二〇冊にも及ぶ。

執筆の傍ら、彼は日本から持ち帰った様々なコレクションを整理、展示して、知られざる極東の国、日本を一般にも紹介した。彼の旧宅であるシーボルトハウスは運河沿いに立つ煉瓦造りの

写真5-4 シーボルトハウス。白窓に煉瓦造りの建物が美しい。

建物だ。その中に入ると、一九世紀の日本にタイムトリップしたかのような錯覚に陥る。陶器や漆器といった美術工芸品から伊勢エビのホルマリン漬け、獣や鳥の剥製（はくせい）まで、それらから日本に対する彼の興味の広さ、深さがうかがえる。特にわたしの目を引いたのは、様々なミニチュア模型だった。彼は日本の職人に、日本家屋や船、橋など絵画では平面的にしか表現できない大きな建築物等の模型を忠実に作らせ、オランダに持ち帰った。彼の注文に応えた職人たちの、繊細で巧みな仕事ぶりに感心させられる。

　わたしはシーボルトのコレクションにぐいぐいと引き込まれていき、やがてこれは、林蔵が生きた時代のあらゆるものを収めたタイムカプセルに他ならないと気づいた。江戸後期の絵画、美術品、地図、民俗資料、生物などの博物学コレクションを一堂に集めた場所を、わたしは本国日本では思い当たらない。当時、禁制品を持ち出そうとして国外追放とされたシーボルトだが、改めて今、それらを前にするとわれわれ日本人が失ったり、忘れてしまったものが数多く残されている。現在、シーボルトハウスは日本をテーマとする博物館として講演やワークショップなども行なっているという。

オランダを訪れ、林蔵にとってシーボルト事件は何だったのかと考えた。

事件発覚の当時、林蔵は幕府の普請役として海防警備にあたっていた。外国船を取り締まっていた彼が自分の地図を外国に持ち出されてしまったのだから、シーボルト事件は皮肉なできごとだったはずだ。だが、事件は林蔵にとって人生のターニングポイントになった。その後の彼は密貿易などの社会悪に立ち向かうようになる。シーボルト事件は彼を、国家基盤を揺るがすような事件捜査への関与に向かわせるきっかけになったのかもしれない。

シーボルト事件の後、林蔵は幕府隠密として長崎や鹿児島など各地を転々とした。

一八三六（天保七）年、五七歳の時、石見国浜田（いわみのくにはまだ）（現・島根県浜田市）で密貿易の摘発にこぎつけている。食うや食わずの乞食に変装したり、腰に隠した旅費の一〇〇両がガタリと鳴って誰かに気づかれないかと焦った、などと滑稽な面ものぞかせている。また、水戸藩主徳川斉昭（なりあき）に認められ、水戸家の蝦夷地経営計画に参画したようだが、実際どのようなことをしていたのか、詳しいことはわかっていない。

この頃の林蔵について伝えられているエピソードによれば、江戸深川蛤町（現・江東区門前仲町）の彼の家には地図や天球儀、地球儀が所狭しと置かれていたという。また、彼が甲冑を多く集めていたと書いている人もいるし、ロシアの酒、フランスの酒などを林蔵から振る舞われた人もいた。

かと思えば、着衣は着替えが一揃いあるだけ。着物のことなど頓着がないばかりか、寒さ知らずで、寒中でも単衣一枚、火も近づけなかった。夏は蚊の多い深川に住んでいても蚊帳をつらず、はだしで歩く。それを見た人がなぜかと問うと、林蔵は「足の裏がやわになると困ることがある」と答えたという。

舶来品に囲まれた暮らしぶりと着衣一揃いだけの質素な生活は、どう考えても相容れない。隠密という生業のこともあってか、江戸の人々にとって林蔵は謎の人だった。その姿は人生の晩年になると、刻々と夕闇に包まれていくかのように、いっそう謎めいて見えにくくなった。

われわれが最後に林蔵の消息を知るのは、危篤を知らせる一通の手紙のみである。

一八四四（天保一五）年二月。林蔵の郷里の養家、狸淵村（現・茨城県つくばみらい市）の名主飯沼甚兵衛のもとに、一人の使いの者がやって来た。林蔵の養父甚兵衛はすでに他界し、代がかわっていたはずだ。見知らぬその男は懐から手紙を取り出すと、出てきた主人に慌てて差し出した。達筆な字でしたためられたその手紙は、深川蛤町で林蔵とともに生活をしている内縁の妻、りきが書いたものだった。

「急ぎのことゆえ、無礼をご容赦ください。ついては林蔵のこと、今日七つ半時頃より、ふと打ちふして尋常ならず、いろいろ手当てを致しましたが、快方に向かわず困っております。なにとぞこの手紙が届き次第、使いのものとともに同行してお出ましいただきたく、お待ち申し上げます。お医者様によれば余病が出なければ火急のことではなく手当て第一とのことですが、ご相談いたしたいことがたくさんあり、ぜひともお出ましいただけますようお願いいたします。

間宮内
りき

二月十九日　暮れ六ツ時

飯沼甚兵衛様

大急用」（間宮家所蔵　前出『間宮林蔵』所収）

知らせを受けて縁者が江戸に駆けつけた。

しかし、病状は回復せず、二月二六日、林蔵は集まった人たちに看取られながら静かに六五年の生涯を閉じた。

第六章
血族

身辺の女性たち

二〇〇七（平成一九）年二月、林蔵の生涯を追跡してきたわたしは彼の墓参りへと出かけた。林蔵の墓は彼の終焉の地に近い東京都江東区平野と、生まれ故郷の茨城にひとつずつある。

まずは都内にある墓へと向かう。わたしは地下鉄半蔵門線の清澄白河駅で下車し、清澄庭園の脇を通って東へと向かった。住宅がびっしりと立ち並ぶ一角に林蔵の墓所があり、きれいに掃除され墓には花が盛られていた。墓石の表に「間宮林蔵蕪崇之墓」、裏面に「天保十五年二月二十六日歿」と彫られている。

その前で手を合わせると、これまでの旅のできごとが次々と思い起こされてきた。厳寒のサハリン島で部屋から閉め出されたこと。アムール川で立ち往生したこと。まるでドタバタ劇のようなわたしの報告に林蔵はきっと呆れているに違いない。しかし、現地の人たちと困難をともにし、最後は笑顔で別れる旅の美学は林蔵の探検記から学んだことだ。

次は茨城県つくばみらい市へ。生家に近い専称寺には両親の墓の隣に林蔵の墓がある。それは生前に建てられたと言われるものだ。

墓参りをした後、一〇年ぶりに間宮正孝さんを訪ねた。彼は最近、林蔵から九代目となる息子さんと宗谷岬へ出かけてきたと嬉しそうに語った。わたしもこれまでの旅を簡単に報告し、林蔵の探検について感じた印象を話した。

「現地社会に適応して、人々と仲良くできたことが一番大きかったと思います」

写真6-1 東京都江東区にある間宮林蔵の墓。墓の手前には東京府指定史跡の碑が立つ。

正孝さんはうなずきながら言う。

「北方の人々について詳しい記録を残せたのは、現地に溶け込めたからでしょうね。アイヌの言葉だって流暢（りゅうちょう）にしゃべることができたに違いない」

彼はふと思い出したように、北海道にも林蔵の末裔だという人たちがいることを口にした。

「間見谷（まみや）さんとは、今でも折りに触れて交流があるのです」

「間見谷さん？」

「林蔵がアイヌと結婚をして生まれた子の子孫だという方です」

わたしは思いがけない話に驚き、正孝さん

を見つめた。

「生涯独身を通したという話は、どこかさびしい感じがします。やはり普通に考えたら、女性とのつき合いが全くなかったというのは不自然ですから」

わたしは驚いた。これまで読んできた文献資料によれば、彼は生涯独身を通し、内縁の妻以外なかったとされる。ところが実は、蝦夷地滞在中にアイヌ女性を見初め、子をもうけていたというのだ。末裔は今なお北海道で暮らしているらしい。

そもそも「生涯独身説」は林蔵の上役、勘定吟味役中村忠五郎の直話（じきわ）をもとにしたもののようだ。時期的には林蔵が隠密をしていた五〇歳以後のことだ。

「（林蔵は）とても廉直（れんちょく）な人で、子どもをもうけたらどうかと言うと、固辞してこう言った。『（中略）今はこのように危険が伴う御奉公をしていますが、それはわたし一人のことで、せがれが生まれても自分と同じような真似などできません。しかも自分はもともと百姓の身ですから子孫繁栄の望みもありません』」（『全楽堂日録』渡辺崋山著　前出『間宮林蔵』所収）

農家に生まれながら探検や測量という特殊な任務によって、侍としての身分を確立した林蔵らしいコメントだろう。侍の子は侍という時代にあって、息子には同じような危険な思いをさせたくないという気持ちもどこかにあったのだろう。

しかし、よく読み返してみると、家督を継ぐ息子がいないことを伝えるのみで、妻や娘については何ら語っていない。どこか問題がはぐらかされている感さえある。

確かに、彼の身辺に全く女性がいなかったわけではない。晩年は、りきという内縁の妻がそばにいて、死の直前、郷里に危篤を知らせる手紙を送った。

　彼女以外にも、林蔵が結婚をしていた可能性を指摘する研究者もいる。『間宮林蔵の再発見』（大谷恒彦著）によれば、郷里に残る墓石には、謎の女性の法名が刻まれているという。

「林誉妙慶信女　文化八年二月十九日」

　寺の過去帳をたどってみると、この女性は林蔵の父庄兵衛の㛂と書かれている。林蔵の許婚か、探検前に祝言をあげた妻かもしれない。いずれにせよ、林蔵と彼女たちとの間に子はいなかったようだ。

　林蔵の死後、家系が途絶えることを惜しんだ勘定奉行たちは、人選の上、浅草蔵前の札差（金融業）、青柳家次男の鉄次郎を養子として後継ぎにした。鉄次郎は名を間宮孝順と改め、間宮家を継いだ。

　その子孫が今も東京にいるというので、わたしは連絡を取って会いに出かけた。歯科医師をされているという秀治さんは林蔵から六代目となるという。お住まいがある東京都港区三田にうかがうと、区の郷土資料館に委託保管している一家伝来の品々を見せてくれた。中には林蔵に関するものもあった。

　印象的なのは『東韃紀行』だ。幕府に献上された『東韃地方紀行』の草稿と思えるもので、イラストが美しい。さらに、一九〇四（明治三七）年に宮内省から追贈された正五位の贈位書や、養子の孝順がサハリン島を調査した時の記録もある。

　林蔵からつながる家系として知られるのは、林蔵の叔父の次男の子孫で茨城の生家を守る間宮家、士分を継いだ東京の間宮家、林蔵を養子として迎えた郷士の名士飯沼甚兵衛の末裔も縁者ということになるだろう。そしてもうひとつ、アイヌとの間にできたという子どもの系譜……。

もし事実なら、わたしはどこか謎めいた林蔵の人間像に血を通わすようなことだと思った。彼は約八年をかけて蝦夷地の測量を行なった。その仕事は現地人の理解や協力の上に成り立っていたはずだ。人と人の接点には、時に友情以上のものが芽生える。一人の人間として林蔵を追いかける時、そんな触れ合いにこそ心惹かれる。彼は本当にアイヌの女性と結婚していたのだろうか――。

妻子の謎

林蔵に直系の子孫がいたという新説を複数の新聞が一斉に報じたのは、二〇〇二（平成一四）年一〇月一六日のことだ。朝日新聞によれば、林蔵の出身地、茨城県つくばみらい市の研究者らで作る間宮林蔵顕彰会が、林蔵がアイヌの女性と結婚し五代目の子孫が北海道に在住しているとの新説を発表したという。

その新説とは以下のようなものだ。林蔵はサハリン島探検を終えた後、蝦夷地で測量を開始した一八一三（文化一〇）年頃、アイヌの娘アシメノコを妻に迎えた。当時、林蔵は三四歳、アシメノコは一八歳だったといい、二人の間には一人娘ニヌシマツが生まれた。そのニヌシマツのひ孫にあたる間見谷喜昭（よしあき）さんという方が、北海道在住なのだという。

そのことを突き止めたのは、意外にも林蔵の研究者ではなく、江戸後期から明治初期に活躍した北方探検家、松浦武四郎を研究する秋葉實氏だった。武四郎の手控え、つまり探検中に書き取ったメモ帳などを調べていくうちに、蝦夷地における林蔵の姻戚関係が浮かび上がってきたらしい。間見谷家には先祖代々、自分たちは林蔵の子孫だという言い伝えがあったという。

わたしは林蔵の直系の子孫がいるなら会いたいと思った。また、そのことを探り当てた背景も詳しく知りたい。調査にあたった秋葉氏に電話をかけると、彼は面会を快く受け入れてくださった。

わたしが北の大地へと向かったのは二〇〇七（平成一九）年一一月下旬のことだ。飛行機で札幌に入り、ＪＲ線の特急オホーツク号で網走方面へ。途中、岩見沢や旭川などを通過すると、車窓は一面の雪景色に変わった。暖房が効いた車内でも、窓際にいると深々と冷えてくる。約三時間半かけて、列車は北海道北東部にある紋別（もんべつ）郡遠軽町（えんがるちょう）の丸瀬布（まるせっぷ）に到着した。

秋葉氏の仕事場は、昔の貯木場事務所を改築した木工体験交流館の中にある。松浦武四郎の調査について尋ねると、彼は次のように話し始めた。

「わたしが興味を持ったのは、彼が丸瀬布にやって来たことを知ったのがきっかけでした。書き残された当時の記録は地域に関する最も古い文献だったのです」

松浦武四郎といえば、「北海道」の名づけ親として知られている（一八六九〔明治二〕年に蝦夷地から北海道に改称）。北方探検家として北海道をはじめ、サハリン島、択捉島、国後島などを旅した。

彼は一八一八（文化一五）年に伊勢の郷士の息子として生まれ、物心ついてからは諸国を旅し、詩画を習った。蝦夷地に足を踏み入れたのは二七歳の時だ。同地を旅して地図を作り、『三航蝦夷日誌』などの見聞録を著した。業績が認められ、一八五五（安政二）年、三七歳の時に幕府から蝦夷地御用の御雇い入れの命を受けた。

その四〇年ほど前、蝦夷地の測量に従事していた林蔵も三〇代半ばだった。サハリン島とアムール川流域の探検の後、林蔵は伊能忠敬が進めていた地図制作の一端を担って蝦夷地の測量を行なった。のちに立派な地図が完成するが、その時の実測野帳は失われてしまったため、彼が蝦夷地時代、どこでどのように過ごしたのかを知る手がかりはない。彼が蝦夷地にいた一八一一（文化八）年末から一八二二（文政五）年までの約一〇年は、いわば空白の期間なのだ。

武四郎が蝦夷地に来た時、林蔵はすでに亡くなっていたが、彼のことを覚えているアイヌはまだ生きていたようだ。武四郎はそれを記録にとどめたという。秋葉氏は言う。

「武四郎は行く先々で出会うアイヌに林蔵のことを尋ねています。ところが彼は上川地方（北海道中央部）で執拗なほど林蔵の足跡を追いかけているんです。何かあるなと思い、日誌や手控えを調べ始めました。現地に暮らすアイヌの家系図が浮かび上がり、思いがけないことが見えてきたのです」

秋葉氏からうかがった話や彼の論考「間宮林蔵妻子のナゾを追って」、その他の資料などを参考にしながら事実関係を見ていこう。

松浦武四郎がつかんだ秘密

一八五七（安政四）年五月七日。武四郎は石狩川を遡り、大雪山（北海道中央部）の麓にあるサンケソマナイという集落に到着した。そこは、現在の旭川市から北東約二三キロメートルにある愛別町にあたる。武四郎は現地のアイヌから間宮林蔵がこの地に足を運んでいたと聞かされた。

その時の日誌（松浦武四郎『丁巳東西蝦夷山川地理取調日誌』高倉新一郎校訂・秋葉實解読）によれば、武四郎は現地の案内を頼んだビャットキという名の五〇過ぎのアイヌに、かつて林蔵を案内した人が誰だったかを尋ねた。ビャットキは知らないと言って口を閉ざした。

別のアイヌに尋ねてみると、林蔵を案内した人の中にトミラウシという名のアイヌが挙がった。トミラウシについて調べると、それはビャットキの父ではないか！

ビャットキは重い口を開き、自身が八歳の頃、父トミラウシは林蔵を案内していたと語った。ビャットキが八歳の頃とは、林蔵が蝦夷地の測量を始めたと思われる一八一三（文化一〇）年頃にあたる。

なぜビャットキは、父トミラウシが林蔵を案内していたことを隠したのか。アイヌには自分の親のことを人に誇らない、話さないという習慣がある。そのためだろうか。

同年（一八五七年）、ビャットキが死ぬと、まるで禁が解けたかのように事実が徐々に明らかになっていく。ビャットキの家には、他に三人が暮らしていた。彼の妻のヲシルシ（三三歳）、叔母

図6-1 北海道・間見谷家の系図
（秋葉實氏の調査をもとに作成）

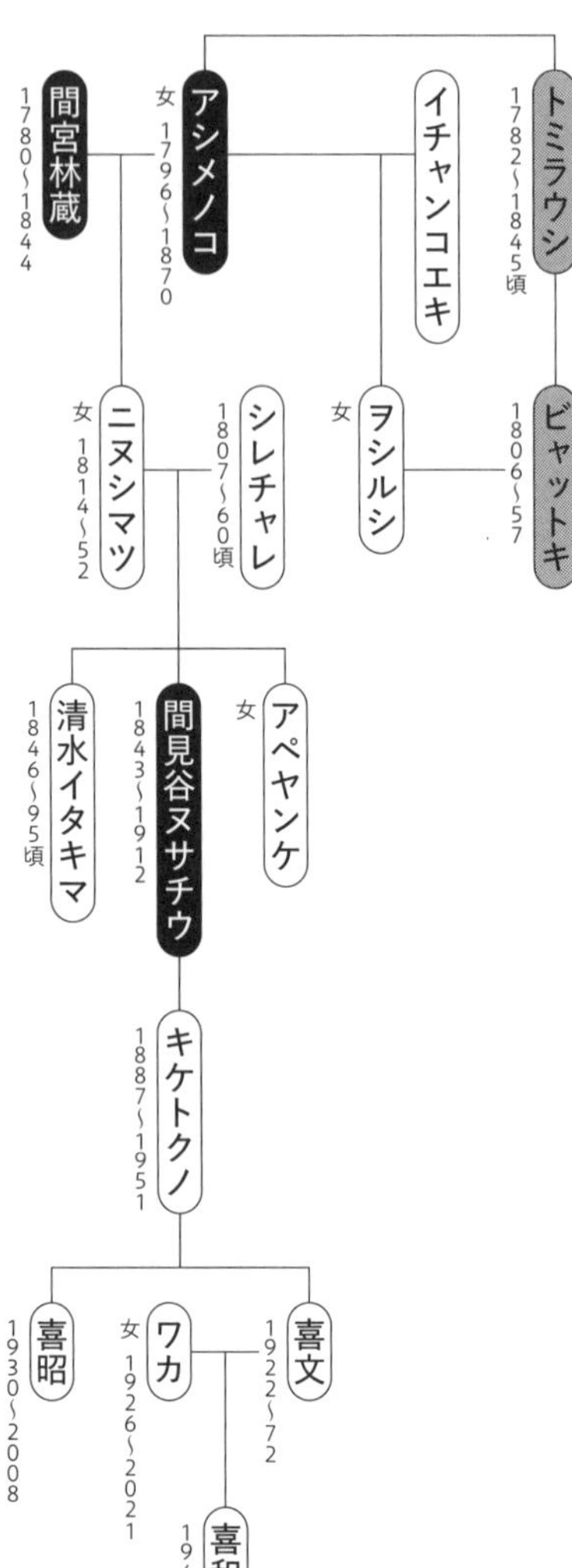

（トミラウシの妹）で盲目のアシメノコ（六三歳）、それに一〇代前半の男子イタキマだ。

武四郎が写し取った石狩人別帳（石狩川流域を中心とする戸籍帳）とつき合わせてみると、トミラウシと兄妹の関係にあるアシメノコはヲシルシの母で、イタキマの祖母にあたることがわかった。ところが、ヲシルシとイタキマには血のつながりがないことから、アシメノコには二人の夫がいることがわかった。

『旭川市史』によれば、アシメノコは再婚した夫（イチャンコエキ）との間に娘のヲシルシを産んでいる。石狩人別帳を見ると、アシメノコが前夫との間にもうけた娘はニヌシマツといい、ニヌシマツは夫（シレチャレ）との間に二人の男子、長男ヌサチウ、次男イタキマをもうけた。武四郎がやって来た時、ニヌシマツはすでに他界しており、シレチャレとヌサチウは仕事で家を離れていたようだ。

いずれにせよ、アシメノコ――ニヌシマツ――ヌサチウ・イタキマ兄弟、という親子三代が浮かび上がった。だが、アシメノコの前夫は石狩人別帳にも武四郎の記録にも明示はされていなかった。

江戸幕府が崩壊し、明治時代が始まると、社会制度はがらりと変わった。武士の象徴とされた苗字帯刀も廃止され、一八七五（明治八）年には平民苗字必称義務令が発布された。全ての国民が苗字を名乗ることになり、それはアイヌにも義務づけられた。その時、ヌサチウが苗字を「間見谷」と名乗った。字が異なるので一見、林蔵とは無関係のように思える。

だが、二〇〇〇（平成一二）年に秋葉氏がヌサチウの孫にあたる間見谷喜昭さんに確認したところ、喜昭さんはヌサチウから「自分たちは間宮林蔵の血を引いている」と聞かされていたことが明らかになった。

林蔵はアイヌの娘アシメノコと結婚したという。

松浦武四郎の日記『丁巳東西蝦夷山川地理取調日誌』（前出）によれば、林蔵が蝦夷地で測量を開始したと思われる一八一三（文化一〇）年当時、林蔵の案内人をしたトミラウシは妹のアシメノコとともにタナシという集落に住んでいた（二人はおそらく同居していたのだろう）。タナシとは、現在の旭川市北東部、JR伊香牛駅近くにある当麻スカイパークという飛行場の敷地内にあたる。

石狩人別帳を見ると、アシメノコは一七九六（寛政八）年生まれで、一九歳になる一八一四（文化一一）年二月に一人娘のニヌシマツを産んだ。武四郎が調べた林蔵の動向によれば、林蔵は同じ年の三月にタナシの北西三四キロメートルに位置する雨竜川（石狩川の支流）を測量のために訪れている。秋葉氏の資料によると、その際、林蔵のもとに別の案内人のアイヌが訪れ、アシメノコが出産したことを伝えたという。アシメノコと結婚していた林蔵がそのタイミングでタナシを訪れたのではないかと秋葉氏は推測する。

林蔵に直系の子孫がいたという秋葉氏の考証は状況証拠によるものだが、秋葉氏の見立てと間見谷家に残る言い伝えには、整合性がある。秋葉氏から話を聞き終えたわたしは、林蔵の末裔だと名乗る間見谷さんに直接会ってみたいと思った。

秋葉氏によれば、現在、間見谷家は本家と分家、二つの家系に分かれており、それぞれ林蔵の子孫であると伝えているという。分家筋にあたる親族の一人、間見谷喜昭さんは「間見谷」と名乗ったヌサチウの孫にあたる。彼が道北の枝幸町（えさしちょう）徳士別（とくしべつ）に住んでいると聞き、わたしはレンタカーでオホーツク海沿岸を北上した。枝幸町は北西約一二〇キロメートル先だ。途中、春に流氷が接岸することで知られる紋別を通り過ぎた。

車を運転しながら、わたしは一枚の刺繍（ししゅう）のことを考えていた。北海道にやって来る前、改めて林蔵の遺品にあたってみたところ、東京の間宮家に蝦夷錦の袱紗が彼の遺品として伝わっていることを知った。

東京の間宮家の末裔、間宮秀治さんに確認したところ、林蔵の遺品である蝦夷錦が彼らの元に伝わった経緯は不明だという。林蔵の遺品は茨城と東京にそれぞれ残されているが、東京の間宮家には『東韃紀行』のように彼が晩年まで身近に置いていたものが伝わっており、蝦夷錦が林蔵にとって特別大切なものであったことを感じさせる。

原物は行方不明とのことだが、幸い北海道開拓記念館（現・北海道博物館）で展示された時の写真が図録に載っていた。それはサンタン交易（朝貢貿易）によって北東アジアのアムール川を経由して中国から日本に伝来した蝦夷錦で、大きさは四一×三八・五センチメートル。鮮やかなオレンジ色の地が花柄の文様で彩られている。また、元々、無地の藍色だったとみられる裏面には、オレンジ色の糸でアイヌ刺繍が施されている（口絵ⅵページ下参照）。

刺繍はアイヌ女性にとって特別な意味がある。『アイヌ文化の基礎知識』（アイヌ民族博物館監修）によれば、アイヌ女性には自分で刺繍を施した手甲（てっこう）や脚絆（きゃはん）を結婚する男性に贈る風習があったという。各家で決められた刺繍文様があり、代々伝えられたとも言われる。

わたしが注目したのは、林蔵の遺品である蝦夷錦の裏面の刺繍だ。紺色の布地にオレンジ色の糸で左右対称、幾何学模様のような一輪の花が描かれている。デザインパターンからして、明らかにアイヌの刺繍だ。このデザインを頼りに地域性など、さらに詳しいことがつかめないだろうか。

わたしは北方民族博物館や北海道大学のアイヌ・先住民研究センターなどに電子メールを送り、複数の専門家に意見を求めた。残念ながら似たような文様がないため詳しいことはわからないという。それでも北方民族博物館の主任学芸員齋藤玲子さんによれば、原物を見なければ詳しいことは言えないが、中央の花柄はチェーンステッチがきれいにできている一方、生地の周囲を飾っているアイウシと呼ばれる文様のバランスがよくないとのこと。どこか未熟さが残ると思われる仕上がりに、わたしは想像を膨らませた。若きアシメノコが林蔵のために作ったものかもしれない、と。間見谷家の人の中に、誰か心当たりはないだろうか――。

刺繍から接点はつかめるか

秋葉氏の仕事場である遠軽町丸瀬布を出発して約三時間半。幸い路面は凍結しておらず、約束の時間ちょうどに徳士別の間見谷喜昭さん宅に到着した。七七歳になるという喜昭さんは白髪、白く長い眉毛が印象的なアイヌのエカシ（長老）だ。

「林蔵の直系の子孫だということはいつからご存知でしたか?」

「子どもの時から聞かされていました。マミヤと名乗ってもいいということは林蔵本人から言われていたそうです」

わたしは家系図を開いた。

「初めて苗字をマミヤと名乗ったのはヌサチウさんですね」

「そう。わたしの祖父」

「ヌサチウさんはなぜ漢字を間見谷としたのですか?」

「戸籍を届けに行った時、いくら事情を話しても役人に信じてもらえず、『間宮』では恐れ多い

写真6-2
アイヌの儀式用の帽子サバンベをかぶる間見谷喜昭さん。

と。それで字を変えることになったのです。今思えば、もっと頑張れたのではないかな」

わたしは刺繍の写真を鞄から取り出して彼に見せた。

「この絵柄に見覚えはありませんか？」

残念ながら彼はわからないという。喜昭さんは少年時代のことや、バス運転手として二〇年間働いた思い出話を聞かせてくれた。わたしは彼に礼を言って別れ、遠軽町に戻った。

翌朝、わたしは遠軽町から電車で上川へと向かった。旭川の東に位置する上川には、間見谷喜和さんが住んでいる。彼は間見谷家の本家筋にあたり、先祖代々のお墓を守っているという。駅で出迎えてくれた喜和さん、奥さんの房子さんと一緒に、ラーメン屋に入った。上川はラーメンの町らしい。

「林蔵と血がつながっているということは、子どもの時から聞かされていました」

食後、ご自宅へうかがうと、喜和さんはゆっくりと話し始めた。

「なにしろ、中学生の時のあだ名は林蔵でしたから」

思わず笑いながら、わたしは鞄から系図を取り出した。

間見谷と名乗ったヌサチウは喜和さんの曽祖父にあたる。ヌサチウの祖母がアシメノコだ。林蔵とアシメノコから数えると、喜和さんは六代目になる。

「林蔵と関係するものは何か残っていないでしょうか」

「一家伝来のパスイに扇子の印が彫り込まれていました。林蔵からもらった扇子がもとになったという話です」

パスイとは、正式名をイクパスイという細長いへら状の棒で、祈りの際、先端に酒をつけて祈りの言葉を唱える祭具だ。言葉はイクパスイを経て神に通じるとアイヌの間で信じられている。残念なことに原物はなくなってしまったというが、喜和さんは家にあるイクパスイを何本か見せてくれた。

「わたしが作ったものです。ほんの楽しみのためにね」

楽しみとはいえ、その手仕事は見事だった。わたしは刺繍の写真を取り出し、何か心当たりはないかと尋ねてみたが、喜和さんはわからないという。すると、じっと見ていた奥さんの房子さんが「お義母さんなら何かわかるかもね」と口を開いた。旭川に住んでいる喜和さんの母、ワカさんは刺繍をやっていたという。

わたしはお二人とともに旭川へと出かけることにした。途中、アシメノコが住んでいたタナシがあった伊香牛を通ったので、当麻スカイパークに立ち寄ってみた。そこは雪が積もった一面の銀世界だ。飛行場は冬の期間、閉鎖されるのだという。

今は集落の跡もなく、ひっそりとしている。周囲を見渡すとそのそばを石狩川が流れ、正面には小高い山が立っていた。わたしはただ美しく、静謐（せいひつ）としか言いようのない雪景色を見つめた。

ワカさんは柔和な笑顔でわたしを迎えてくれた。

「刺繍はもうやめちゃったんです」

彼女はそう言いながら昔作った壁かけやテーブルクロス、刀帯などを見せてくれた。どれも見事な作品だ。わたしは刺繍の写真を取り出して見てもらった。

写真6-3 間見谷喜和さんと母のワカさん。

「日高（北海道南部）のほうでは模様をかたどった生地を縫いつけるの。旭川の刺繍は写真のような感じだわ」

「絵柄に心当たりはないですか？」

ワカさんは、首を横に振った。間見谷家に伝わっている絵柄というのがあったとしても、ワカさんの時にはもうそのような風習はなかったという。

林蔵の遺品である刺繍の縫い方は、アシメノコが暮らしたタナシがあった旭川周辺に伝わるものと似ていると知っただけでも得難い収穫だった。

タナシ集落を追って

札幌に戻ったわたしは北海道大学付属図書館の北方資料室を訪ね、そこに収蔵されている「北海道全図（河川図）」の閲覧を申請した。それを調べるようにすすめてくれたのは秋葉氏だ。彼はその地図についてわたしにこう説明した。

「その地図には江戸後期にあたる文化、文政頃、蝦夷地にあった日本人の番屋が記されています。制作年代はその頃とみて間違いないでしょう。目録上、作者は不詳とされていますが、蝦夷地を測量して歩いた林蔵と年代が重なることから、林蔵作（実測者兼制作者）とみられています」

秋葉氏はそう言い、さらに続けた。

「その地図にタナシが記載されているんです」

秋葉氏の説明を聞き、わたしは自分の目でもその地図にあるタナシという文字を確かめてみたいと思った。蝦夷地における測量は林蔵が第一人者であり、彼が作った地図にタナシという地名があるなら、それは彼が実測によって描いたことになるからだ。

先述のように、林蔵が蝦夷地で測量を始めた頃、彼の案内人トミラウシとその妹アシメノコはタナシに住んでいた。林蔵とアシメノコがどこでどのように出会ったのかは不明だ。ただし、林蔵がタナシに近い雨竜川を測量のために訪れた一八一四（文化一一）年三月は、アシメノコが女児ニヌシマツを産んだちょうど一カ月後にあたる。案内役のアイヌが林蔵にアシメノコの出産を

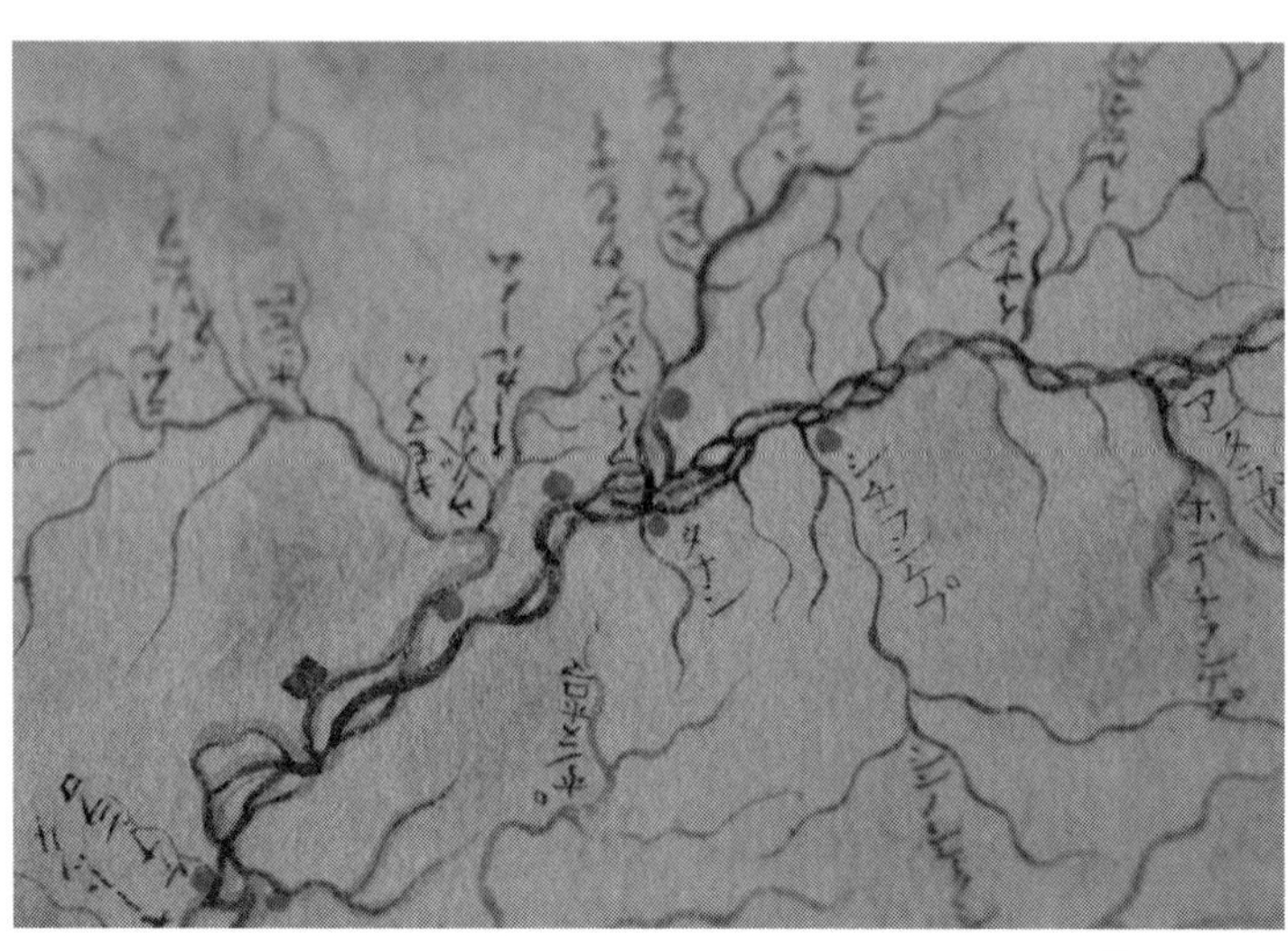

図6-2 「北海道全図（河川図）」（部分）に記されたアイヌ集落タナシ。
［出所］北海道図書館蔵

伝えたとも言われ、秋葉氏はそのタイミングで林蔵がタナシに出かけたと推論していた。武四郎の記録には林蔵がタナシに出かけたことを裏づけるものはないが、もし林蔵が制作（実測）した地図にタナシが記載されているなら、それは彼が実測のためタナシに出かけたことを示す状況証拠と言えよう。

司書の女性が、箱入りの大きな巻物を持ってやって来た。大きさは縦一一五センチメートル、横一四〇センチメートル。実に詳細な蝦夷地の地図だ。地名や集落名が細かくぎっしりと記され、顔をよほど近づけないと文字が読みにくい。石狩川沿いには確かに「タナシ」という集落名が見えた。そしてそこがアイヌ集落であることを表す赤丸の記号が添えられていた。

北海道から自宅の秋田に帰ると、わたしは秋葉氏から紹介された高木崇世芝(たかよし)氏に手紙を書いた。彼は秋葉氏が会長を務める松浦武四郎研究会のメンバーのひとりだ。「北海道全図（河川図）」についても調査をされたことがあると知り、わたしは彼にも尋ねてみることにした。いただいた返事によれば、「北海道全図（河川図）」を間宮林蔵の作であるとみなす根拠が二つあるという。

ひとつ目は、秋葉氏が挙げた点と同じく、その地図が江戸時代後期の文化・文政期に作られたと思われる点だ。その時代、内陸も含めた蝦夷地の詳細な地図を自ら実測し作れるのは林蔵しかいなかった。

また第二点として、高木氏は、林蔵作（高橋景保作とも）と言われる蝦夷地の地図がもう一枚あり、その「蝦夷図」（国立国会図書館蔵）に使用されている凡例記号が「北海道全図（河川図）」の記号と同じだと指摘した。この記号は、幕府天文方のみが使用する特殊なものだという。「蝦夷図」はその記号を使用した天文方の高橋景保作とも言われるが、幕命を受けて蝦夷地を測量し、地図を作った林蔵も扱える地図記号だった。

「蝦夷図」を国会図書館のサイトで調べてみると、それは高橋景保が一八二六（文政九）年頃に完成させたもので、林蔵による蝦夷地内陸の測量データをもとに作成したものであると明記されていた。また、この「蝦夷図」は、一八二八（文政一一）年に発覚したシーボルト事件の際、逮捕された景保から没収された地図だとも言われている。地図には付箋（和紙を細長く切って上端に糊付けしたもの）が貼られており、そこには「この図をこのままに写し取り遣わし候儀に御座候」と

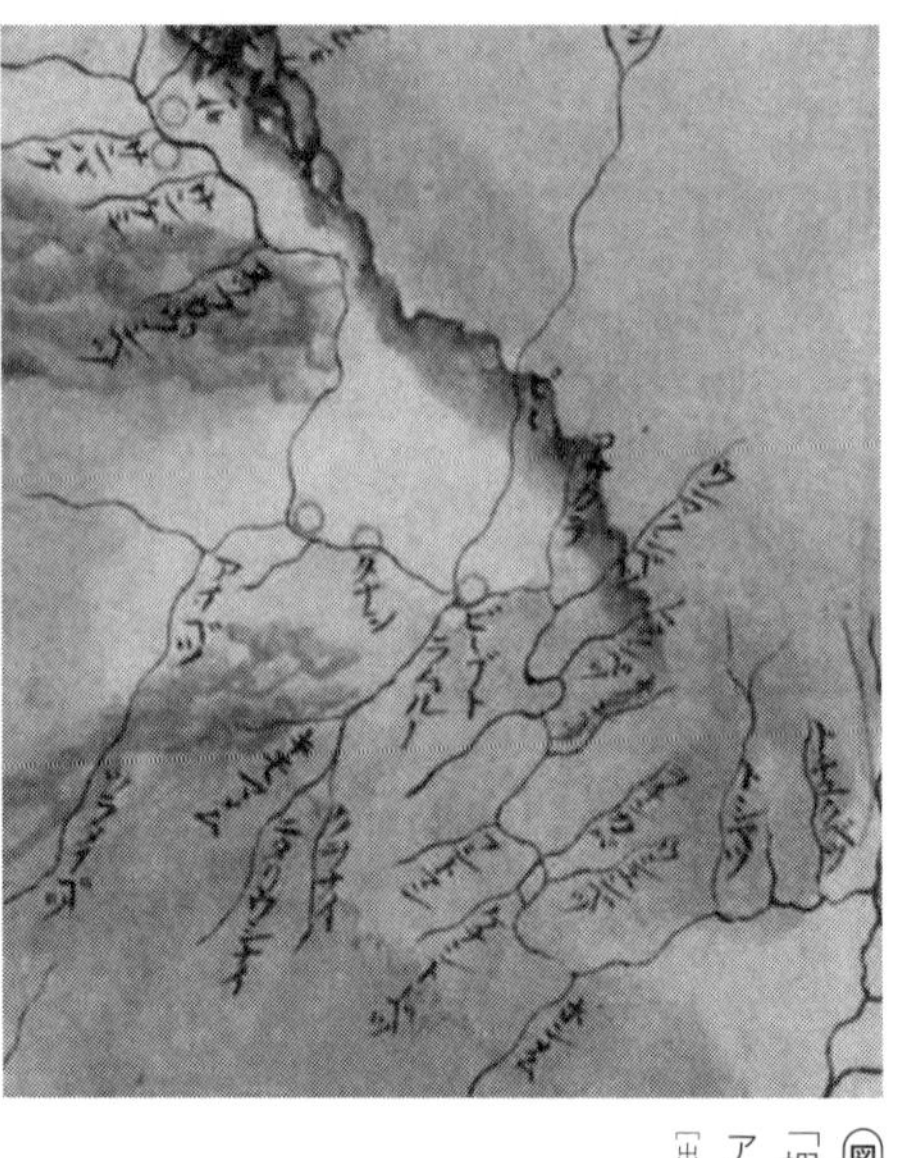

図6-3 「蝦夷図」（部分）に記されたアイヌ集落タナシ。
［出所］国立国会図書館蔵

書かれていた。取り調べに応じた景保は自分の所有物であるこの「蝦夷図」を模写し（「写し取り」）、そのコピーをシーボルトに渡した（「遣わし候」）という供述内容だ。

いずれにしても、林蔵の実測をもとにした蝦夷地の地図は、もう一枚あったことになる。

わたしはふと閃いた。その「蝦夷図」にも、「北海道全図（河川図）」と同様にタナシが記されているのではないか——。

二〇〇七（平成一九）年一二月、わたしは国会図書館へと出かけた。目録によれば、「蝦夷図」

は手書きで、大きさは縦一一二センチメートル、横一九六センチメートル。わたしは地図上の文字を確認するためモニターでの写真閲覧を希望した。「蝦夷図」（口絵viiiページ参照）は極めて詳細な地図で、沿岸だけではなく、内陸の地名まで詳しく書き込まれている。緑色の陰影がつけられ、平野部と山間部が一目でわかるようになっていた。日本人住居、蝦夷人住居、番所、会所などの凡例記号は当時の天文方が使っていたものだ。高木氏が指摘する通り、それらの記号は「北海道全図（河川図）」と同じだ。

はやる気持ちを抑えて石狩川沿いを追う。タナシは載っているだろうか。すると赤丸の蝦夷人住居記号とともに、タナシという地名が目に飛び込んできた。

あった！　林蔵が実測したこの「蝦夷図」にも、やはりタナシ集落が載っていた。

林蔵が実測や制作に関わった地図に記された地名に、わたしは彼の人生の一コマを垣間見るような思いがした。

アシメノコとの出会いと別れを想像する

林蔵とアシメノコはその後、どのような人生を歩んだのだろうか。

『間宮林蔵の再発見』（前出）によれば、一九八〇（昭和五五）年頃、林蔵の生家の菩提寺である専称寺の住職、西村定迎師が間宮家の縁者から聞いた話として、林蔵が蝦夷地から娘を連れてきたことがあったようだと言う。また、筑波郡伊奈町の間宮家を継いだ三代目の梅吉氏は生前、林蔵の偉業の陰にアイヌ娘の功績があったと話していたらしい。

故郷の言い伝えに従うなら、林蔵が連れて帰ったアイヌ女性はアシメノコだったのかもしれない。林蔵がアシメノコと故郷にやって来たとするなら、それはいつ頃のことだったのか。

伊能図のための測量を終えた林蔵は、忠敬に蝦夷地の実測野帳などを提出するため一八一七（文化一四）年の中頃、江戸に出ている。その年の四月、林蔵の父庄兵衛が死去していた。林蔵は故郷の筑波郡伊奈町を訪れたはずだ。アシメノコが彼の一時帰郷に同行していたとするなら、この時期だったのかもしれない。

林蔵のその後の動向は不明だが、彼は一八一八（文政元）年四月にこの世を去った忠敬の死を、忠敬の居宅で見届けている。伊能図が完成するのはその三年後のことだ。松前奉行に属していた林蔵は忠敬の死の年の九月、北海道に戻った。北海道沿岸の測量を終え、未完だった内陸部の測量に従事するためだ。

だが、林蔵とアシメノコ二人の人生の軌道が蝦夷地で重なる期間は長くはなかった。一八二一（文政四）年、日本とロシアの国交が安定すると、松前奉行は廃止された。蝦夷地は幕府直轄地から、松前藩の松前氏が管轄する領地となった。林蔵の任は解かれ、彼は翌一八二二（文政五）年、江戸勤務を命ぜられ、勘定奉行に属し普請役を命ぜられた。

一方、アシメノコの消息は一八二六（文政九）年の石狩人別帳に見える。当時三一歳だった彼女は、再婚した夫イチャンコエキとの間に女児のヲシルシを産んだ。なぜアシメノコは再婚したのだろうか。戸籍にはそれらの事実しか書かれていないが、アイヌが置かれていた状況から背景を推察してみる。

蝦夷地の経営は場所請負という制度で運営されていた。場所請負人と呼ばれた商人たちがアイヌ集落を含む地域ごとに置かれた「場所」の独占交易権を握っていた。彼らは利益を上げるためアイヌに労働を強いた。松前奉行（江戸幕府）が蝦夷地を直轄地としていた時代にはアイヌ保護のため場所請負制は廃止されたが、松前藩の支配が戻ると復活した。

当時の状況から察すると、アシメノコの消息をめぐっても、言うに言われぬ事情が見え隠れしてくる。松浦武四郎の調査によると、石狩川流域を中心とする石狩平野に置かれた石狩場所の請負人は横暴を極めていたようだ。近隣のアイヌは順次、石狩人別帳（戸籍）に繰り入れられ、一五歳から五〇歳のアイヌは石狩川河口付近の石狩浜へ強制的に出稼ぎに送られることになった。人別帳は松前奉行時代にもアイヌを対象にしたものはあったが、場所請負人は労働力を確保するため積極的に世帯の調査を行なった。そのように、アイヌの扱いは場所請負人やその番人たちの意のままに放任され、彼らの妾にされた未婚の女性は数知れなかったという。

夫がそばにいないアシメノコも例外ではなかっただろう。彼女が再婚したのは単身赴任で労働を強いられていたイチャンコエキだった。彼にも妻子があったが、アシメノコは彼の現地妻となった。彼女にとってそれが身勝手な和人から身を守るための最善の策だったのかもしれない。

それからおよそ三〇年の月日が流れた一八五七（安政四）年。盲目の老婆となっていたアシメノコのもとに、一人の和人がやって来た。松浦武四郎と名乗るその男は、彼女の甥であるビャットキに間宮林蔵のことを尋ね始めた。アシメノコが林蔵との関係を告白したのかどうかはわからない。だが、アシメノコは武四郎から林蔵の消息を耳にしたことだろう。林蔵はすでに一三年前、この世を去っていた。

全ては歴史に埋もれ、われわれの前にはただ林蔵が手がけた蝦夷地の地図だけが残った。地図作りにかける情熱や夢、大自然との苦闘、異郷の人々との出会いと別れ、それは長年、アイヌとともに歩んだ林蔵の生きた証でもあった。

第七章

間宮海峡へ

残されていた疑問

間宮海峡発見二〇〇年を迎えた二〇〇九年は、間宮林蔵に注目が集まる節目の年になった。わたしは東京や北海道の稚内で開催された講演会等で林蔵追跡の旅について語る機会を与えられた。探検家としての彼の業績をひと言で表現するなら、未知の北方世界を明らかにした人となるだろう。海峡発見をはじめ、測量や地図制作の仕事は蝦夷地にも向けられた。今なお一般にほとんど知られることがない北東アジア少数民族の文化や習俗を記録に留めた点でも高く評価される。林蔵の生涯を振り返ることになったその年、わたしはあまり深く考えたことがなかった疑問が二つ残されていることに気づいた。

ひとつ目は、発見二〇〇年の記念事業が開催された間宮海峡についてだ。それは現在、異国ロシアの地にあり、日本人のほとんどがどのような場所なのかを知らない。にもかかわらず、歴史の教科書に登場し、誰もが名前を知っている。

現代のわれわれにとって間宮海峡はどのような存在なのか――。

周知の通り、サハリンが大陸と陸続きなのか、島なのかが曖昧だった時代、林蔵は島であることを踏査によって確かめた。名だたる西欧の探検家に伍して海峡を最初に発見し、その名が世界地図に刻まれたことは多くの日本人に計り知れない力を与えた。わたしが探検の世界に足を踏み出したのも、間宮林蔵のそのような姿に憧れたからだ。

とはいえ、探検そのものが日本国民の関心事だとは思えない。彼が歴史上の重要人物として教科書に登場するのには、もっと別の力学が働いているはずだ。

林蔵が日本で国民的英雄として扱われるのは、海峡発見から約一〇〇年後のことだ。一九〇四(明治三七)年四月、林蔵は北方探検の功績を称えられ、宮内省(現・宮内庁)から正五位を贈られた。決定の背景にはその二カ月前に勃発していた日露戦争があった。ロシアが脅威と見なされていた江戸後期、国境を見極めようと果敢に北へと向かった林蔵の勇姿は、ロシアに挑む明治日本の精神的支柱として重要な存在だったのだろう。彼の物語は昭和に入ると文部省『尋常科用小学国語読本』に登場し、林蔵や間宮海峡は広く知られるようになる。日本国民が教科書で学ぶ間宮海峡のルーツは日露戦争に遡るのだ。そこには林蔵の探検が国威宣揚のために持ち上げられた経緯がある。

だが、時代は変わった。間宮海峡発見には現代のわれわれにとってどんな意味や価値があるのか。わたしは林蔵の足跡をたどり直し、改めて問いかけてみる必要があると思った。

二つ目の疑問は、林蔵自身についてだ。二〇〇年を経た現在もなお、林蔵が持つもうひとつの顔である幕府隠密は、厚いヴェールに包まれたままだ。隠密は忍者やスパイとみなされるが、彼は本当に隠密だったのか?

『国史大辞典』には、「樺太探検で名高い間宮林蔵は晩年隠密となり、シーボルト事件の発覚はその密告によったといわれる」とある。そのように林蔵の隠密説はシーボルト事件との関係が指摘される。現にオランダ商館員フィッセルは、「間宮林蔵についてはすでに前々からいろいろと風聞があった。その人物は当時危険な人物として知れわたっていたのである」（『日本風俗備考一』庄司三男・沼田次郎訳注）と書いていることから、林蔵は隠密として生前から噂が立っていたことがわかる。歴史にその片鱗が見られる以上、噂の真相に迫らない限り林蔵の実像を明らかにすることはできないだろう。

運命の地、間宮海峡

二〇一四年九月、わたしは再びサハリン島へ行くチャンスを手にした。テレビ番組の仕事で間宮林蔵の足跡をたどることになったのだ。わたしに与えられた役割は、旅をする俳優のガイド役として出演し、林蔵の探検を現場から伝えることだ。

大まかな計画として、日本からのロケ隊は八人。わたしとディレクターの二人が先乗りして準備を進める。日本語に堪能なロシア人通訳一人と現地で合流し、現地のオフロード愛好会を訪ねて四駆車四台と各車のドライバーを手配する。二日後に後発隊の六人が来たら、ロケ本番だ。その内容は、サハリン島南部の中心都市ユジノサハリンスクを起点に四駆車で北上し、およそ五九〇キロメートル先の間宮海峡に臨むポギビへと向かう。さらに、最北部にあるニヴフの集落ネクラソフカをめざし、南北およそ七五〇キロメートルを走破するというものだ。車を四台も必要としたのは、撮影機材等を運ぶ以外にも理由があった。間宮海峡に接する島の北西岸へは舗装道がない。ぬかるんだ悪路で車が動けなくなった際、牽引が必要になるためだという。各車のドライバー四人とオフロード愛好会のリーダー二人が加わるので、ロケ隊は総勢一五人という大所帯だ。

前回サハリン島へ出かけた一九九七年、わたしは越冬した林蔵の体験に迫りたいと思い、あえて厳冬期の一二月末に出かけた。林蔵が出かけたテルペーニエ湾（現在のポロナイスク近く）では氷点下三〇度の酷寒を味わった。

当時、間宮海峡をひと目でも見たいと思っていたわたしは、ポロナイスクから車で北へと向かい、北緯五〇度に位置する西岸の地アレクサンドロフスク・サハリンスキーにたどり着いた。そこは、ロシアの流刑地、文学者チェーホフの滞在地として知られる。だが、さらに北へと進もうとしたが道は氷雪に閉ざされ、引き返さざるを得なかった。間宮海峡まではもうあと一〇〇キロメートルほどというところだった。

今回出かける九月は降雪期ではないため、間宮海峡やサハリン北部に足を運ぶ得難い機会になりそうだ。何よりわたしは間宮海峡で確かめてみたいことがあった。間宮海峡には広義と狭義、ふた通りの解釈がある。ユーラシア大陸とサハリン島に挟まれた海峡全体を指すものと、それら二つの陸地が東西わずか七・三キロメートルまで接近する最狭部の海峡を指すものだ。現地ロシアでは前者をタタール海峡、後者をネヴェリスコイ海峡と呼ぶが、シーボルトが「マミヤノセト」と命名したのは後者にあたる。

すでに見た通り、林蔵の時代、サハリン島の周辺海域はイギリスのブロートン、フランスのラ・ペルーズ、ロシアのクルーゼンシュテルンによる探検航海が行なわれていた。彼らの大型船では大陸と島の間に横たわる浅瀬を通過できず、そこが地峡か海峡かが曖昧なまま残されていた。

林蔵が明らかにしたのは西欧の探検家たちが通過できなかった場所が海峡だったという点だ。シーボルトはその偉業を称え、南北わずか五六キロメートルの海峡最狭部をマミヤノセト、つまり、間宮海峡と名づけたのだ。

林蔵の探検を読み解く上で特に重要なのが、間宮海峡に臨む二つの場所、ノテトとラッカだ。どちらも現在のネヴェリスコイ海峡の南部にあたる。サハリン島を二度、探検した林蔵にとってはどちらも運命の地と言っていいだろう。第一回目の探検では、島の周囲を踏破せよという使命に対し、林蔵はサハリン南端から東岸を北上したが、厳しい環境のため断念した。引き返して西岸に出た林蔵は再び北上し、間宮海峡最狭部に臨むノテトで松田伝十郎と合流した。林蔵はそこで、伝十郎が約二四キロメートル北にあるラッカへとすでに出かけ、「カラフト離島に相違なし。大日本の国境を見定めたり」と判断したことを聞かされた。林蔵は伝十郎とともにラッカに出かけたが、ラッカから北上できず伝十郎とともに帰路についた。その体験が林蔵の第二回目の探検の直接的な引き金になった。

そして林蔵はとって返すように、二度目の探検に出る。再びノテトにやって来た彼は氷海が解けるのを一カ月ほど待ち、準備が整うと北進を始めた。彼はラッカを越え、海峡の最狭部を突破してサハリン北部のナニヲーにたどり着いた。ところが、そこから未踏の東海岸へ進むことは難しく、彼はノテトに引き返した。林蔵はなんとかして東海岸に行きたいと思ったが、結局、従者を見つけることができず断念した。ノテトの首長コーニが仲間と大陸に出かけることを知った林蔵は方針を転換し、彼らと満州仮府デレンを訪れることができた。

間宮海峡発見の地であるナニヲーと、中国の朝貢貿易の様子を探った満州仮府デレン。林蔵の探検を象徴するそれら二カ所への旅はいずれもノテトを起点としていた。その偉業は第二回目の探検で成し遂げられたものだが、林蔵にそのきっかけを与えたのは第一回目の探検でラッカから引き返した苦い体験だった。

林蔵の探検で、重要なドラマの舞台はノテトやラッカという海峡最狭部に集中しているのだ。中でもわたしがいまだ状況をよく把握できていなかったのは、サハリンを島と認め、ラッカを日本の国境だと見定めた松田伝十郎の根拠だった。わたしは林蔵の運命を決したそのひと言の妥当性を、現場で確かめてみたいと思った。

サハリン南部をゆく

成田空港を飛び立った先発隊のわれわれ二人は、二時間二〇分ほどでサハリン島のユジノサハリンスク空港に降り立った。北緯三五度の成田から北緯四六度のサハリン島に飛ぶと、気候帯を飛び越えて、寒い国にやって来たことを肌で感じた。旅に出た九月二日、日本ではまだ残暑の陽気だったが、到着したサハリン島ではすでに風がひんやりと冷たい。

飛行機から降りて開放的な空気を味わったのも束の間、入国審査と税関審査が始まった。何度来てもロシアの入国時には緊張を強いられる。今回、わたしは自分のことよりも、同行しているスタッフのことが心配だった。彼はロシアに入国するのは初めてで、ロケの支払いに必要な資金を現金で持ってきていた。彼が腰に巻いているウエストポーチには札束がぎゅうぎゅうに押し込まれ、その重みで垂れ下がっている。多額の現金が見つかったら面倒なことが起こるのは目に見えている。

「やばいから別のところにしまっておいたほうがいいですよ。バックパックの中とか」

わたしがそう言うと、彼は無言でバックパックの中をわたしにチラリと見せた。

札束はそこにも詰め込まれていた。一体いくら持ってきたのかはわからないが、怪しい商売をしにやって来たものと疑われても仕方がない。ただし、ロシアではクレジットカードやトラベラーズチェックはごく一部の場所でしか使えない。街を離れると銀行さえないので、ロケの場合は現金を持ち歩くしかないのだ。幸運にも税関の審査員はわれわれが持ち込んだ撮影機材に気を取られたとみえ、問題なく通過できた。ゲートを通過すると、日本語の堪能なロシア人通訳に迎えられた。張り詰めた気持ちが一気に解け、ほっとひと息つく。時計を見ると夜の一〇時を回っていた。

通訳は林蔵や間宮海峡について、この仕事を引き受けるまではほとんど知らなかったという。ロシアには間宮海峡という名称は存在しない。そこは一八四九年に海峡を帆船で航行したロシア海軍のゲンナジー・ネヴェリスコイにちなみ、ネヴェリスコイ海峡と呼ばれている。サハリン南部にあるネヴェリスクの町名も彼にちなんでつけられた。そこは日本領時代には本斗（ほんと）と呼ばれる集落だった。

四台の四駆車やテントの手配などロケの準備が終わり、後発隊と無事に合流すると七日間にわ

写真7-1
シーカヤックでサハリン西岸を行く。

たる撮影が始まった。サハリン南部の中心都市ユジノサハリンスクからその西方沿岸のホルムスク、中部東岸のポロナイスクへの移動経路は、前回のわたしの旅のルートと同じだ。だが、氷雪に覆われていない島の風景は、わたしの目に新鮮に映った。夏のサハリンは眩いほどに緑多き植物の楽園だった。

ホルムスクから北へ一〇キロメートルほど進んだ海岸で、撮影のためにシーカヤックに乗った。海上からサハリン島を眺めると、島の印象は一変する。島は低い丘陵地が波打つように続く、とても穏やかで優しい印象の土地だ。サハリン島で最も高い山はサハリン中部のやや東寄りにあるロパチン山（標高一六〇九メートル）だ。サハリンには北海道の大雪山のような標高二〇〇〇メートルを超える雄大な山も、千島列島に点在する活火山のような危険な山も存在しない。サハリンの山はどれも丸みを帯び、海岸線と平行に南北に続いている。

その様子は林蔵が旅をしながら書き留めた野帳にも表れている。サハリン島はランドマークとなる特徴的な山が少ないため、測量を行なった林蔵は結構苦労したのではないか。

シーカヤックで近海に漕ぎ出すと、水の透明度に驚かされた。目に入ったのは昆布が長い布のように幾重にも水中をはためき、海底を覆い尽くしている様子だ。その非現実的な世界は巨大なハーバリウム（植物標本）の中に迷い込んだかのようだった。

現地に暮らすサハリンアイヌは昆布を食べる習慣がなかったのだろう。それは伸び放題になっていたため、林蔵にとっては厄介な存在だった。水面近くまで繁茂した昆布は航行を妨げる障害になった。そればかりか、枯れた海藻が海岸に打ち上げられて堆積し、腐って嫌な臭いを発していた。それは足の踏み場もないほど地面を覆い尽くしていたという。

撮影を終えたわれわれは元の海岸に戻り、再び車で北上した。しばらく進むとサハリン島の東西の海岸がわずか二六キロメートルにまで接近する狭隘（きょうあい）部に差しかかった。サハリン島南部は魚の尾鰭のような形をしており、そこはちょうど尾鰭の付け根にあたる。林蔵は第一回目の探検でその地点を通り、東海岸から西海岸に出た。現在は舗装道が整備されているが、夏草が伸び放題のままなので、所々道路が茂みに覆い隠されてしまっていた。

休憩時間になるとドライバーは車を停め、その茂みの中に姿を消した。わたしはトイレにでも行ったものと思っていたが、ドライバー同士が連れ立って次々と同じ方向に出かけていく。それに気づいた撮影クルーのひとりが言った。

「キジ撃ちってわけじゃなさそうだな」

その言葉を耳にしたロシア人通訳が反応した。

「うまいものがあるらしいですよ」

わたしは通訳と一緒に茂みに入ってみた。

すると、足もとに赤い実がなっている。

「日本語ではコケモモって言います」

通訳はそう言いながら、実を二、三粒もぎ取った。

ツツジ科のコケモモの赤い実は、リンゴベリーとも呼ばれ、甘酸っぱい味がする。現地の人は皆大好物で、氷雪に閉ざされる長い冬の間の食料として、たくさん採っては砂糖漬けやジャムにして保存する。そのまま生でも食べられるというので、わたしもいくつかつまんで口に入れてみた。野生味がある甘さと酸味は一度口に入れたら最後、やみつきになる。わたしはその後も茂みに赤い色を見つけると、コケモモではないかと敏感に反応するようになった。きっと林蔵もそれで旅の疲れを癒したのではないか。

われわれはサハリン島の狭隘部を横断して東海岸に出た。海の様子は内海に面する西海岸とは異なり、オホーツク海の北風を受けて波立っており、明らかに西海岸よりも荒々しい。そのような環境の違いが林蔵の探検を左右した。二度にわたる探検で東岸の踏破が思うようにいかなかったのは、荒波や強風が打ちつけるオホーツク海沿岸を安全に航行することが難しかったからだ。厳しい自然環境のためか、東海岸に集落が少なかったこともその一因だろう。

東海岸のアルセンチェフカでわれわれは車を降り、北東一五四キロメートル先にあるポロナイスクまで電車で向かった。電車に乗り換えたのは番組の演出上、車だけではマンネリになる旅のシーンに変化を持たせようという意図からだ。ポロナイスクから先は再び車に乗り、間宮海峡へと向かう。

悪路との闘い

ポロナイスクから北へ約九〇キロメートル。われわれは北緯五〇度線に立つ国境跡の碑に立ち寄った。そこは日露戦争後の一九〇五（明治三八）年から第二次世界大戦終結後までの四〇年間、日本とロシアの国境があった場所だ。

サハリン島は林蔵が探検した後も、領土の帰属が定まらない曖昧な地域だった。それは幕末の一八五五（安政二）年、日魯（にちろ）通好条約（日露和親条約）が締結されて日露間の国境が択捉島（日本側）とウルップ島（ロシア側）の間で確定した時も同様だった（260ページの図7-1の①）。サハリン島は、日露両国において「境を分たずこれまでのしきたりの通りたるべし」と決められ、両国民が混住する場所とされた。だが、ロシアのサハリン開発が活発化し、日露間の衝突が頻繁に起きるようになる。

そのため一八七五（明治八）年に樺太千島交換条約が締結され、日本は千島列島のシュムシュ島からウルップ島までの旧ロシア領を譲り受け、代わりにサハリン島全島を放棄した（図7-1の

②)。

日本の領土に大きな変化が起きるのは、一九〇四(明治三七)~〇五(明治三八)年の日露戦争だ。戦勝後のポーツマス条約により、日本はサハリン島北緯五〇度以南の土地を譲り受けた。ロケ隊が訪れた旧日露国境はその時、画定されたものだ(図7-1の③)。

第二次大戦で敗戦した日本は、一九五一(昭和二六)年に締結されたサンフランシスコ平和条約で領有していた北緯五〇度以南のサハリン島と千島列島(北方四島は除く)の権利、権原、請求権を放棄した(図7-1の④)。

写真7-2 北緯50度線と旧日露国境。

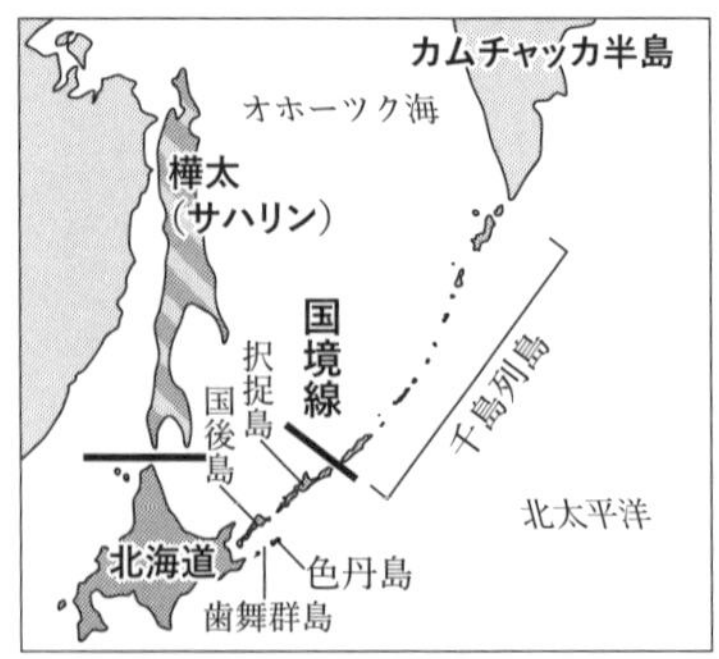

①日魯通好条約

1855年の日魯通好条約に
基づく国境線

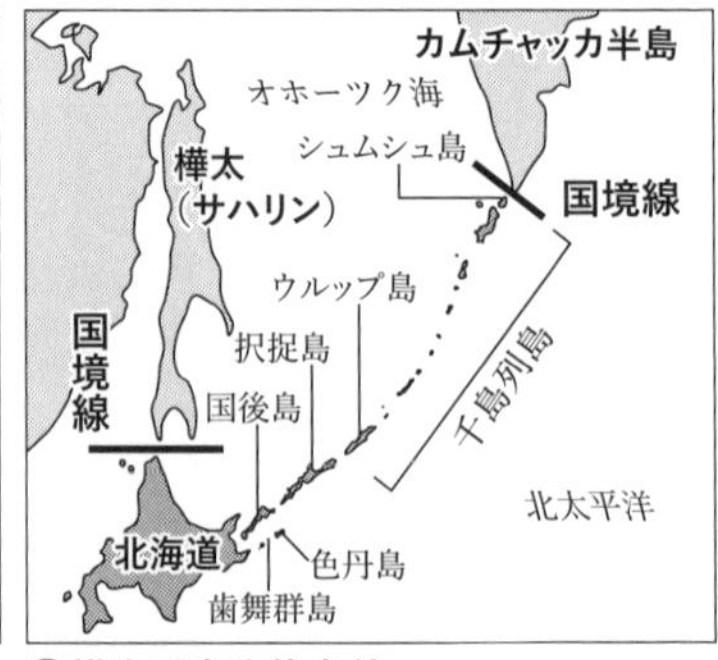

②樺太千島交換条約

1875年の樺太千島交換条約に
基づく国境線

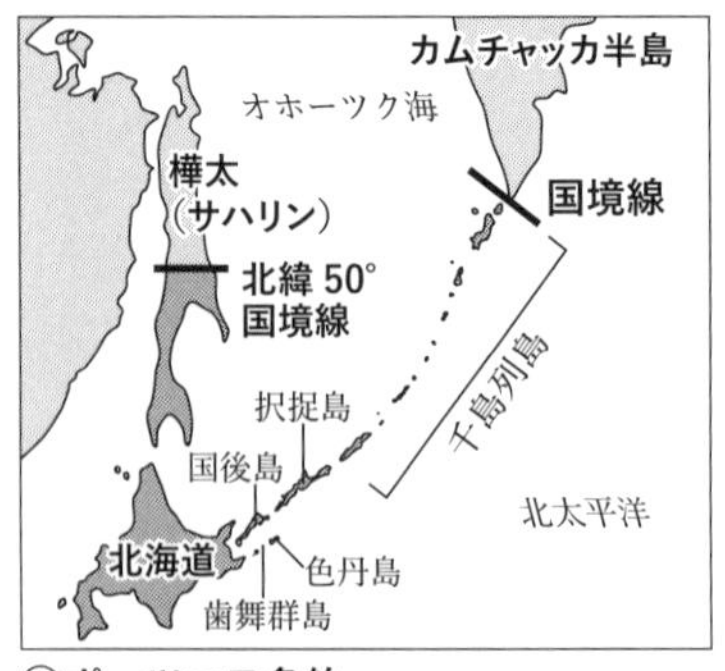

③ポーツマス条約

1905年のポーツマス条約に
基づく国境線

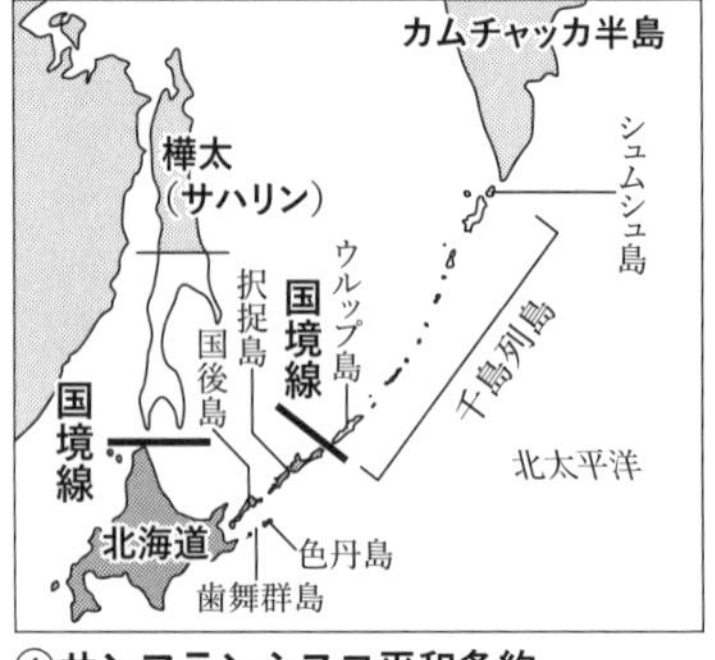

④サンフランシスコ平和条約

1951年のサンフランシスコ平和条約に
基づく国境線

図7-1

北方領土問題の経緯

［出所］外務省ホームページ
「日本の領土をめぐる情勢」
をもとに作成

一九世紀から二〇世紀にかけてサハリン島をめぐる日本とロシアの関係を見ていると、中国の存在感が影を潜めていることに気づく。中国はイギリスと戦ったアヘン戦争（一八四〇～四二年）で国力が衰え、英仏と戦ったアロー戦争（一八五六～六〇年）後にロシアと締結した北京条約（一八六〇年）で、アムール川流域や沿海州をロシアに譲り渡した。林蔵が訪れた一九世紀前半、中国清朝は朝貢貿易をサハリンでも活発化させていたが、一九世紀後半に中国国境はサハリン島から遠のいていたのだ。

江戸時代が終わりを告げると、日本は近代国家の道を歩み始めた。鎖国政策をやめて開国し、他国と自国の領土を明確化する国境を確定した。日本の領土（国境の内側）は排他的な存在として国際社会に受け入れられた。だが、サハリンの北緯五〇度線に立って歴史を振り返ると、複雑な気分になる。日本は第二次大戦の敗戦後、サンフランシスコ平和条約でサハリン南部と千島列島（北方四島は含まれない）に対する権原等を放棄した。だが、同条約に署名しなかったソ連には、北緯五〇度以南のサハリン島を支配する正当性はないのだ。サハリン南部は日本領でもソ連領でもないまま、ソ連が実効支配し、現ロシアに引き継がれている。わたしには北緯五〇度の記念碑が、そのようなサハリンの領土問題の曖昧さを象徴するものに見えるのだ。

車は一本道を北へ、一気に約一四〇キロメートル進み、未舗装道へと入った。そこからめざす間宮海峡のポギビまでは北西に一二〇キロメートルほどだ。海岸に近づくまではこれまでと同じような森林地帯を九〇キロメートルほど進み、その後は湿地帯を越えて西岸の間宮海峡に出る。タイヤが路面の石を踏むたびに、車の後部座席にいたわたしの身体は大きく上下に揺れた。頭を車の天井に打ちつけ、それが何度も続くためヘルメットが必要なくらいだ。打ちどころが悪いと首を痛めてしまうだろう。わたしは揺れが続く中で、前方座席や手すりをしっかりとつかんでいたこともあり、小一時間走っただけで腕の筋肉に疲労感を覚えた。

路面の凹凸ばかりか、水捌けが悪い場所や倒木で道が塞がれた場所もあった。そのたびに車は迂回ルートを見つけ出そうと、人間の身長よりも高い草が生い茂る草むらに突っ込んでいく。見通しの悪い場所では、大きな石の上に乗り上げて車体が大きく傾いた。

このまま車が横倒しになってしまうのではないか……。わたしが冷や汗をかくような難所でも、オフロード愛好会のドライバーは意に介さない。いや、むしろ彼らは恍惚感を覚え、テンションが上がりっぱなしになっているかのようだ。

だが、ついにわたしが乗っていた車のタイヤがパンクしてしまった。鋭い岩か枝を踏み抜いてしまったとみえる。他の車からドライバーが次々とやって来て、「ダサいなお前」と、パンクさせたドライバーを冗談混じりにけなし始めた。誇り高きオフロードドライバーにとって、パンクは少々恥ずかしいことらしい。ドライバーは手慣れたもので、トイレ休憩ぐらいの時間でパンクの修復を終えた。

ところが、めざす間宮海峡のポギビまであと約四〇キロメートルという地点から、道はますます荒れ放題となり、わたしが乗る車はタイヤがぬかるんだ地面にはまって動けなくなった。なんとか抜け出そうとドライバーがアクセルを踏むが、空回りするタイヤによって地面の泥が前へ、後へと勢いよく跳ね飛ばされた。ハンドルを切ってもがけばもがくほど、車体は地中に沈み込ん

写真7-3 間宮海峡のポギビまでは湿地帯が続く。悪路に阻まれながらも前進を続けた。

でいく。

われわれは応援に来た車に牽引してもらい、どうにか脱出した。とはいえ、湿地帯を貫通する道には乾いた場所がないに等しく、車は何度もぬかるんだ場所にはまった。車四台ともが同じような窮地を乗り越えなければならないため、動けなくなった車を牽引していた車が動けなくなり、別の車がその二台をかろうじて救い出すという場面もあった。

サハリン北部の沿岸には湿地帯が広範囲に存在し、地面が固まる冬季以外は四駆車が四台あっても安心できないという。林蔵の探検は丸木舟やサンタン船で沿岸を航行するものだったが、ほぼ徒歩では陸地を進めなかったのは湿地帯が沿岸部に広がっていたためだ。現場で苦労をしてみて、わたしはようやく林蔵が直面していた困難を実感した。

われわれの走行には予想以上に時間がかかり、気がつけば太陽は西に大きく傾いてしまってい た。当初の予定ではその日のもっと早い時間に間宮海峡に到着しているはずだったが、湿地帯の悪路に完全に翻弄されてしまった。

現地で買った地図によれば、目的地である間宮海峡に臨むポギビに到着する寸前まで無数の湖沼が道を取り囲んでいる。なお、前途多難だ。

アザラシ肉を食う

日没後に車が動けなくなるのは避けたい。

「どこかで野宿するしかないですね」

そう言い始めた撮影スタッフに、ドライバーのリーダーは近くに猟師の避難小屋があると伝えた。そこを自由に使えるなら願ってもないことだが、小屋が無理でもその周辺はきっと平坦で地面が乾いているに違いない。わたしは通訳を介して尋ねてみた。

「その辺の猟師は何を狙うんですか」

「ヒグマですよ」

北海道と同じくサハリンにもヒグマが棲息しているようだ。野営する場合、その危険性も意識しておかねばならないだろう。

やがて車窓に木造の小屋が見えてきた。わたしは車を降りて中をのぞいてみた。年季の入った薪ストーブがあり、小さいながらもしっかりとした造りの小屋だ。小屋周辺にもテントを設営できるスペースがある。ひと晩やり過ごすにはちょうどいい場所が見つかってよかった。それに安心したのか撮影スタッフがやって来てわたしに耳打ちした。

「この後、アザラシ肉の撮影、よろしくお願いします」

事前の計画ではシーカヤックと同じタイミングで、アザラシ肉を食べる場面を撮影することになっていたが、時間が押して先送りとなっていた。スタッフによれば、アザラシの生肉はそのまま車に積まれているという。

林蔵が二度にわたるサハリン探検の見聞をまとめた『北夷分界余話』によれば、サハリンアイヌは「海獣の油を食すること甚だし」とあり、たいていの食物にアザラシの油を注いで食べていた。アザラシの油には野草などを解毒する作用があり、サハリンの人にとっては年間を通じて一日たりとも欠かせない食材だったという。

冬に海獣油が不足した時に、彼らは斧や小刀、古釘、破れ鍋など交換価値がありそうなものを犬ぞりで引いて北方にあるニヴフの村を訪ね、海獣油と物々交換した。手に入れた油を犬に引かせて持ち帰ったことなどが記録されている。アザラシはサハリン北部のオホーツク海で繁殖することから、海獣油も北方のほうが豊富にあった。いずれにせよ、サハリンを旅した林蔵はアザラシの油ばかりか肉も食べ慣れていただろう。

わたしは以前、グリーンランドでアザラシ肉を食べた経験があった。それはプイダスワシャと呼ばれる料理で、アザラシ肉の煮汁に玉ねぎと米を入れて長時間火にかけコトコトと煮込んだものだ。臭みはなく、日本人にも好まれそうなやさしい味がした。また、アザラシ肉をゆで肉にして食べる、プイダニャカという料理もあり、グリーンランドでは煮込み料理が多そうな印象だった。

わたしは撮影の準備をしながら、サハリンのロシア人にアザラシ肉の食べ方を尋ねてみた。すると、肉を食べる人はいないという。ただし、サハリン産シールオイル（海獣油）を使ったサプリメントは人気があってお土産に買い求める人が多いらしい。海獣油にはオメガ三系の脂肪酸が多く含まれ、血液循環をよくするなど健康に効果があるとされる。サハリンの先住民が毎日のように食べていた海獣油には先祖代々の生きる知恵が活かされていたようだ。

アザラシ肉の撮影準備を任されたわたしは時間がかかりそうな煮込みを避け、シンプルに炭火で焼いて食べることにした。粗塩をふりかけて味見をしてみると、しっかりとした肉の歯応えがある一方、魚の味がした。肉と魚を同時に食べているかのような不思議な食感だ。

調理中もその肉から強烈な魚の臭いが周囲に広がった。そのため、寝静まった頃に臭いにつられてヒグマがやって来ないとも限らない。

撮影後、わたしが現地のドライバーにそのことを伝えると、今はちょうど鮭が川を遡上してきている季節なので、ヒグマのほとんどは川原に降りて忙しくしているはずだという。それは冗談のような受け答えだったが、招かれざる客が来てしまったらどんな目に遭わされるかもわからない。念には念を入れ、アザラシ肉の残りはわれわれのキャンプ地から遠ざけてもらった。

アムール川河口の謎

われわれは翌朝も、何度かぬかるんだ場所で立ち往生を強いられた。だが、昼に差しかかる頃、まばらになった木や草の間から青白く光る空と海が見えた。間宮海峡だ。薄茶色の砂浜が海岸線を遠くまで覆い尽くし、波もなく、音もない。

そこは風雲急を告げるかのようなドラマチックな歴史の舞台というよりも、世界の果てにひっそりと佇む風光明媚で穏やかな楽園と呼ぶほうがふさわしい。前者のイメージしか持っていなかったわたしは肩透かしを食ったような感じがした（間宮海峡のカラー写真は口絵viページ上）。

そして何より印象的なのは、対岸の陸地が間近に見えることだ。そのラザレフ岬はネヴェリスコイ海峡（間宮海峡最狭部）に突き出すユーラシア大陸の一部だ。山のように天を突き上げる岬の麓にはラザレフの集落が軒を連ねている。集落にある大きな建物も目で確かめられた。

われわれがたどり着いたポギビには現在、灯台守や気象観測員など数人が暮らしている。ポギビから対岸のラザレフまでは約七キロメートル。わたしはその数字を把握してはいたが、実際にその場に立ってみると対岸の大陸は思いのほか近くに見える。陸地がそこまで接近していると、目の前の海が内湾なのか海峡なのかを判断するのはかえって難しい、とわたしは思った。

伝十郎はなぜサハリンを島と判断したのだろう？　彼が著した『現代語訳　北夷談』（中村満編

写真7-4　間宮海峡には楽園のような穏やかな空気が流れていた。

写真7-5　ポギビの西方約7キロメートルにある、ユーラシア大陸のラザレフ岬。建物までしっかりと見える。

訳・松永靖夫監修）には次のように書かれている。

「ラッカという岬に着いた。（中略）東西南北を見渡すと、山丹地マンゴー川（サンタンが暮らす大陸のアムール川）の河口などもはっきりと見られるので、樺太が離島であることは間違いない。（中略）山丹地は海上四里（約一六キロメートル）ほど先にあり草の色もよくわかる」

伝十郎の説明によれば、ラッカの対岸にアムール川河口がはっきりと見え、それがサハリンを島だと判断する決め手になったのだという。

日本では、伝十郎と林蔵が探検に出る頃までにアムール川の河口のおよその位置は知られていた。一八〇一（享和元）年、幕命を受けてサハリンを探検した中村小市郎と高橋次太夫の二人は、現地人からサハリン北部の様子を聞き取り、「カラフト見分図」をまとめた。それによると、サハリン西岸の最北端付近の対岸にアムール川の河口が描かれていた。

でも、なぜアムール川の河口が見えただけで、サハリンが島だと言えるのだろうかと、わたしは疑問に思った。そこで、後に伝十郎と合流してラッカに行った林蔵の記録を確かめてみる。

「山並が続く大陸の地平線は、その一部が途切れ、海に沈み込んでいるように見える。そこがアムール川河口なのだろう。一方、サハリン沿岸は平坦な陸地で大陸とは反対の北東方向に延びていく。その間に海が広がっているように見えるので、サハリンは島なのだろう」（「間宮林蔵樺太幷満州探検事績」東京地学協会）

歯切れはよくないが、林蔵もラッカからアムール川の河口らしきものが見えたと言っている。アムール川河口は、サハリン西岸最北部付近の対岸にあたるため、もしその間に海が広がって見

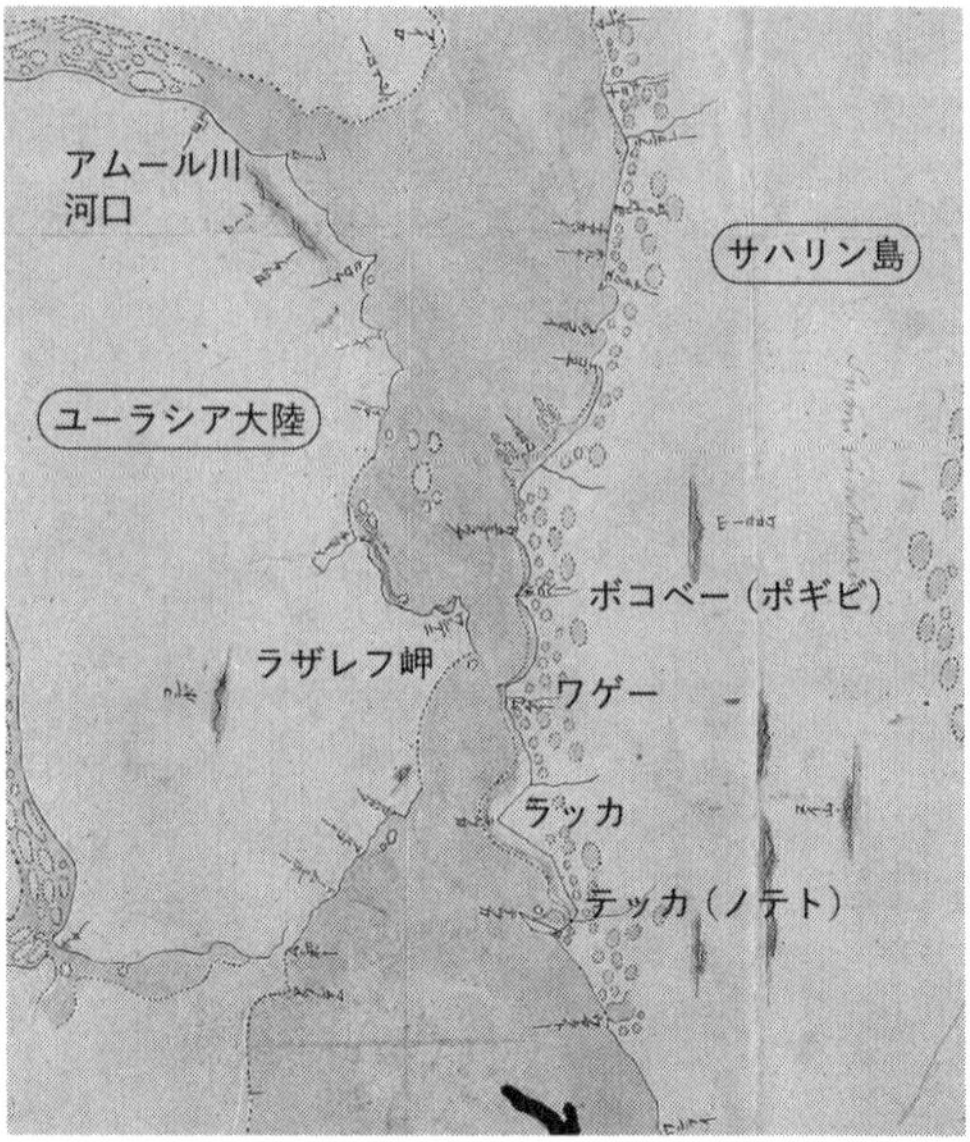

図7-2　林蔵が訪れた間宮海峡の最狭部の地名。
［出所］「黒龍江中之洲幷天度」（部分）

えたというのであれば、サハリンは陸続きではなく島だと判断できそうだ。

ポギビに到着したわたしは、間宮海峡の岸辺に立ち、アムール川の河口を探してみた。ところがそれらしきものは見当たらない。

林蔵の「黒龍江中之洲幷天度」によれば、南北約五六キロメートルの間宮海峡最狭部に地名が記されている。南からテッカ（ノテト）、ラッカ、ワゲー、ボコベー（ポギビ）と並ぶ。わたしがやって来たポギビは伝十郎がたどり着いたラッカよりも約三八キロメートル北に位置し、アムール川河口にはより近いところにある。伝十郎はラッカでアムール川の河口をはっきりと見たと書いている。ところが、ポギビに来たわたしは、どこを探してもそれを見つけることができない。ポギビはラッカよりアムール川河口に近いのだから、見えてもよさそうなものだが……。視界は天候によって左右されるし、見る角度が異なるために見えないということもありうる。伝十郎と林蔵はラッカにおいてアムール川河口を実見し、その（アムール川河口の）対岸にあるサハリン島との間に海が広がっていることを目視した、と書かれた記録を信じるしかないのかもしれない。だが、自分で自分をそう納得させてしまう前に、わたしはポギビからアムール川が見えるのか見えないのかを、客観的に確かめてみることにした。

地球が丸いことから、人間が水平線に向かって見渡せる距離は目線の高さを知れば平方根を使った計算で求めることができる。

$$d=3570\sqrt{h}$$

dは水平線までの距離。hは目線の高さだ。

身長一七四センチメートルのわたしが沿岸に立つ場合、高さを二メートルとして計算すると、約五キロメートルの値が得られる。つまり、沿岸から見渡せる水平線までの距離はわずか五キロメートルほどだ。

ポギビから対岸に見えるラザレフ岬までは約七キロメートルある。岸辺に立つわたしに見えていたのは、約五キロメートル先の水平線とその上に突き出した、ラザレフ岬の標高が高い部分だけだったことになる。地球が丸いためそのような見え方になるのだ。

ポギビから見てアムール川河口は北西はるか八八キロメートル先にある。それほどの長距離では沿岸部に立つだけではアムール川河口付近を見ることはできない。

もし高いところに立てば、見える範囲は広がる。サハリンの地図を開き、ラッカ付近にある標高の高そうな丘を探してみた。すると、ラッカの最も海側に突き出た岬の突端の標高は約一一・五メートルある。その標高の数値に伝十郎や林蔵のおよその身長を加えて一四メートルとして計算してみる。すると、得られる値は一三キロメートルだ。ラッカにある高台に立ったとしても、彼らは物理的にアムール川の河口を見ることはできないことになる。

「黒龍江中之洲幷天度」ではラッカと大陸がずいぶん接近しているように描かれているが、現代の地図を確かめると、実際には約一七キロメートル離れている。伝十郎は対岸まで海上四里（約一六キロメートル）と書いているので数値的には近い。ラッカの岬からは一三キロメートル先まで視界が届く計算だったので、水平線の上に突き出た陸地を彼はラッカで見ることができたはずだし、対岸の草の色がわかるという記述は正しいと言えるだろう。だが、そこからはどうやってもアムール川の河口を見ることはできない。つまり、間宮海峡最狭部付近から見える風景をもとに、サハリンを島であると断定することは不可能なのだ。

伝十郎が間宮海峡のラッカで見たものは、アムール川河口ではなかった。ラッカからの光景を根拠に彼がサハリンを島と判断したことには無理がある。だが、彼はサハリンが島であることについて他にも情報を得ていた。帰国後に提出した報告書「からふと嶋奥地見分仕候趣（つかまつりそうろうおもむき）奉申上候書付」（洞富雄・谷澤尚一編注『東韃地方紀行他』所収）には、間宮海峡から六日ほど北航すれば東海岸のヌエフト（位置不祥）というところに出られると住民から教えられたと書いている。

いずれにしても、これで疑問のひとつは解けた。サハリン最北部のナニヲーまで行かなければ、サハリンを島とは確かめられない。それを最初に確かめたのは林蔵であった。

間宮海峡とは何か

ラッカにたどり着いた伝十郎は書いている。

「大日本の国境を見定めたり」

伝十郎のその宣言にはどのような意味や背景があったのだろうか。『現代語訳　北夷談』（前出）には、伝十郎がノテトで耳にした情報について次のような記述がある。

「すでにこの年、当島ナヨロ（サハリン南部の集落）夷人シトマアイノほか五人乗り組一隻、ウシヨロ（サハリン南部の集落）夷人センバクメイほか五人乗り組一隻の合計二隻が（ノテトを起点に）満州人出張所山丹地デエレ（満州仮府デレン）という所へ行った。このデエレという所は満州（中国清朝）人出張所であって、皮類を集収する官人が駐在していて交易する」

伝十郎はノテトでニヴフの首長コーニと出会い、彼らがノテトと満州仮府デレンとを行き来していることを確かめた。それ以外にもナヨロやウショロといった島南部のサハリンアイヌも、ノテトを起点にデレンに行っていることを耳にした。ナヨロのサハリンアイヌが中国清朝から官位を授かっている事実はすでに最上徳内によって一七九二（寛政四）年に確認されているが、実際に現地民が大陸に出かける起点にしているノテトまでやって来てそれを確認したのは伝十郎が初めてだった。

サハリンと中国の国境を見定めることは、サハリンの呼称を「唐太」から「北蝦夷」に改称し、そこを直轄地としようとしていた江戸幕府にとって懸案事項のひとつだった。近藤重蔵は一八〇四（文化元）年に、サハリンにおける対ロシアや対中国清朝との日本の国境を確定し、対外防備策を充実させることを献策していた。重蔵は一七九八（寛政一〇）年と一八〇〇（寛政一二）年の二度、択捉島を探検し「大日本恵登呂府」と書いた標柱を島の二カ所に建てたことでも知られる（一七九八年の標柱は最上徳内と共同で建立）。それは来航するロシアに対して日本の領土を示したもので、「サハリンでも日本の領土や国境を見定めよ」という彼の献策にも同じ精神が宿っている。

伝十郎が初めてサハリン北部で大日本の国境を宣言したことには、そのような背景があったのだ。国境とはいえ、江戸時代の日本には現代のような国境は存在しない。だが、自国と他国の領域を隔てる境界線は確かに存在した（12ページの図P－2）。その境界線付近には異国との通信（外交）や通商のための入り口が設けられていた。長崎口、薩摩口、対馬口、そして松前口と呼ばれる四つの口だ。中でも北の国境を象徴する松前口は、他の三つの口とは異質の存在だった。境界の向こうにあるのは国ではなく、アイヌなどの北方民族が暮らす土地だったからだ。現地を支配する松前藩は彼らと交易を行ない、植民地化（蝦夷地経営）を進めていた。だが、同じように植民地化を目論むロシアが進出してきたため、幕府は蝦夷地だけではなく、その北にあるサハリンも直轄地に加えようと議論を重ねていた。伝十郎の宣言は、そんな日本の北方政策を反映したものだったのだ。

ところで、なぜ伝十郎はラッカを日本の国境と確定したのだろう。

その謎を解くヒントは、林蔵の第二回目の探検にある。彼は間宮海峡発見後、ノテトから大陸にある満州仮府デレンに向かう際、大陸により接近したラッカから間宮海峡を越え大陸に渡った。ノテトを起点に大陸に出かける現地民にとって、ラッカは渡海ポイントになっていた。伝十郎は、異国の地である大陸により接近したラッカへと出かけ、そこを日中の国境と画定したのだろう。

「カラフト離島に相違なし。大日本の国境を見定めたり」

ラッカを見分した伝十郎が発したこのひと言は、林蔵に大きな衝撃を与えた。そしてこの言葉が林蔵を第二回目の探検へと突き動かした。サハリン島を周回することを命ぜられていた林蔵にとって、ラッカは通過点に過ぎなかったからだ。

一八〇八（文化五）年七月、再度サハリンにやって来た林蔵は翌年四月、ノテトに到着した。彼はノテトを拠点としてサンタン船を借り受け、ニヴフの案内人を見つけて北に出発した。そしてサハリン西岸の最北部ナニヲーに達し、サハリンが島であることを確認した。また、首長コーニらとともにノテトからラッカを経て間宮海峡を越え、中国清朝の領土に足を踏み入れ、満州仮府デレンを訪れた。それは林蔵が、「日本の国境」と伝十郎によって宣言されたラッカを越えて実際に大陸で中国人と出会い、日中の国境を間違いなく見定めた体験だった。

第一回目の探検での伝十郎の言葉は、林蔵にとって実感が伴わず腑に落ちないものであった。だが、第二回目の探検の成果を総括すると、ナニヲーに到達した林蔵は「カラフト離島に相違なし」を、デレン訪問に成功した彼は「大日本の国境を見定めたり」を、それぞれ体現化させ、結果的に伝十郎の言葉を裏書きするようなものとなった。シーボルトが欧州で林蔵の発見を発表したため、間宮海峡発見のほうが有名になってしまったが、幕命を帯びて探検した林蔵にとって、その二つの言葉の具現化こそが与えられたミッションの完結と呼ぶにふさわしい快挙だったのだ。

彼は帰国後にサハリン島の地図である「北蝦夷島地図」（一八一〇年）を完成させた。それは一八〇七（文化四）年にサハリン島の名称を外国を連想させる唐太（カラフト）から日本領にふさわしい北蝦夷と改称し、サハリン島を幕府直轄領にしようとしていた幕府の計画を具体的に可視化するものであった。また、蝦夷地のアイヌと同族であるサハリンアイヌとの交易を通じてすでに進出していたサハリン南部から北部へと日本領を拡大する基礎となるものでもあった。計画が実現されることはなかったが、林蔵の探検が幕府のニーズに的確に応えたものだったことがわかる。

改めてたどり直してみると、伝十郎と林蔵が間宮海峡の最狭部において見定めた日本の国境は、近代国家へと向かう日本にとって未来を模索するような試みだったことがわかる。

日本開国後、ロシアとの間にサハリン島の領有権をめぐる綱引きが始まった。その歴史を物語るものとして、サハリン島の北緯五〇度の地点に日露国境跡が残されている。日露戦争後の一九〇五（明治三八）年から第二次大戦終結後までの四〇年間、そこには日本とロシアの国境線が引かれていた。だが終戦直後、日本はロシアの侵攻を受けて曖昧なまま領土を失った。それは近代国家日本の栄光と辛酸が交差する史的現場だ。

ところが、サハリン北部にはもうひとつ、忘れられた日本の国境があった。それは中国清朝と日本の間に見定められた国境というばかりか、北蝦夷の幕府直轄化を目論む日本がロシアに対して示す自国領と国防上の境界でもあった。それは伝十郎と林蔵が一八〇八（文化五）年に探検した北緯五一度、間宮海峡最狭部にある。「大日本の国境を見定めたり」という伝十郎の宣言と、その国境を実際に越えて中国清朝の存在を確かめた林蔵の大陸における決死の踏査行によって画定された。その歴史的価値は択捉島を探検した近藤重蔵と最上徳内が島に建てた「大日本恵登呂府」の標柱にも劣らない。北蝦夷島、つまりサハリン島を直轄地化しようとする日本にとって、サハリン北部の国境はサハリン島全土が自国領であることを示すものとして計り知れないほど大きな意味を持っていた。もちろん国境とはいえ、近代国家以前に宣言されたものであり、何らの効力はない。だが、伝十郎と林蔵は、幕府から派遣され日本国を背負っていた幕吏であることも事実だ。その価値は決して軽くはない。

かつて間宮海峡には日本の国境があった――。

間宮海峡発見の不朽の価値は、まさにそこにある。ロシアがサハリン島を領有する一八七五（明治八）年の樺太千島交換条約締結以前、サハリン島の間宮海峡最狭部にはすでに日本の国境があった。それは歴史の中に消滅してしまったとはいえ、伝十郎と林蔵、日本の二人の探検家が残した大きな遺産なのだ。

古老の記憶

ポギビでロケを終えたわれわれは車に乗り込み、さらに北へと向かった。最終目的地である島の最北部付近のネクラソフカまではあと約一七五キロメートルだ。そこは林蔵の探検を支えた少数民族ニヴフの集落だ。

ポギビからサハリン最北部までの道は未舗装だが、地面の水捌けは悪くなく、比較的スムーズに進めた。深夜にサハリン北部東岸の町オハに到着し、われわれは翌朝、ネクラソフカを訪れた。オハからは北西に二三キロメートルあまりだ。

集落で出会う人にはどこか日本人を思わせる面影があり、わたしは親しみを覚えた。民族衣装に身を包んで迎えてくれた三人の女性がテレビ番組のために伝統的な熊祭りの踊りを披露してくれた。木の棒を打ち鳴らしてリズムを取り、身体を左右に振るように踊る。彼女らの、蝦夷松の葉を手にした静かで優しく流れるような所作には、神を迎える祈りが込められている。

踊りの後、ベリーを白いゼラチンで固めた、モスと呼ばれるデザートをご馳走になった。スプーンですくって口に運ぶと、舌に甘い味が広がる。だが、日本では食べたことがない独特の癖がある。

「どうやって作るんですか?」

わたしが尋ねると、振る舞ってくれた女性が答えた。

写真7-6　サハリン最北部のネクラソフカで熊祭りのダンスをするニヴフの女性たち。

「鮭を使います」

言われてみれば、味は魚だ。鮭の内皮のやわらかいところをすり潰し、それに砂糖とベリーを加えているので、日本では味わったことのない不思議な食感になっている。彼女は話を続けた。

「それにアザラシの油も入れるんです」

アザラシの油！　林蔵は現地人がそれを何にでもかけて食べると書いていたが、まさに目の前のデザートにも使われている。獣油を加えたことで味わいに深みが出ている。また、使われているベリーはガンコウランというツツジ科の果実だが、コケモモで作ることもあるという。サハリン北部という厳しい環境の中では、手に入る食材の種類は決して多くはない。だが、ニヴフの食文化はバラエティに富む。それはひとつの食材から多様な料理が生み出されるためだ。

伝統料理のモスをご馳走になった後、わたしは老婆からこんな話を聞いた。

「ルポロワに日本人がやって来たという話をお婆さんから聞いたことがありますよ。二〇〇年も前のことだとか」

林蔵の追跡を始めた頃、わたしは似たような話を林蔵の故郷、筑波郡伊奈町の間宮正孝さんから聞いたことがある。ルポロワはサハリン島西岸の最北部にある村だ。地図を確かめると、集落に流れ込む川にはナニヲー（нанивo）という名前がついている。

そこは林蔵がたどり着いたナニヲーだろう。

老婆の記憶は、今もサハリンに残る林蔵の温もりのようなものをわたしに感じさせた。彼の存在はこの大地ばかりか、人々の意識にもまだしっかりと刻まれているのだ。

第八章

隠密説に迫る

隠密説の虚像と実像

晩年の林蔵には隠密という二文字がついて回る。

その伝説めいた話の中で最もよく知られているのが「間宮林蔵の探偵」（小宮山綏介著『徳川太平記』所収）だろう。

それによれば、林蔵は石見国浜田（現・島根県浜田市）で乞食に扮して情報を取り、密貿易を暴いたという。また、ガードが堅い西国の藩（薩摩藩と思われる）へは隣国の者になりすまして潜入した。表具師の弟子となった彼は襖の張りつけ修理の名目でその西国の藩の城に潜入し、内部の様子をつぶさに偵察した。その藩主が上京した際、幕府内に藩主が暮らしている城内の様子をやけに詳しく知っている者がいた。藩主は不審に思い問いただしてみると、その者は不敵な笑みを浮かべ、城内のとある箇所の「襖の下張りを見てみよ」と言った。帰郷した藩主はさっそく言われた通りに確かめた。すると、襖の下張りに名札が一枚挟み込まれており、幕府隠密の間宮某と書かれていた。神業のような林蔵の隠密ぶりに驚いたという。

林蔵が隠密として浜田と薩摩に出かけていたことがわかる。まさにドラマの一場面のようで、どこまでが事実なのか疑わしいところはあるが、浜田の事件は一八三六（天保七）年、実際に摘発された密貿易として歴史に刻まれている。それを突破口にすれば、林蔵隠密説のリアリティに迫れるのではないか――。

竹島一件とは

浜田の密貿易摘発事件は、竹島一件と呼ばれている。

『浜田町史』（石見史談会編）によれば、今津屋（会津屋とも）八右衛門という商人は、日本と朝鮮半島の間にある無人島の竹島に目をつけ、そこから竹木や鮑などの海産物を持ち帰れば利益を得られるのではないかと考えた。当時の竹島は浜田市から約三〇〇キロメートル北西に位置する鬱陵島にあたる。日韓の間で領土問題になっている現在の竹島は当時、松島と呼ばれていた。現在の竹島から鬱陵島までは北西に約八八キロメートルと近い位置にある（303ページの図8−4参照）。

海外への渡航が禁止されていた江戸時代。たとえ無人島とはいえどこの国に属するかもわからない土地に渡ることは命がけだった。八右衛門は浜田藩勘定方の橋本三兵衛を通して、家老の岡田頼母に相談した。すると、その計画は財政が逼迫していた藩にとっても魅力的に映ったようだ。彼らは鬱陵島が朝鮮領かどうかを確かめるため朝鮮との窓口であった対馬藩へ行き、鬱陵島の帰属が曖昧であることを知った。そこで頼母は、年寄役の松井図書と相談の上、幕府要職についていた藩主の松平康任に伺いを立てた。江戸にいる藩主からは「許可なきまま渡航して、もし異国品のひとつでも大坂以東に出回っては一大事になることを心得よ」と不許可の返答があった。ところが、頼母らは「大坂以東」を意味深長な言葉と解釈し、八右衛門の計画は黙認されることになった。

八右衛門の鬱陵島への密航は、回を重ねるうち、竹材や海産物の採取にとどまらず、禁制品の刃物などを持ち込んで朝鮮人などと交易をするようになった。彼はまた、南洋にまで進出したようだ。だが、事が露見し、大坂町奉行による関係者の一斉検挙が行なわれた。取り調べの結果、八右衛門と橋本三兵衛は死罪、岡田頼母と松井図書は自害した。

この事件発覚の役割を果たしたのが間宮林蔵とされる。「間宮林蔵の探偵」によれば、林蔵は乞食に変装して事実をつきとめたという。具体的にどのような内偵が行なわれたのかまでは書かれていない。だが、地元の伝聞をまとめた『浜田町史』には次のような話が綴られている。

間宮林蔵は浜田の東にある下府（しもこう）に来た時、休んだ家で偶然にも中国とインドの間に産する木を見た。彼が「どこで求めたらそんな木があるのか」と尋ねると、「松原の船乗りから買ったが、今頃はあるまい。船が帰ると時々ある」と答えが返ってきた。松原浦は今津屋八右衛門が暮らしていた港だ。松原の船乗りとは八右衛門のことだろう。林蔵は「時々ある？　怪しいぞ」と疑ってはみたが、それは自分の頼まれた仕事ではない。一応、松原であたってはみたが、地元の人は用心深く、厳しい口止めがあるとみえる。結局、禁制品はひとつも見つからないし、それらしいことも耳に入らなかった。彼はそのまま九州に渡り、帰りに大坂町奉行矢部定謙（さだのり）に浜田での見聞を告げた。その後、大坂町奉行が捜査を行ない、八右衛門は証拠をつかまれて逮捕された。

事件の鍵は、舞台となる鬱陵島が握っている。浜田藩は鬱陵島への渡航計画を知った段階で、対馬藩へ出かけ、鬱陵島の帰属を調べた。そこが朝鮮領であるかどうかが曖昧だったのにはわけがある。鬱陵島は古代には于山国という独立した部族国家だったが、六世紀に新羅に征服され、のちに高麗に従属するなどした。しかし一五世紀になると、朝鮮は海賊である倭寇の被害を恐れ、鬱陵島の島民を本土に強制移住させた。それ以降、朝鮮は鬱陵島を自国の無人島として維持していたのだ。

四つの口のうち対馬口にあたる対馬藩は、朝鮮の外交と貿易を担っていた。秀吉による朝鮮出兵（一五九二〜九三年）により国交は途絶えたが、江戸幕府が関係修復に努め、一六〇七（慶長一二）年に朝鮮通信使が日本に派遣されて国交が回復した。朝鮮からの通信使は琉球使節と同様、江戸時代を通じて行なわれ、一六〇七年から一八一一（文化八）年までに一二回を数えた。幕府は朝鮮を通信（外交）と通商（貿易）の国として関係を深め、通信使の派遣は、幕府にとって国際社会における国家の存在感を示す上でも意義があった。

対馬口での貿易は一六〇九（慶長一四）年から始められた。対馬藩は年間二〇隻の貿易船を朝鮮から受け入れることが幕府に認められ、倭館と呼ばれる客館および居留地で貿易が行なわれた。朝鮮から輸入されるのは中国産の生糸や木綿、朝鮮人参などで、対馬はそれらの代金を銀で支払った。ところが、対馬で銀の生産がなくなると貿易の元手を失い、安永期（一七七二〜八一）までには首が回らない状態になっていた。幕府は輸出用の銅を提供して支援したが、貿易は赤字のままで行き詰まってしまう。ちょうどその頃、薩摩藩は朝鮮語ができる対馬の者を通訳として雇い始め、朝鮮からしきりに漂着してくる船の保護にあたっていた（『楢林雑話』立原翠軒著）。だが、それは一つの方便で、朝鮮の交易船は対馬ではなく薩摩方面へ向かい、漂着船を装って密貿易をしていたようだ。

隠密としての後半生

林蔵にとって竹島一件はどのような事件だったのか。彼の生涯を俯瞰して確かめてみる。林蔵の人生はその業績によって大きく二つに分けられる。蝦夷地、北方領土、サハリン島、北東アジア大陸といった北方世界で活躍した二〇歳から四三歳までの前半生と、江戸に戻り勘定奉行の普請役として様々な任務を全うした四三歳から病の床につく五九歳までの後半生だ。竹島一件に関わった時、林蔵は五七歳だった。彼にとってその事件はまさに人生最後の仕事だったのだ。

竹島一件に至るまでの林蔵の歩みをたどってみる。

林蔵の後半生は、来航する英国船に翻弄された時代だった。林蔵が江戸に戻った二年後の一八二四（文政七）年、大津浜（茨城県北茨城市）に英国の捕鯨船が上陸した。乗組員を尋問したところ、船内に壊血病患者がおり、新鮮な野菜や水を得ようとしていたようだ。同じ年には宝島（鹿児島県）にも英国の捕鯨船が来着する。上陸した船員が食用にする牛を強奪しようとしたため銃撃戦となり、ひとりの英国人が射殺される事態となった。それらがきっかけとなり、翌年の一八二五（文政八）年に異国船打払令が公布された。

林蔵は一八二四年に房総御備場掛手付を命ぜられ、銚子（千葉県銚子市）から江名浜（福島県いわき市）の海岸を往復し外国船来航の情報を集めた。そして一八二六（文政九）年、幕府老中に次のような伺書を上申した。

「鯨や海獣を求めてやって来る欧米人に対し、それらがたくさんいる東北ロシアの島々やアメリカの属島付近などを教えれば、彼らは日本近海に来なくなるに違いない。そのため自ら漁師に変装して外国船に近寄り、別の漁場に行くよう説得に当たりたいというものだ」（「當時の諸家の記述を通して見た間宮林蔵」森銑三著、前出『間宮林蔵』所収）。

提案を受けた老中の大久保忠真（ただざね）は林蔵の計画に乗ることはなかった。だが、この伺書から読み取れるのは、林蔵は情報収集以外に、工作活動を計画していたことだ。このように大胆な作戦を提案できる老中大久保忠真との関係の近さも感じさせる。

林蔵は翌年の一八二七（文政一〇）年、伊豆諸島の見分に訪れた。八丈島の歴史に詳しい大澤幸一さんによれば、林蔵が鉄砲指導で来島したとする地元の記録があるという。それは異国船打払令に対応したものと思われるが、林蔵が銃火器の扱いにも長けていたことがわかる。異国船の情報収集、工作活動から銃火器の使いこなしまで、隠密としての林蔵のリアルな姿が浮き上がってくる。

そしてその翌年、シーボルト事件が発覚する。シーボルトが書物奉行兼天文方の高橋景保に送った荷物の中に林蔵宛ての小包があり、景保がそれを林蔵に届けたところ、林蔵は中身を確認することなく勘定奉行に届け出た。それが事件発覚の発端とされ、林蔵は密告者とみなされるようになった。

これまでたどってきた林蔵の生き方を俯瞰すると、間宮海峡を発見することになった二度にわたる北方探検は、日本の国境を見定めるという国家的な使命を帯び、そこで行なった測量や地図制作、異民族の調査はいずれも国防という大義を果たすためのものだった。

シーボルト事件に関しても同じ文脈から解釈すると矛盾がない。シーボルト事件の発覚に関与した林蔵には、日本の沿岸を網羅した地図などの国家機密情報を海外に流出させまいという強い意志があった。諸外国にそれらの地図が流出すれば、異国船の来航を許し、日本の国境が脅かされる。林蔵の意識には国防というものさしがあったのだ。

海の百万石、銭五

林蔵が浜田へと向かった動機にも、きっと同じような意識が働いていたはずだ。

資料調査を始めたわたしは『石見学ブックレット三　八右衛門とその時代』(森須和男著)という一冊の本を手にした。それは新資料『竹嶋渡海一件記　全』(東京大学附属図書館所蔵)という近年発見された八右衛門の供述調書をもとにまとめられたもので、事件の全容を史実にのっとって検証している。

隠密に関する資料は伝説が多い。林蔵を突き動かしていた大義を探る上では、伝説と史実を選り分け、事件を現実軸から追跡していく必要がある。そう感じたわたしは本の著者で郷土史家の森須和男氏に連絡をとり、浜田へと出かけていくことにした。

二〇二三年六月。秋田市から車で浜田市へと向かう。走行距離は片道一二〇〇キロメートルの長旅となるが、途中で訪ねてみたい場所があった。

秋田から日本海を南下し、山形、新潟、富山を通過して金沢に着いた。わたしは市街を流れる犀川(さいがわ)の河口近くにある石川県銭屋五兵衛記念館・銭五(ぜにご)の館(やかた)を訪れた。

密貿易の本を開くと必ず銭屋五兵衛(一七四四〜一八五二)の名前が登場する。彼は通称、銭五と呼ばれる加賀の豪商にして海運業者であり、保有した船舶は大小二〇〇隻あまり、全国に三〇以上もの支店を持ち「海の百万石」と称えられた。

記念館の展示には、彼が鎖国下の時代に外国人と行なったとされる貿易の内容を紹介するコーナーがあった。その活動範囲は北のサハリン島や北方四島から南はジャワ島、オーストラリア大陸の南に浮かぶタスマニアまで、さらにはサンフランシスコにも及んでいる。銭五は朝鮮近海で嵐に遭遇し、竹島(鬱陵島)に漂着して餓死寸前となったが、そこで米国商船に助けられ「今後この島付近で交易をしようと約束した」という。その展示の説明の最後で、浜田の竹島一件にも触れられていた。だが、銭五と浜田の事件に直接的な関係はなさそうだ。

また、銭五は林蔵と同時代の人だ。二人の足どりはサハリン島や北方四島で重なっている。林蔵が銭五の存在を知らなかったはずはないだろう。もし銭五がそれほどの密貿易を働いていたとしたら、林蔵が隠密として追跡してもよさそうだが、両者の接点も具体的なものは何も残されていない。

銭五の密貿易とはどのようなものだったのか。『抜け荷』(山脇悌二郎著)によれば、彼の交易相手は薩摩の密貿易者だった。新潟や佐渡あたりで薩摩船と落ち合い、銭五が北方で不法に仕入れた俵物三品（煎海鼠、干アワビ、フカヒレ）を、薩摩船が中国船から不法に仕入れてくる唐薬（中国からの漢方薬など）や反物などと交換したようだ。

俵物三品は中国において、また唐薬は日本において、それぞれ高価で売れたので、幕府はそれらの生産や集荷、販売を厳しく統制していた。それらは四つの口のひとつ、長崎口に置かれた貿易機関である長崎会所で、幕府公認の中国の仲買人と幕府公認の日本の仲買人の間で取引されることに決められていた。銭五が商売をした薩摩藩はそのルールを無視し、藩ぐるみで密貿易を行なっていたという。

薩摩口と呼ばれるように、薩摩藩は異国とみなされていた琉球との交易を幕府により許されていた。薩摩藩はその一方で、疲弊した自藩の財政を改善させるため、俵物三品を独自に入手し、中国商船との闇取引を始めた。長崎奉行から老中に提出された一八三六（天保七）年の意見書によれば、薩摩は自船を外国の商船に見せかけ、松前に進出して俵物を不正に入手したという。新潟などで銭五のような商人と闇取引をするだけではなく、蝦夷地にも直接進出して利益を上げていた。

そればかりか、薩摩藩は長崎会所での貿易にも割り込んでいった。彼らは疲弊した琉球経済を救済するという名目で幕府と交渉し、琉球から輸入される中国産品を長崎会所で日本の仲買人に販売する権利を得た。一八一〇（文化七）年に、書画用や襖の裏打ちとしてニーズが高かった唐紙などの八品目が認められた。さらに一八二五（文政八）年には、鼈甲や香料、漢方薬などの一六品目が販売品目に加えられた。販売期間は当初三年などとされ、その都度更新してきたが、一八三四（天保五）年、薩摩藩は幕府により販売期間を二〇年延長する決定を取りつけた。

ところがその裏で、薩摩藩は日本に向かう中国商船から不法に船荷を買いつけ、その横流し品を琉球から輸入した中国産品と偽って長崎会所で日本人の仲買人らに販売した。それは長崎会所の中国の仲買人に損害をもたらし、彼らは一八二〇（文政三）年に長崎で暴動を起こした。

薩摩口のルーツは一六〇九（慶長一四）年、薩摩藩が琉球王国に侵攻して服属させたことに始まる。幕府は当初、琉球を日本に同化させる方針だった。ところが、中国の明朝と外交関係を結べなかったことから方針を撤回し、明と朝貢貿易を行なっていた琉球王国を存続させ、対明貿易ルートを確保した。薩摩藩は、琉球王国が一年おきに行なう中国との朝貢貿易のための船荷（中国に送る商品等）の支出を負担する代わりに、琉球人が中国で買い取ってきた商品を手に入れた。

琉球は異国とされていたため、那覇に置かれた薩摩藩の琉球在番奉行が管理にあたった。薩摩口からの主な輸出品は銀で、琉球の砂糖、（琉球を通じて）中国の生糸や絹製品が輸入された。そのように、薩摩藩は琉球と貿易を行なう一方、すでにみたような密貿易を続けた。

幕府は薩摩藩が密貿易をしていることを知っていたが、取り締まりには消極的だった。法の網をかい潜ることができた背景には政治的な力も働いていた。当時の一一代将軍、徳川家斉（いえなり）が薩摩藩主、島津重豪（しげひで）の娘、大広院（だいこういん）を正室として迎えていたことも無関係ではないだろう。

林蔵、鞆の浦に死す

車に戻ったわたしは金沢を出て、高速道路で西へと向かった。次の目的地は広島県福山市の鞆の浦だ。そこでは隠密林蔵の死亡説が語られている。

『甲子夜話』続編巻五六（松浦静山著、前出『間宮林蔵』所収）によれば、一八三〇（天保元）年、長崎奉行に従行していた林蔵は備前国鞆の浦で疫病にかかった。彼は手元の書類を全て焼き捨てると、その翌日には奉行へと出かけ、秘密の任務が記されていた書類を返却した。そして、宿に帰った後で死亡したという。結果的にそれは誤報だったが、隠密という任務から考えると、林蔵が意図的に流した噂という見方もできなくはない。

鞆の浦に到着したわたしは、鞆港で大きな常夜燈に迎えられた。高さ五・七メートルの石塔には海上安全の守護神、金毘羅大権現の名が刻まれている。潮待ちの港として多くの船が寄港した鞆港では、それが灯台の役割を果たし、船乗りの命を支える拠り所であった。

鞆の浦は美しい円型をした湾で、背後には急峻な山々が聳り立つ。沿岸部のわずかな平地にある街には木造建築や蔵などが残り、沖合に浮かぶ仙酔島や弁天島など、大小の島々がその景観に加えられる。

常夜燈の周辺には大勢の観光客が集まっていた。人々の会話にはポニョや龍馬といった言葉が混じる。鞆の浦は、アニメ映画「崖の上のポニョ」のモデルになった場所とされ、幕末には坂本

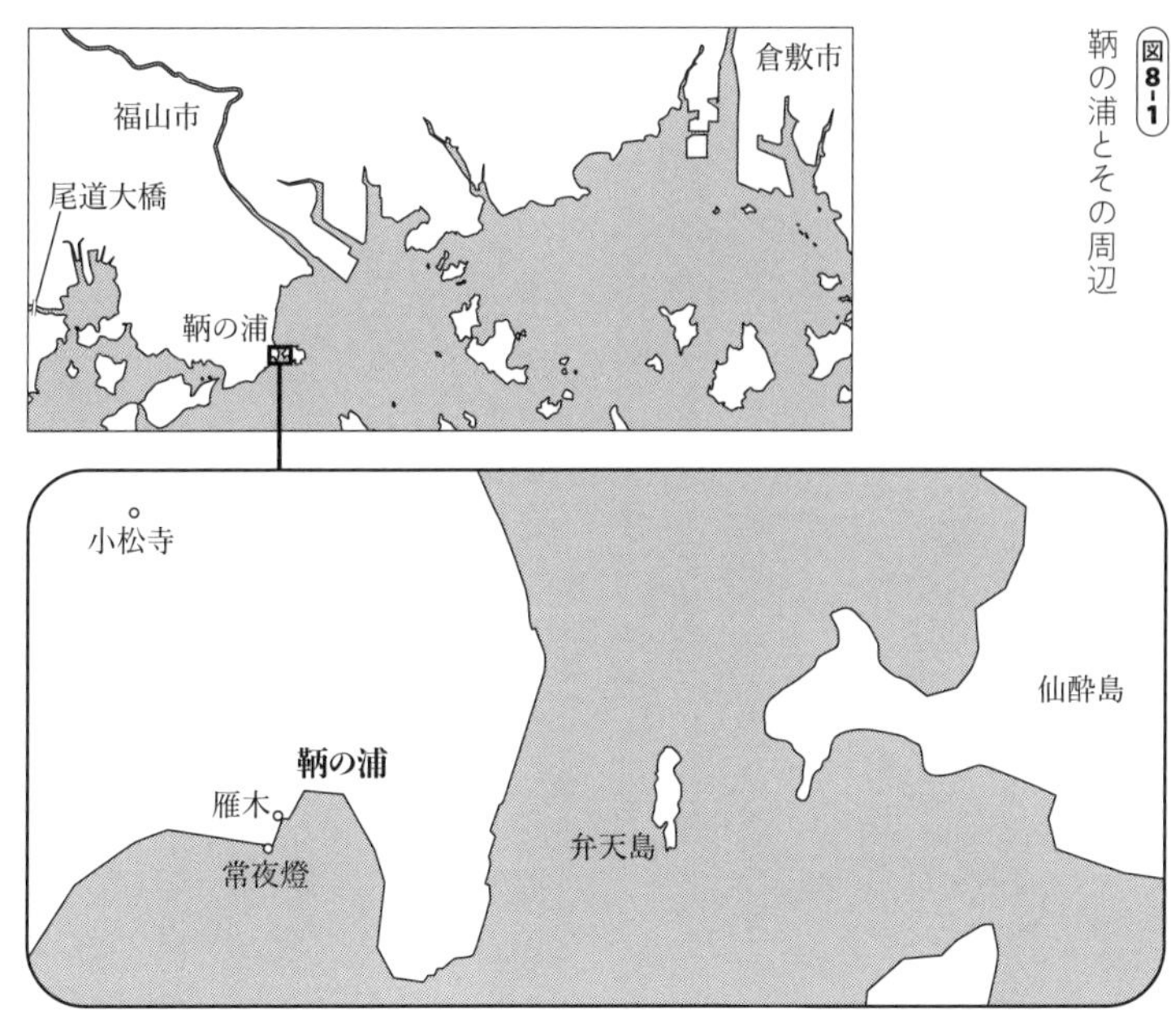

図8-1 鞆の浦とその周辺

龍馬のいろは丸がその沖合で沈没した。そこは人々を魅了する物語や歴史の宝庫でもある。

鞆の浦に林蔵の足跡が残されていないだろうか――。現地に出かける前、わたしはあらかじめ福山市鞆の浦歴史民俗資料館に問い合わせていた。対応していただいた学芸員の壇上浩二氏によれば、林蔵が鞆の浦にやって来たかどうかは知らないが、同じ北方探検家の近藤重蔵の資料ならあると教えてくれた。

その近藤重蔵もまた隠密として活動していた。『抜け荷』（前出）によると、彼は一七九五（寛政七）年から一七九七（寛政九）年にかけて長崎奉行に仕えた。その際、出島の商館長ヘースベルト・ヘンミーの身辺調査を行なっていたようだ。オランダ商館では日本からオランダ本国へ銅を輸出することが課題とされており、ヘンミーは薩摩藩に近づいて銅を入手しようとしたらしい。だが、ヘンミーは江戸参府に出た一七九八（寛政一〇）年、帰路の東海道掛川（静岡県掛川市）で謎の死を遂げた。

同じ探検家として林蔵と重蔵が隠密をしていたのは偶然ではないだろう。国境の外にある未知の土地の探検は、外交的な業務である異国人の素行調査や密貿易の密偵と同じものとして扱われた。

林蔵は重蔵同様、長崎でも密偵していたようだ。出島のオランダ商館員フィッセルの『日本風俗備考 一』（同前）によれば、シーボルト事件が発覚したその翌年、長崎のとある店先で旅行者に扮した林蔵が目撃された。フィッセルは次のように書く。

「この間宮林蔵が、奉行たちがオランダおよび中国の問題に関してどう対処しているかを探るために、実際に長崎にやって来たことは疑いもなく明らかなこととなった」

フィッセルは、長崎奉行が外国人と適切に仕事をしているのかを林蔵が探りに来たと考えていたようだ。

ところで、重蔵が追跡したオランダ商館の密貿易にも薩摩藩がからんでいた。わたしは壇上さんが送ってくれた資料『知られざる琉球使節～国際都市・鞆の浦～』（福山市鞆の浦歴史民俗資料館編）の中に興味深い事実を見つけた。

鞆の浦には薩摩藩と関係がある問屋や商人がおり、「薩摩屋」と呼ばれていた。また、猫屋と

写真8-1
薩摩藩島津家の家紋入り瓦。
［出所］福山市鞆の浦歴史民俗資料館蔵

いう商家が薩摩藩士や琉球使節の宿泊・休憩の世話をしていた。福山藩が運営する御茶屋は宿泊施設や迎賓施設の役割を果たし、その蔵に載っている瓦には薩摩藩主島津家の家紋が入っていたという。わたしは壇上さんから送られてきた地図を見ながら街中へと歩き始めた。御茶屋の建物はすでにないが、その場所は常夜燈からすぐ近くの海沿いにあり、雁木（がんぎ）と呼ばれる船荷の積み下ろしのために使われた階段が残る、港の正面付近だったという。そんな薩摩と琉球の拠点があった鞆の浦に隠密林蔵の死亡説がある。心なしか密貿易の匂いがする——。

壇上さんに確認すると、島津家の家紋入りの瓦が屋根にあった蔵はすでにないが、琉球使節

写真8-2 鞆の浦の小松寺にある扁額「容顔如見」。

の遺物ならばまだ残されているという。琉球王国は薩摩口の外に位置し、通信と通商の関係を持つ異国と位置づけられていたため、一六三四（寛永一一）年から一八五〇（嘉永三）年までに一八回の琉球使節を江戸に派遣した。それは将軍の代替わりを祝う慶賀使（けいがし）と、琉球国王の代替わりに感謝する謝恩使（しゃおんし）があり、毎回一行は一〇〇人程度、正使、副使をはじめ、多くの役人、舞楽を演奏する楽童子（がくどうじ）などで構成されていた。瀬戸内海を通って琉球と江戸を往復した使節は鞆の浦に立ち寄り、国際交流が行なわれた。

鞆の浦に残された琉球使節の足跡は、鞆港から四〇〇メートル内陸に入った小松寺（こまつでら）にある。「琉球司楽向生碑」と彫られた石碑と、扁額「容顔如見」がその名残だ。それらは琉球使節としてやって来た音楽舞踊団の楽師・向生がこの地で病死したことを悼むものだ。

鞆の浦に来た林蔵の足どりや死亡説の真相につながりそうなことはつかめなかったが、林蔵の噂が伝わる鞆の浦に薩摩藩や琉球の拠点や足あとが残されていることは興味深い。

事件の舞台、浜田へ

わたしは福山から山陽自動車道で西へと向かい、浜田市に到着した。連絡をとっていた郷土史家の森須和男氏を訪ねていく。

「林蔵のことはわたしも気にはなっていたんです」

森須さんはそう言ってわたしを迎えてくれた。浜田に伝わる林蔵の資料は伝説めいた風聞の類いだという。

地元の浜田市浜田城資料館では数日後から「八右衛門と竹嶋一件」と題する展示会が始まるらしく、その準備が進められていた。公開前だが特別に展示品を見せていただけることになった。

資料館のガラスケースには八右衛門の遺品とされる帷子（着物）や燭台などが並べられていた。それらの中でわたしの目に留まったのは、「椰子の実椀」と呼ばれる食器だ。ヤシの実を加工したお椀で、色は黒ずんでおり、表面に植物模様が彫刻されている。

八右衛門は南洋に進出していたという話があった。地元ではそのヤシの実のお椀が、南洋進出

図8-2 浜田市とその周辺

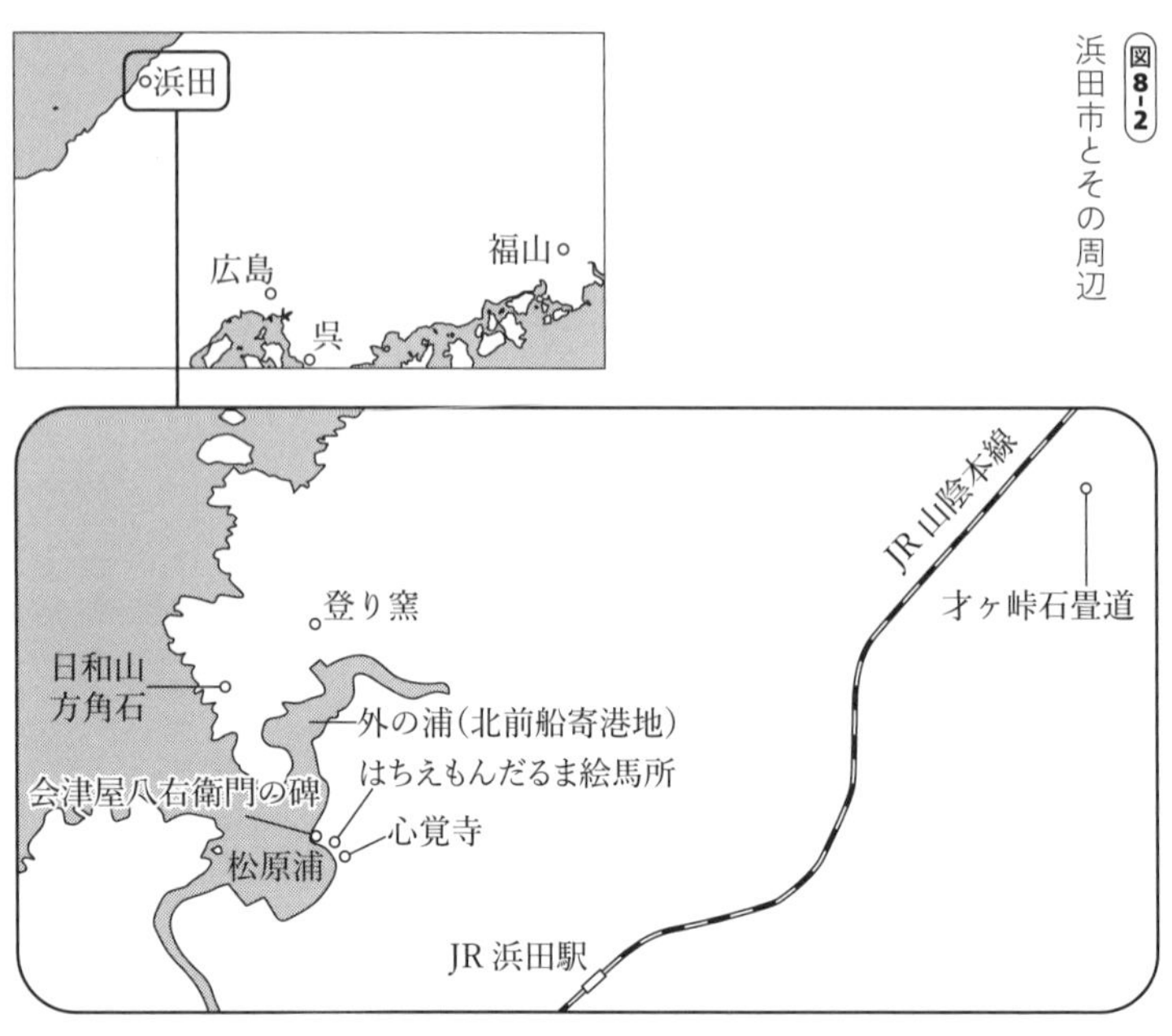

説を裏づける証拠品とみなされてきた。とはいえ、それ一点だけでは八右衛門が南洋に交易に出かけた根拠としては薄い。彼はそれを交易品のひとつとして手に入れたと考えるほうが無難だろう。わたしはヤシの実のお椀を見てそう感じた。

「八右衛門が南国に出かけたというのは資料でも確かめられないんです。きっと後世に結びつけられた伝説でしょうね」

森須さんもわたしと同意見のようだ。

一方、ヤシの実のお椀には、何かを語りかけてくる存在感がある。それはわたしに林蔵の逸話を思い起こさせた。林蔵は内偵に来た浜田で中国とインドの間に産する木を見つけ、それが事件摘発のきっかけになった。八右衛門の遺品と伝わるヤシの実のお椀は林蔵が見つけた異国の植物とどこかでつながりそうな気がする。

森須さんの案内で浜田市内にある八右衛門の関連地を歩いてみる。日本海に臨む浜田市は切り立ったリアス式海岸と砂丘海岸、異なるそれらの景観が入り混じる風光明媚な土地だ。八右衛門が暮らした松原町には彼を顕彰する会津屋八右衛門の碑が立つ。海に張り出す岩礁地帯に石の階段が延び、その先に石碑があった。それは一九三五（昭和一〇）年に建立されたもので、八右衛門は「大胆にも禁を犯して海外貿易を行い、藩財政の貧窮を助けた」と案内に紹介されている。

写真8-3 はちえもんだるまの掛け所。

写真8-4 北前船の寄港地として日本遺産に指定されている外ノ浦。

顕彰碑の近くには「はちえもんだるま」と呼ばれる紙絵馬の奉納場所が設けられていた。「願いを叶える」という言葉が添えられていることから、地元の人にとって八右衛門は大志を抱き、実行した先人なのだろう。

われわれはそのまま道なりに北上した。道は金刀比羅(こんぴら)神社を過ぎ、内陸に深く切れ込む入り江に沿って続く。

地図で確かめると、その入り江は象の鼻を一筆書きするかのような形をしている。外ノ浦(との うら)と呼ばれ、北前船(きたまえぶね)の寄港地として日本遺産に登録された。北前船は、江戸期から明治期にかけて上方(かみがた)を起点に瀬戸内海、下関、日本海から北海道(蝦夷地)までを結ぶ航路(西廻り航路）で運航していた廻船だ。各地で米・酒・塩・反物などの生活品を仕入れて北海道までの間で売り、北海道でニシン・サケ・昆布などの海産物を買い付けて上方で売り捌いた。かつて外ノ浦の沿道にはいくつもの廻船問屋が立ち並び、活気に満ち溢れていたという。

「ここにね、登り窯があるんですよ」

森須さんはそう言いながら民家の裏山に入っていった。裏山の斜面に洞窟のような穴がいくつも開いている。一見したところ、秘密の隠れ家のように思えた。ここで取引が……。密貿易を追いかけているわたしの想像力はそちらのほうに勝手に傾き始める。だが、森須さんが言うように、それらの穴は焼き物を作るための窯だ。大型の窯で大量の瓦や大きな甕（かめ）などを焼き、それらを直下の船着場から船で出荷していたという。われわれは元の道に戻り、再び、外ノ浦の道に出た。

やがて道幅は細くなり、山の麓で行き止まりになった。森須さんは山を指さして言う。

「日和山（ひよりやま）です。上に方角石（ほうがくいし）がありますよ」

わたしは山を登ってみた。地面に円柱型の石が差し込まれ、子丑寅……と方角が刻まれていた。船乗りたちが航海に出る前に風向きや潮の流れを確認した場所だ。当時のまま地面に残されている方角石は珍しいらしい。

鬱陵島での密貿易

森須さんが発見した八右衛門の供述調書をもとに鬱陵島での密貿易を確かめてみる。

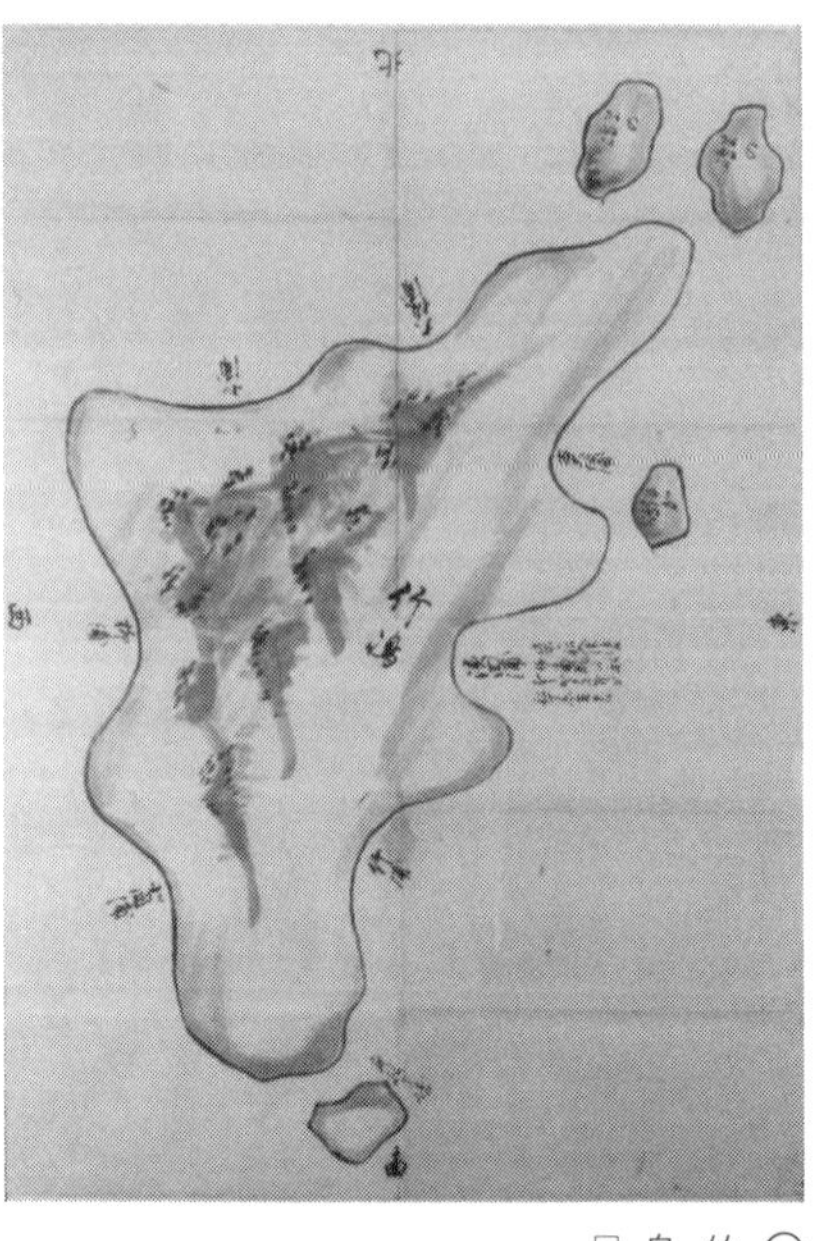

図8-3 竹嶋（鬱陵島）絵図に記された浜田浦。島の東岸に位置している。
［出所］米子市立山陰歴史館蔵

八右衛門は六人の船乗りとともに全長約一一メートルの神東丸（じんとう）に乗り込み、一八三三（天保四）年六月一五日に浜田を出発した。折しも天候が悪く、強い横風に押されたため、彼らは現在の山口県萩市の見島（みしま）で停泊を余儀なくされた。そこで日和を見て出発し、約二二〇キロメートル北東の隠岐を経由し、現在の竹島沖に差しかかった。彼は竹島について樹木もほとんど生えてない小島だと供述している。彼らは竹島には上陸せずそのまま鬱陵島へと向かい、七月二一日に到着した。

八右衛門らは鬱陵島の周辺海域をぐるりと回り、そこが大きな島山（しまやま）であることを改めて確認し、安全に船が停泊できる岩場は島の東部以外にはないことを確かめた。その岩場付近はのちに浜田浦と呼ばれた。

浜田浦は現在の道洞（トドン）にあたるとみられ、韓国本土の浦項（ポハン）などとフェリーが行き来する港になっている。近くに設けられた展望台に立つと、条件が整った日であれば竹島が見えるらしい。

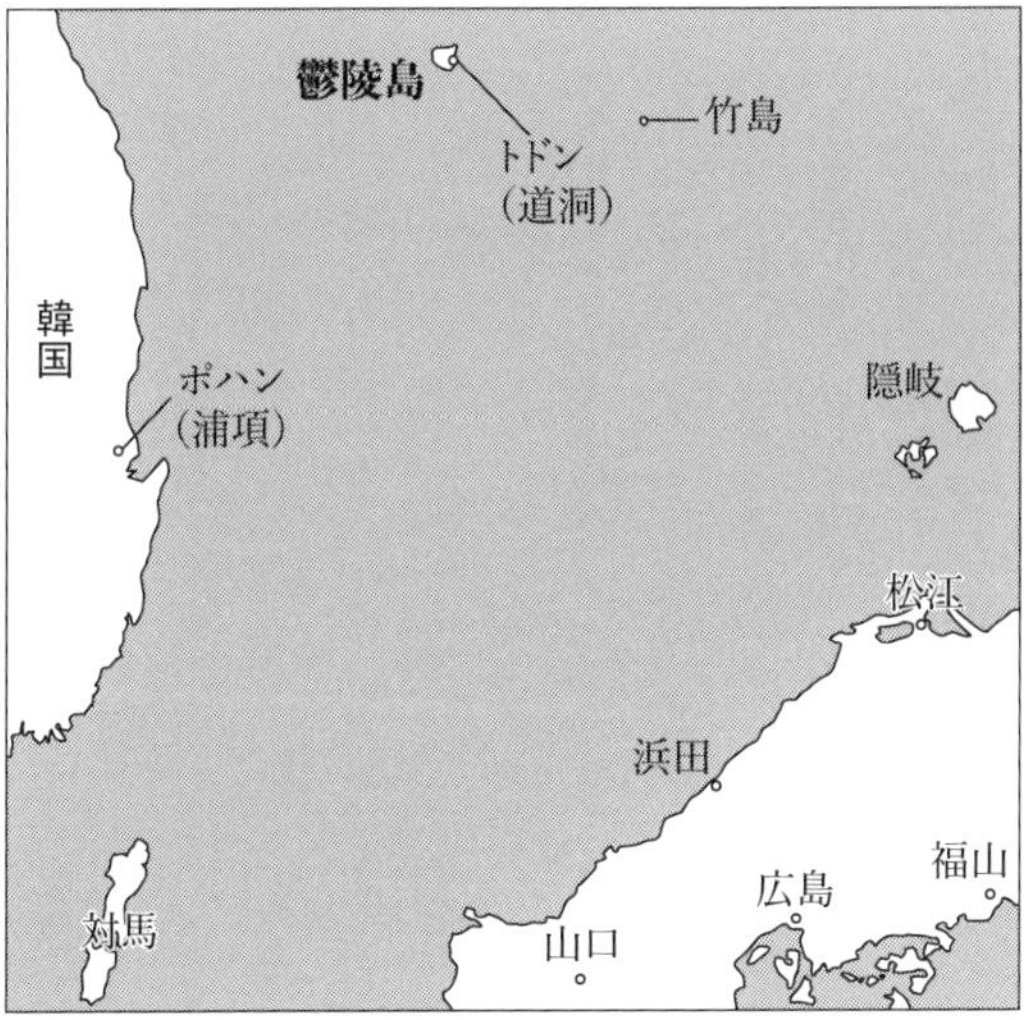

図8-4　鬱陵島とその周辺

彼らは浜田浦付近の岩場に船を接岸させて島に上陸した。住人はおらず、繁茂する草木で足の踏み場もないような状態だったという。島には鷲鷹の鳥類が多く、沿岸に出ると鮑がたくさん獲れた。魚類は目を疑うほど寄り集まってきて、ニホンアシカの姿も見られたという。

彼らは鬱陵島に二〇日間留まり、朝鮮人参を五、六本、ケヤキ、クワ、スギ、サクラなどの雑木を五〇本ほど伐って船に積み込んだ。八月九日に鬱陵島を発ち、帰路についた。

八右衛門の供述書を読んだわたしは、そこに密貿易のことが書かれていないことに気がついた。交易したはずの朝鮮人はおろか、刃物を密売したという話も出てこない。その供述書は八右衛門が初めて鬱陵島に渡った際の様子に触れたものだ。抄録であることから、密貿易についての供述書はどこかに存在しているのかもしれない。

取り調べが済み、彼には次のような判決が下された。異国の属島へ渡海し、立木等を伐採して持ち帰ったことは、国家に対し軽くない罪であり、不届きにつき、死罪を申し付ける——。

意外なことに、判決にも密貿易の話は出てこない。公文書にさえ出ていないことが密貿易をさらに闇深いものにしているとわたしは思った。いずれにせよ、そこで死罪の理由に挙げられているのは鬱陵島が異国の島という点だ。

時代を遡ると一六九七(元禄一〇)年、徳川綱吉が日本の漁師に対し鬱陵島への出漁を禁じ、その旨を李氏朝鮮に伝えた。それが八右衛門に下った判決の根拠になっていたのであろう。

八右衛門の供述によれば、彼は浜田藩の勘定方橋本三兵衛と次のような打ち合わせをしたという。鬱陵島行きを打診したところ、それに対する江戸(浜田藩主松平康任)からの回答は、鬱陵島はやめて竹島にしたらどうかというものだった。だが、竹島は小島で見込みがないので、江戸には竹島へと名目を残しておき、鬱陵島へと渡海する。万一ほかより洩れた時は漂着を装い……。『浜田町史』の話とは違っているが、当時、鬱陵島への渡航はだめだが、竹島ならば問題ないという認識があったことがわかる。竹島は日本領域内の島で、当時すでに竹島と鬱陵島の間に日本と朝鮮の国境が存在していたようだ。

浜田の外ノ浦で日和山の方角石を見た後、われわれは絵馬掛け所に戻った。森須さんはその背後にある心覚院（しんがくいん）の墓地にわたしを案内した。

墓地は山の奥へと続き、古い墓石が谷筋の山道に並んでいる。だが、道はすぐに茂みの中に消えてしまった。足元は水捌けが悪いため滑りやすく、先に進むのは簡単ではない。

「八右衛門の墓があるんですけど、今は行けないな」

森須さんはそう言い、われわれは引き返すことにした。

わたしは八右衛門の墓が夏草に埋もれてしまっていることよりも、山中の奥まったところに追いやられている現実のほうが気になった。そこに罪の重さが滲んでいる。

その重さとは何なのか――。判決文によれば、八右衛門が死罪になった理由は届出なく異国の土を踏んだことだった。確かに鎖国中の江戸時代、それは国家に対する反逆として重罪を科せられるものだった。だが、林蔵が八右衛門個人の不正を暴くために派遣されたとは思えない。事件の背後には何かもっと大きな社会悪が潜んでいるはずだ。

林蔵はなぜ浜田に来たのか

林蔵が浜田の密貿易に勘づいたのは、日本では見かけない珍しい木の存在だった。彼がそれを見たのは浜田の下府だったという。

下府は八右衛門が暮らしていた松原から北東およそ四キロメートルのところにある。江戸時代、下府には浜田三次（みよし）往還と呼ばれる街道が通っていた。浜田から現在の広島県三次市に通じ、浜田

写真8-5
下府にある才ヶ峠石畳道。

藩主も利用する道だった。下府に来た林蔵もその道を通ったのではないか。

わたしは森須さんの案内で現地へと出かけた。国道九号を進むと斜面の途中に才ヶ峠(さいがとう)石畳道と書かれた案内が出ていた。それが浜田三次往還だ。残っているのは一部だが、藩主も利用したというだけあって石畳は今もしっかりしている。『定本　島根県の歴史街道』(内藤昌康・取材制作)によると、その石畳道は文化年間(一八〇四～一七)頃に建設されたものだという。林蔵が下府に来た時、すでにその石畳は存在していたのだ。わたしは林蔵の足跡を探るように石畳を眺め、自分でも足を踏み込んでみた。

林蔵はなぜ浜田に派遣されたのだろうか。

公式の判決文によれば、竹島一件の罪は密貿易ではなかった。森須さんは、当時の政治状況が竹島一件の性格を考えるヒントになるという。

老中首座という幕府中枢の最高位に登り詰めた浜田藩主松平康任は一八三四（天保五）年、薩摩藩に便宜を図り、薩摩藩が琉球からの交易品を長崎会所で販売できる期間を二〇年延長すると決定した。その決定の裏には康任の息子、康寿が薩摩藩主島津斉興の養女、勝姫と結婚していたという事情があった。

幕府中枢で康任とライバル関係にあった老中大久保忠真は、薩摩藩による密貿易に対処するため、一八三五（天保六）年三月に本格的な調査へと乗り出した。彼は薩摩藩の密貿易の現状をまとめた風聞書を勘定奉行土方勝政と長崎奉行久世広正に下し、事実関係の精査を求めた。

一方、事態は思いがけない方向に進展していく。同年九月、松平康任は出石藩（現・兵庫県豊岡市）のお家騒動（仙石騒動）に絡む収賄の罪で老中辞任に追い込まれた。さらに、翌年三月（五月とも）には、林蔵が関わった竹島一件が摘発された。浜田藩に打撃となった仙石騒動と竹島一件は、ともに政治と深く関わっていたと森須さんは指摘する。また、竹島一件の事件発覚後に忠真が書いた一八三六（天保七）年七月七日付の手紙には林蔵との接点が見え隠れしているという（『八右衛門とその時代』同前）。

「先日の図二枚は致返廻候　竹島は是迄二三枚見候へとも　書入くわしくは御差越の図に而よく相かたじけなく候」（先日の地図二枚をお返しします。竹島の地図はこれまで二、三枚見たことがありますが、お送りいただいた地図には文字などが詳しく書かれており、ありがたいです）

この手紙は八右衛門が捕らえられ取り調べが進んでいる時期のもので、忠真が勘定吟味役の川路聖謨(としあきら)に宛てて書いたものだ。彼らはそれぞれ林蔵と近い関係にあり、忠真は林蔵が上申した、漁師に変装して外国船に乗り込み工作活動を行なう案を検討したことがあった。川路聖謨は林蔵の上司という立場だったが、林蔵を畏敬するあまり、直接話しかける時は林蔵を先生と呼んでいたという。

いずれにしても、竹島一件には忠真も関わっていたことが明らかとなり、その事件摘発のきっかけを作った林蔵との関係性が浮かび上がる。忠真の課題は野放しになっている薩摩藩の密貿易に歯止めをかけることだった。林蔵が浜田に来たのも、薩摩藩との関係を調べるためだったのかもしれない……。

風聞書の謎

薩摩藩の密貿易に果敢に挑み始めた老中大久保忠真は一八三五（天保六）年、独自に調査した風文書を勘定奉行らに提出した。『抜け荷』（前出）によれば、その風聞書は林蔵からの報告をもとに作成されたものではないかという。しかも、忠真が書き加えた部分はわずかで、林蔵の報告書がそのまま使われたという。残念ながらその根拠は示されておらず、同様の指摘をする研究書も他に見られない。だが、わたしはその風聞書の内容をこれまでの追跡と照らし合わせてみる価値はあると思った。密貿易の歴史はその性格上、資料が少ないばかりか、八右衛門の調書や判決のように公式文書を見ても真相は明確ではない。そのため、状況証拠をどれだけ積み上げられるかが、核心に近づける鍵となる。

『通航一覧續輯　第一巻』巻之一〇（箭内健次編）に収められている風聞書は二条あり、およそ次のような内容だ。

「一、松平大隅守（薩摩藩主島津斉興（なりおき））の領地である鹿児島に中国産品の抜け荷（密貿易品）があることは前々から知られていたが、年を追って取り締まりが緩み、近年は密貿易が盛んだ。鹿児島はもとより領内の島々に中国船が船（ふな）がかり（停泊）して交易している様子で、抜け荷は鹿児島に夥（おびただ）しくあり、それを仕入れようと薩摩に下ってくる者もある。鹿児島市中では内々に取引している者もあるが、格別、隠すこともせず大っぴらに商売している者もいる。もっとも彼らは少量の取引を好まず、北国筋の越後あたりへ送って売り捌いている。また、琉球国産物の中に忍び込ませて長崎へと送り、長崎会所で売り捌かれている抜け荷もある。昨年の秋、長崎に遅れて入港してきた二艘の中国船などは（船荷を薩摩に横流しした後とみえ）積荷が甚だ少なく、空船同様であった。近年、長崎会所はことのほか金繰りが困難になり、将軍家へ調達する薬種、砂糖などでさえ買いつけに困っている。寛政期、天草牛深湊（うしぶかみなと）には通行人や船舶の不正行為を見張る遠見（とおみ）番所が設けられた。普請役が駐在して監視にあたったところ、それらの場所にも中国船が入港し着岸している。番所より小船を乗り出して確かめると、中国船が荷揚げしているのは見張りが届かない場所である。文化期に駐在は取りやめとなり、その後、長崎でも監視が徹底されなくなった。銅銭の輸出は禁止されているが、中国やオランダが銅を手に入れようとしているため、（薩摩からの）抜け荷の支払いに使われているようだ。西国筋（九州）では銅銭が姿を消し、鉄銭が流通している。長崎会所は綱紀が緩んでいると思われる。それゆえ取り締まらなければ損失が大きくなるだろう。

また一説に、薩摩藩は中国との貿易のみならず、琉球国の海路の島々（南西諸島や薩南諸島など）においても異国船との交易に関わっている。

二、対馬と朝鮮の交易については、以前から対馬藩が薩摩藩による抜け荷の横行を申し立てており、朝鮮からの交易品が少なくなってきている。そのため、老中たちの間でもいずれ朝鮮との交易ばかりか、国交が断絶するかもしれないと噂されている。対馬は交易による利益が薄く、蓄えもないため対馬藩主の宗氏は困窮している。朝鮮国にとって対馬交易は（日本国が貿易相手国であるため）国益があるはずだが、抜け荷の取り締まりが行なわれていないことによって問題が引き起こされている。対馬でも前条と同じような薩摩藩の暗躍が見られる。

鹿児島から朝鮮国へ時々、交易船が送り込まれ、朝鮮の船が鹿児島に来ることもある。対馬藩と朝鮮の間では武器はもとより刃物類は取引しないことになっているのだが、薩摩藩では刃物を売り渡しているとみえ、日本製の小刀などが朝鮮の島々まで行き渡り、使用されている様子である。朝鮮国に日本船が漂着すると、対馬藩へ送り返してくる取り決めになっている。薩摩藩と朝鮮の間では取引をする朝鮮側の港が密かに決められている。その港に安着できなかった薩摩の船は漂着船とみなされ条約通り対馬に送り返されてくる」

この風聞書から、大きく二つのことが読み取れる。

第一に、薩摩藩は日本の広範囲で密貿易を行なっていることだ。それは四つの口全てに影響を及ぼしている。薩摩口では公然と密売品の取引が行なわれており、中国船が薩摩に船荷を横流ししていたため長崎に届けられる商品が少なくなり、長崎会所の機能不全をもたらした。薩摩藩が朝鮮と密貿易を始めたことで、対馬口は事実上、破綻した。松前口から運ばれてくる俵物三品は、密貿易の拠点である越後で薩摩の船と不正に取引されている。

第二の問題点は、薩摩藩がオランダ、中国、朝鮮と不法に密貿易を行なっていることだ。オランダと中国は長崎でのみ、朝鮮は対馬でのみ交易が認められ、他とは一切許されていない。薩摩藩の密貿易は、四つの口を越えた外国との直取引に及んでいる。

風聞書はこの二点から、日本経済の秩序を脅かしている薩摩藩の不正取引の実態を明らかにした。

林蔵の隠密説を推理する

風聞書に出てくる密貿易の舞台は、薩摩、越後、長崎、天草、琉球、対馬であり、中国やオランダ、朝鮮も交易の相手であった。それら九つの場所のうち、林蔵の足跡と重なるものを抽出してみる。

薩摩——林蔵が鹿児島城に潜入したという話がある

長崎――旅行者に扮した林蔵が目撃された

天草――林蔵は薩摩に潜入する際、隣国の者になりすました。ひょっとするとそれは薩摩の隣国、肥後天草のことだったのかもしれない。当時の天草は天領とされ、風聞書に出てくる遠見番所には長崎奉行からも官吏が派遣されていた。忠真の特使だった林蔵は天草と自由に行き来ができたはずだ。

オランダ――オランダ商館員が林蔵を警戒している

朝鮮――林蔵が発覚のきっかけをつかんだ竹島一件は、朝鮮との密貿易であった

風聞書から抽出した九つの場所のうち、林蔵の足跡と重なるのは上記の五つだ。風聞書に書かれた地名などと林蔵の動向は半分ぐらい重なっていると言える。わたしは風聞書に隠密である林蔵の活動が投影されているような印象を持った。

ただし、風聞書の中に浜田藩は出てこない。竹島一件の端緒をつかんだ林蔵が風聞書を書いたとするなら、その中に浜田のことがあってもよさそうだが……。わたしは風聞書を読み返し、朝鮮人に禁制品の刃物が密売されているという事案に注目した。それは薩摩藩によるものだが、刃物が朝鮮の島に行き渡っているという指摘があり、鬱陵島で刃物を密売したという八右衛門の話と類似している。ひょっとすると、浜田藩は薩摩藩と結託して朝鮮人と密貿易をしていたのかもしれない。それは両藩の昵懇（じっこん）の関係からすれば、あり得ない話ではない。もしそうであるなら、両藩が連携して行なっていた密貿易品の中に禁制品の刃物があったとみることもできるだろう。

隠密として薩摩藩に挑む林蔵はそれを薩摩藩の犯行として風聞書に書いた。だが、事実をつかんだ彼は、浜田藩の関与を大坂町奉行矢部定謙に告げた――。

竹島一件が、異国への渡海事案として立件され、浜田藩一藩による密貿易としては立件されなかったのは、それが薩摩藩の密貿易事件のひとつとみなされていたためで、幕府はトカゲの尻尾切りになることを避けたのではないか、とわたしは考えた。

老中大久保忠真が勘定奉行と長崎奉行に風聞書を提示してから一年三カ月後の一八三六（天保七）年六月、老中水野忠邦は薩摩藩の長崎会所における（一八三九〔天保一〇〕年以降の）販売停止を決定した。この販売停止の決定は、竹島一件が摘発された三カ月後にあたる。

隠密の林蔵が請け負った二つの内偵、老中大久保忠真の風聞書と竹島一件の摘発につながる調査は、薩摩藩の密貿易に翻弄され続けてきた幕府にとって事態を大きく動かす鍵になった。

林蔵の隠密活動は、薩摩藩の長崎会所での販売停止という大きな成果を引き出した。薩摩藩の密貿易は四つの口の正常な経済活動を脅かすもので、中国、琉球、オランダ、朝鮮との外交問題を誘発する要素を孕（はら）んでいた。林蔵の活躍は、日本が陥っていた経済的な危機を打開する一助となったのだ。

探検と幕府隠密、林蔵の大義

わたしは隠密の林蔵は社会に暗い影を投げかけているものと思っていた。ところが、その実像を追ってみると、また違った印象を持った。彼が戦っていたのは、薩摩藩の密貿易という巨悪であった。林蔵個人からすれば、到底勝てる見込みのない相手だ。その存在は林蔵が挑んだサハリン島とどこか似ている。林蔵は到底、行き着くことのできないその場所へと挑んだ。彼が立ち向かった異国船もまた、途方もない脅威の存在であったはずだ。

サハリン島、薩摩藩の密貿易、異国船。林蔵が人生を賭けて立ち向かったそれらのキーワードから共通するものが浮上する。それは日本の国境だ。

探検、隠密、来航する異国船に対する海防。多彩な活躍をし、どこか謎めいている林蔵に対してこれまでわたしは憧れと不可解さという互いに相容れない感情を抱いてきた。

だが、それらはついに一本の線上に浮上した。

林蔵はサハリンを探検し、そこが大陸と隔てられた島であることをつきとめた。また、自ら間宮海峡を越えて大陸に渡り、中国清朝の満州仮府デレンを確かめた。それにより幕府が直轄すべき北蝦夷島の輪郭がはっきりしたばかりか、サハリンと中国清朝を隔てている間宮海峡が、日本と異国を隔てる国境であることも明白になった。林蔵はまた、薩摩藩の密貿易を内偵することで外国に開かれていた四つの口（日本の国境）の健全化に貢献した。そして、来航する異国船の調査は文字通り、日本の国境を守る防衛のための活動であった。彼の人生の舞台は、外国との辺界、日本のフロンティアだったのだ。

林蔵は欧州列強のアジア進出で緊張高まる江戸後期、日本の国土保全に生涯を捧げた、国境の人だった。

おわりに

日本の国境に生涯を賭けた林蔵は、現代のわれわれに何を問いかけてくるのだろうか。

当時の日本の国境（領土の境界）は、北海道の松前付近の一部を含む本州、四国、九州を囲んだ楕円のようなものだった（12ページの図P－2）。その線の近くには、林蔵が異国船打払令の公布後、鉄砲指南のために訪れた八丈島や、彼が事件発覚に貢献した浜田藩の密貿易事件に登場する竹島がある。事件の供述調書によれば、竹島は当時から日本領であったことがわかる。現代の竹島問題に通じるところがあり、わたしは林蔵の隠密が過去のできごとではないと痛感させられた。

林蔵は、現代の北方領土問題でもその存在感を示している。一八〇七（文化四）年、彼は択捉島でロシア軍艦からの襲撃を受け、それが彼を北方探検へと向かわせる原動力となった。それから四八年後の一八五五（安政二）年、日本とロシアの国境線は、日魯通好条約（日露和親条約）によって、択捉島（日本側）とウルップ島（ロシア側）の間に引かれた。ところが、その択捉島を含む北方領土は第二次世界大戦終結直後、ロシアに不法占拠されたまま現在に至っている。

竹島や北方領土とは異なり、尖閣諸島は林蔵と直接的な関係はなさそうだ。だが、薩摩藩の密貿易の根絶のために力を注いだ彼が全く無関係というわけではないだろう。林蔵が老中大久保忠真に提出したとされる風説書には、次のような一文があった。

「薩摩藩は中国との貿易のみならず、琉球国の海路の島々においても異国船との交易に関わっている」

また、風説書には「中国船が荷揚げしているのは見張りが届かない場所」と書かれていた。

沖縄に伝わる「渡閩航海図」（制作年代不詳・沖縄県立博物館・美術館蔵）には、那覇と中国を結ぶ航路が描かれ、その線上に尖閣諸島の魚釣島が描かれている。航路図に示された島の名前の中には琉球名と中国名が併記されたものがある。その中国名は冊封使（中国から来る朝貢貿易の使節）の記録に見られることから、その航海図は朝貢貿易の航路を示したものかもしれない。描かれた無人島の尖閣諸島が、密貿易の取引の格好の場であったことは確かだ。

竹島、北方領土、尖閣諸島。江戸後期の国境の人、林蔵はそれら現在の国境の島とも直接、間接に向き合ってきたことになる。それらの島々は、対馬口、松前口、薩摩口といった当時の国境の延長線上に存在している。異国船打払令に備えた林蔵だったが、実際には戦闘という手段によらず探検や隠密によって国土を守り抜いた。その姿勢と精神は、彼に続くわれわれに知恵と勇気を与えてくれる。そして何より、国境というものが祖先からの授かりものであることを教えてくれる。

本書はわたしが二〇〇六年までに行なった林蔵追跡をまとめた前著『間宮林蔵・探検家一代』（中央公論新社）をベースとしているが、全体にわたり大幅に加筆修正し、前著とは全く異なる作品として仕上げた。前著では探検家の林蔵を追うことが主目的だった。そしてその延長線上でシーボルト事件や、林蔵と結ばれたとされるアイヌ娘やその末裔について記した。だが、なぜ林蔵がシーボルト事件の密告者とされるのか、探検家の林蔵を追うだけではわからない部分が残った。そしてそれは、林蔵が持つもうひとつの顔、幕府隠密を通して説明がつくかもしれないと思った。間宮海峡に出かけた二〇一四年のサハリン島取材と、林蔵の隠密説に迫った二〇二三年の金沢市、福山市、浜田市での取材の成果も加え、わたしの林蔵追跡本の決定版とするべく筆を執った。

振り返ると、前著を刊行した二〇〇八年と現在では日本を取り巻く国際情勢も大きく変わっている。中国との尖閣諸島、韓国との竹島をめぐる問題の深刻化に加え、二〇二二年に起きたロシアのウクライナ侵攻により北方領土をめぐる問題解決が遠のいた。

歴史を知ることは、そこに現代的な意味を問いかけることにある。現在のわれわれにとって、林蔵は日本の国土や国境への向き合い方にインスピレーションを与えてくれるだけでなく、混迷を深める国境問題の水先案内人のような存在だと思う。

また、鎖国下の密貿易を取材する中で、わたしはそのとらえ方にも時代とともに変化が生じていることを知った。かつて違法行為とみなされた銭屋五兵衛や今津屋八右衛門、薩摩藩の活動は、日本の開国や近代化への導火線の役割を果たすものであったという解釈も成り立つ。

前作でお世話になった方々に加え、新規章の執筆にあたってサハリン再訪の機会を与えてくれたテレビ番組「遥かなるサハリン紀行」（BS-TBS）の関係者の皆さん、浜田市の森須和男さんほか取材に力を貸していただいた方々、そして、本書の制作に尽力いただいた草思社の貞島一秀さんに感謝を申し上げます。

林蔵没後一八〇年となる二〇二四年に

高橋大輔

年表で見る間宮林蔵の生涯

◎林蔵の生年を一七八〇（安永九）年として記載した

西暦（和暦）	林蔵の主なできごと	関連するできごと
1776（安永5）		◆アメリカ独立宣言
1780（安永9）	◆常陸国筑波郡上平柳村の農家に生まれる	
1782（天明2）		◆天明の大飢饉
1783（天明3）		◆浅間山大噴火
1786（天明6）		◆江戸の大火
1787（天明7）		◆フランス人探検家ジャン・フランソワ・ラ・ペルーズがサハリン島西岸を探検。海峡を発見できず
1789（寛政元）		◆アイヌが一斉蜂起、クナシリ・メナシの戦いが起こる ◆フランス革命
1792（寛政4）	◆筑波山に詣で、立身出世を祈願する	◆ロシア使節アダム・ラクスマン、根室に来航

1795（寛政7）	◆小貝川工事への提言で見出され、江戸に出ることに。名を倫宗と改め、測量家・村上島之允に師事する	
1797（寛政9）		◆イギリス人探検家ウィリアム・ロバート・ブロートン、松前藩士と地図を交換。その後、サハリン島西岸を探検。海峡を発見できず
1799（寛政11）	◆幕府から普請役雇に任命された村上島之允の従者として、蝦夷地（北海道）へ	◆東蝦夷地、幕府の仮管轄領となる
1800（寛政12）	◆函館で伊能忠敬と会い、師弟関係を結ぶ。普請役雇となる	
1802（享和2）		◆幕府は蝦夷地奉行を設ける（その後、箱館奉行に改称）
1803（享和3）	◆東蝦夷地、南千島の測量に従事す	
1804（文化元）		◆ナポレオン・ボナパルトが皇帝に即位 ◆ロシア使節ニコライ・レザノフ、長崎に来航。幕府は通商を拒否

年		
1806（文化3）	◆択捉島に渡り、沿岸実測などにあたる	◆ロシア人探検家クルーゼンシュテルン、サハリン島北部を探検。海峡を発見できず ◆ロシア軍艦、サハリン島南部の襲撃開始
1807（文化4）	◆ロシア軍艦に択捉島の要地シャナを襲撃され、退却を余儀なくされる	◆全蝦夷地が幕府直轄地となる ◆サハリン島の名称が唐太（カラフト）から北蝦夷に改称される
1808（文化5）	◆第1回サハリン島探検を命じられる。4月、松田伝十郎とともに出発 ◆6月、ノテトで伝十郎と合流。ラッカまで到達 ◆閏6月、宗谷に戻る ◆7月、第1回探検の報告を提出後、第2回サハリン島探検に出る	
1809（文化6）	◆5月、ナニヲーで海峡を確認する ◆6月、大陸に渡り、翌7月に満州仮府デレンに到着。清国の官吏たちと会う ◆9月、宗谷に戻る	

年		
1810（文化7）	◆『東韃地方紀行』『北夷分界余話』を著し（村上貞助の口述）、「北蝦夷島地図」を作る	
1811（文化8）	◆江戸に戻る ◆松前奉行支配調役下役格に昇進。蝦夷地の地図作りが任務となる ◆伊能忠敬から緯度測定法を学ぶ ◆12月、蝦夷地へ	◆ロシア海軍少佐ゴロヴニン、国後島で捕らえられる
1812（文化9）	◆松前でゴロヴニンと面会する	
1813（文化10）	◆この頃、蝦夷地の測量にとりかかる	◆ゴロヴニンをロシアに引き渡す
1816（文化13）		◆ゴロヴニン、『日本幽囚記』を著す
1817（文化14）	◆父を喪う	
1821（文政4）		◆伊能忠敬の「大日本沿海與地全図」が完成する ◆幕府、全蝦夷地を松前藩に返還する
1822（文政5）	◆江戸で勘定奉行に属し、普請役となる	◆ロシアと友好関係になり、松前奉行は廃止
1823（文政6）		◆オランダ商館付医官フランツ・フォン・シーボルト、長崎の出島に来航

1824(文政7)	◆母を喪う	
1825(文政8)		◆幕府、異国船打払令発布
1826(文政9)		◆シーボルト、江戸で高橋景保と会う
1828(文政11)	◆3月、シーボルトからの小包を受け取るが、勘定奉行に提出	◆シーボルト事件が発覚
1829(文政12)	◆隠密として長崎へ	◆シーボルト事件で捕らえられた高橋景保、獄死 ◆シーボルト、日本を追放
1832(天保3)		◆シーボルト、著書『日本』の中で、間宮海峡を紹介
1836(天保7)	◆石見国浜田で密貿易を摘発	
1838(天保9)	◆江戸で病の床につく	
1844(天保15)	◆2月26日、没す	
1851(嘉永4)		◆シーボルト、林蔵の地図「黒龍江中之洲幷天度」を発刊(『日本』)
1904(明治37)	◆宮内大臣から正五位が追贈される	

参考文献

アイヌ民族博物館監修『アイヌ文化の基礎知識』草風館　一九九六年
赤羽榮一『間宮林蔵　北方地理学の建設者』清水書院　一九七九年
秋月俊幸『日本北辺の探検と地図の歴史』北海道大学図書刊行会　一九九九年
秋葉實「間宮林蔵妻子のナゾを追って」『松浦竹四郎研究会会誌』第三八・三九合併号　二〇〇三年
泉靖一編『現代の冒険八　失われた文明を求めて』文藝春秋　一九七〇年
井上満訳『日本幽囚記（上）』ゴロヴニン著　岩波書店　一九四三年
石見史談会編『浜田町史』一誠社　一九三五年
大谷恒彦『間宮林蔵の再発見』筑波書林　一九八二年
梶輝行「江戸滞在中のオランダ商館長ドゥ・ステュルレルとシーボルトの関係
――ドゥ・ステュルレル『江戸参府日記』に基づく諸考察を中心に――（一）（二）」
『シーボルト記念館鳴滝紀要』三〇、三一号　シーボルト記念館　二〇二〇、二〇二一年
梶輝行「蘭船コルネリウス・ハウトマン号とシーボルト事件」
『シーボルト記念館鳴滝紀要』六号　シーボルト記念館　一九九六年
小林忠雄編訳『ラペルーズ世界周航記　日本近海編』ラペルーズ著　福音館書店　二〇〇五年
小宮山綏介「間宮林蔵の探偵」『徳川太平記』所収　博文舘　一八九七年
佐々木史郎『北方から来た交易民』日本放送出版協会　一九九六年
札幌市教育委員会編『新札幌市史　第一巻　通史一』札幌市　一九八九年
信夫清三郎『江戸時代：鎖国の構造』新地書房　一九八七年
斉藤信・金本正之訳『シーボルト日本』雄松堂書店　一九七七―一九七九年
シーボルト・カウンシル編『ヨーロッパに眠る日本の宝　シーボルト・コレクション』
文藝春秋　一九九〇年
庄司三男・沼田次郎訳注『日本風俗備考一』フィッセル著　平凡社　一九七八年
関屋敏隆『まぼろしのデレン』福音館書店　二〇〇五年
高倉新一郎校訂・秋葉實解読『丁巳東西蝦夷山川地理取調日誌』
松浦武四郎著　北海道出版企画センター　一九八二年

東京地学協会「間宮林蔵樺太幷満州探検事績」『地学雑誌』一八九号 一九〇四年
鳥居龍蔵『人類学及人種学上より見たる東北亜細亜』岡書院 一九二四年
内藤昌康・取材制作『定本 島根県の歴史街道』樹林舎 二〇〇六年
中村齋「アムール河下流域のアイヌ系ウリチの存在について」
『北海道立北方民族博物館研究紀要』第一号所載 一九九二年
中村融訳『チェーホフ サハリン島』岩波書店 一九五三年
中村満編訳・松永靖夫監修『現代語訳 北夷談』新潟日報事業社 二〇〇八年
ブルース・バートン『日本の「境界」：前近代の国家・民族・文化』青木書店 二〇〇〇年
秦新二『文政一一年のスパイ合戦』文藝春秋 一九九六年
福山市鞆の浦歴史民俗資料館編『知られざる琉球使節～国際都市・鞆の浦～』
福山市鞆の浦歴史民俗資料館活動推進協議会 二〇〇六年
北方産業研究所編訳「アムール川流域民族誌（三）」
Rマーク著『季刊ユーラシア』所収 新時代社 一九七二年
洞富雄『北方領土の歴史と将来』新樹社 一九七三年
洞富雄『間宮林蔵』吉川弘文館 一九八六年
洞富雄・谷澤尚一編注『東韃地方紀行他』平凡社 一九八八年
松浦茂『清朝のアムール政策と少数民族』京都大学学術出版会 二〇〇六年
森須和男『石見学ブックレット三 八右衛門とその時代』浜田市教育委員会 二〇〇二年
文部省『尋常科用小学国語読本 巻一一』一九三九年
箭内健次編『通航一覧續輯 第一巻』巻之一〇 清文堂出版 一九六八年
山脇悌二郎『抜け荷』日本経済新聞社 一九六六年
横山伊徳『日本近世の歴史五 開国前夜の世界』吉川弘文館 二〇一三年
Stephan, John "Sakhalin: a history" Clarendon Press 1971

本書は、『間宮林蔵・探検家一代』（中央公論新社、二〇〇八年）を改題の上、新たな知見や取材の成果を踏まえて全面改稿ならびに新章増補をし、写真・地図・図版史料等も追加した、新版です。

地図作成　島村圭之

髙橋大輔 たかはし・だいすけ

1966年、秋田市生まれ。探検家。「物語を旅する」をテーマに、世界各地に伝わる神話や伝説の背景を探るべく、旅を重ねている。2005年、米国のナショナル ジオグラフィック協会から支援を受け、実在したロビンソン・クルーソーの住居跡を発見。2022年に王立地理学協会（ロンドン）より勅許地理学者（CGeog）の称号を受ける。探検家クラブ（ニューヨーク）フェロー会員。著書に『漂流の島 江戸時代の鳥島漂流民たちを追う』（草思社）、『12月25日の怪物』（草思社文庫）、『剱岳 線の記 平安時代の初登頂ミステリーに挑む』（朝日新聞出版）、『最高におもしろい人生の引き寄せ方』（アスコム）、『仮面をとった浦島太郎』（朝日文庫）などがある。

探検家髙橋大輔
公式Facebookページ
www.facebook.com/tankenka

国境の人 間宮林蔵
探検家にして幕府隠密、謎多き男の実像を追う

２０２４年３月４日　第１刷発行

著者　髙橋大輔
装幀者　浅妻健司
発行者　碇　高明
発行所　株式会社草思社
〒１６０-００２２
東京都新宿区新宿１-10-１
電話　営業０３（４５８０）７６７６
編集０３（４５８０）７６８０
本文組版　浅妻健司
印刷・製本　中央精版印刷株式会社

ISBN978-4-7942-2714-0　Printed in Japan　検印省略